GRAPHIC 图解

公司法
Corporate Law

葛伟军 著

图片设计：陶哲人/李雨萌

当代中国出版社
Contemporary China Publishing House

图书在版编目(CIP)数据

图解公司法 / 葛伟军著. -- 北京：当代中国出版社, 2024.6
ISBN 978-7-5154-1368-6

Ⅰ. ①图⋯ Ⅱ. ①葛⋯ Ⅲ. ①公司法－中国－图解 Ⅳ. ①D922.291.914

中国国家版本馆 CIP 数据核字(2024)第 075652 号

出 版 人	王　茵
责任编辑	邓颖君　沈秋彤
责任校对	贾云华　康　莹
印刷监制	刘艳平
封面设计	鲁　娟
出版发行	当代中国出版社
地　　址	北京市地安门西大街旌勇里8号
网　　址	http://www.ddzg.net
邮政编码	100009
编 辑 部	(010)66572156
市 场 部	(010)66572281　66572157
印　　刷	中国电影出版社印刷厂
开　　本	880 毫米×1230 毫米　1/32
印　　张	10.375 印张　1 插页　250 千字
版　　次	2024 年 6 月第 1 版
印　　次	2024 年 6 月第 1 次印刷
定　　价	78.00 元

版权所有,翻版必究;如有印装质量问题,请拨打(010)66572159 联系出版部调换。

前　言

12世纪,佛罗伦萨和其他内陆城镇出现了一种稍有不同的组织形式:compagnia。这些机构最初是家族企业,根据连带责任原则运作,所有合伙人都对他们的世俗利益(商品)的价值承担连带责任。考虑到当时对破产的惩罚可能是监禁,甚至是奴役,组织的所有成员都必须绝对彼此信任。compagnia一词是两个拉丁文单词(cum和panis)的复合词,意思是"一起分面包"。

1600年12月31日,由218人组成的"与东印度群岛开展贸易的上任公司和总督"获得一项特许,得到15年的贸易许可,活动范围远至"东印度群岛、亚非各国和港口,以及往来于亚洲、非洲和美洲所有岛屿的港口、城镇,或好望角和麦哲伦海峡以外的任何地方"。2个月后,兰卡斯特带着5艘船起航。1603年9月,兰卡斯特胜利凯旋。尽管遭遇了常见的灾难(到达好望角时,队伍中1/4的人已经死亡),但他还是在万丹建立了一家工厂,并带回了全部5艘船,外加500吨胡椒。1613—1614年,公司首次公开发行股份,筹集资金41.8万英镑;1617—1622年,公司第二次公开发行股份,筹集资金160万英镑。到1620年,公司已经拥有了三四十艘全副武装的大型船舶,每次远航都由12艘或更多的船舶组成船队。

1893年10月7日晚,一部新歌剧在伦敦西区一所拥挤的房子里上演。两位维多利亚时代的流行文化巨匠——威廉·吉尔伯特和亚瑟·莎莉文——联合业余乐团从布莱顿到孟买一路巡演,为观众奉献剧目《乌托邦有限公司》。当晚的剧目讥讽了这样一个想法:公司正横扫一切,所经之处,尽数收入囊中,让投资人赚得盆满钵满。剧中,一位名为戈德伯里的英国公司发起人来到了充满异国情调的南海乌托邦岛,着手把岛上的居民变成公司股东。甚至婴儿也收到公司招股说明书。在最后一幕,乌托邦国王提出疑问:"我是否可以这样理解,基于这一股份制原则,大不列颠王国也由我统治?"戈德伯里先生回答:"我们还没到那个地步,但确切地说,我们正朝那个方向迅猛前进!那一天为时不远。"没过多久,乌托邦人加入了有史以来最不可能的大合唱:"万岁,惊人的事实!万岁,新的发明,《股份公司法》——《1862年股份公司法》!"

以上是《公司简史》中给我们讲述的故事。回顾历史,如果维多利亚时代的大辩论是听从了禁止股份公司的话,世界会变得更好吗?如果执行罗斯福新政的官员们将美国大部分企业国有化,美国会成为一个更富裕的国家吗?

视线回到国内。2023年12月29日,历时4年多,新一轮公司法修订工作以修订草案的最终通过暂告一段落。新公司法修订幅度大、范围广,主要亮点包括完善公司资本制度、优化公司治理、加强股东权利保护、强化双控人和董监高的责任、完善公司设立和退出制度、完善国家出资公司相关以及完善公司债券相关规定,对今后的社会经济将产生重大影响。

2023年上半年,我在复旦大学法学院春季学期开设本硕合上的公司法选修课。在讲授该课程时,我已经结合修订草案重点条款予以展开。部分同学每次课前都将我准备的材料进行预习、理解,并在课上用心笔记。课程结束后,两位听课比较认真的同学将笔记发给我,才发现授课内容已有20万余字。

关于公司、关于公司法,我想和更多的朋友分享我的思考。

2023年下半年,当代中国出版社的老朋友刘文科编辑在和我聊天时，问起是否有意写作新公司法相关的书籍。彼时，《案例公司法》第3版正在更新内容，我希望在新公司法通过后便向社会推出，所以并没有想到要出版一本关于新公司法的书籍。但是，这次聊天让我的脑海里闪过一丝灵光，是否有可能将授课内容修改整理后出版。同时，考虑到与其他严肃的关于新公司法的书籍相区别，不妨加入一些图片，既轻松有趣，又方便阅读，让新公司法主题的书籍呈现百花齐放的样态。

灵光闪现之后，便不可磨灭。在《案例公司法》的书稿基本完成后，随即开始了公司法授课内容的修改和整理。最初，我邀请了选修该课程的2021级本科生李政、周永健、何子菡、汪震薇和陈暨宁，对课堂笔记分篇梳理。然后，我利用春节时间，对书稿各篇进行改写，用新公司法的内容代替旧公司法的内容，并增加对新制度的介绍。同时，我邀请了2023级硕士生陶哲人和2021级本科生李雨萌，开展插图的设计和绘制工作。得益于这些同学的辛勤努力，书稿创作高效推进，最终于2024年3月底提交定稿。

感谢商法学界师友和法学院同事对我工作的长期支持。感谢当代中国出版社王茵副总编辑和刘文科总编辑助理的高度重视，让本书得以顺利出版。感谢参与书稿整理和插图创作的诸位本科生和硕士生，他们扎实严谨的态度确保了本书的进程。最后，感谢家人的陪伴，让我有一个温馨的环境可以专心投入到本书的创作中。

新公司法即将拉开一个时代的序幕，我们有幸见证并亲历这个过程。

葛伟军

2024年3月25日

目 录

第一章 公司和公司法概述

1. 公司的含义 …………………………………………… 001
2. 公司的特征 …………………………………………… 003
3. 公司和合伙企业的区别 ……………………………… 005
4. 公司和信托的区别 …………………………………… 007
5. 公司法的含义 ………………………………………… 009
6. 公司法的基本原则 …………………………………… 012
7. 《公司法》和《民法典》的关系 …………………… 013
8. 公司法的渊源 ………………………………………… 014
9. 公司法的体系 ………………………………………… 016

第二章 公司类型

1. 有限责任公司和股份有限公司 ……………………… 019
2. 母公司和子公司 ……………………………………… 022
3. 关联公司 ……………………………………………… 024
4. 一人公司 ……………………………………………… 027
5. 国家出资公司 ………………………………………… 029
6. 上市公司 ……………………………………………… 033
7. 外商投资企业 ………………………………………… 035
8. 有限责任企业 ………………………………………… 037

第三章　股东有限责任

1. 有限责任和无限责任 ········· 041
2. 有限责任的否定 ··········· 043
3. 刺破公司面纱 ············ 047
4. 隐藏原则和逃避原则 ········· 050
5. 人格混同 ··············· 052
6. 过度支配与控制 ··········· 054
7. 资本显著不足 ············ 056
8. 反向刺破公司面纱 ·········· 059

第四章　公司设立和公司登记

1. 公司设立的含义 ··········· 062
2. 公司设立的方式和程序 ······· 064
3. 设立瑕疵 ··············· 067
4. 公司发起人 ·············· 069
5. 设立中公司 ·············· 071
6. 公司成立前的交易 ·········· 073
7. 公司登记 ··············· 076
8. 设立登记 ··············· 078
9. 公司名称 ··············· 080
10. 公司营业执照 ············ 084
11. 变更登记 ··············· 086
12. 注销登记和撤销登记 ········ 087

第五章　公司章程

1. 公司章程的含义 ··········· 091

2. 公司章程的记载事项 …………………………………… 093
3. 公司章程的性质 ………………………………………… 095
4. 公司章程的效力 ………………………………………… 097
5. 股东协议的含义 ………………………………………… 099
6. 股东协议和公司章程之间的关系 ……………………… 101

第六章　资本制度和股东出资

1. 资本的含义 ……………………………………………… 104
2. 资本制度的功能 ………………………………………… 106
3. 资本制度的类型 ………………………………………… 108
4. 股东出资的方式 ………………………………………… 110
5. 认缴制和实缴制 ………………………………………… 112
6. 出资义务加速到期 ……………………………………… 115
7. 股东出资责任的体系化 ………………………………… 118
8. 股东失权 ………………………………………………… 125
9. 股权继承 ………………………………………………… 128

第七章　股权交易规范

1. 股权的含义 ……………………………………………… 131
2. 股权转让和股权变动 …………………………………… 133
3. 股权转让中的优先购买权 ……………………………… 136
4. 特殊情形下的股权转让 ………………………………… 139
5. 股份回购 ………………………………………………… 141
6. 股权让与担保 …………………………………………… 144
7. 股权质押 ………………………………………………… 146
8. 股权代持 ………………………………………………… 148

9. 名义股东和实际股东 …………………………………… 151

第八章 公司融资和分配

1. 类别股 …………………………………………………… 154
2. 资本变更 ………………………………………………… 158
3. 对赌协议 ………………………………………………… 161
4. 禁止财务资助 …………………………………………… 163
5. 股利分配 ………………………………………………… 166
6. 公司债券 ………………………………………………… 168

第九章 公司治理概述

1. 公司治理的含义 ………………………………………… 173
2. 股东会和董事会的职权划分 …………………………… 175
3. 公司机构设置 …………………………………………… 177
4. 股东会 …………………………………………………… 179
5. 董事会 …………………………………………………… 184
6. 监事会 …………………………………………………… 187
7. 公司经理 ………………………………………………… 190
8. 公司法定代表人 ………………………………………… 192
9. 公司对外担保 …………………………………………… 194
10. 公司意志代表权争夺 …………………………………… 197
11. 控股股东和实际控制人规范 …………………………… 200

第十章 股东权利和救济

1. 股东合意及架构 ………………………………………… 203
2. 直接投票和累积投票 …………………………………… 205

3. 决议无效 ·················· 208
4. 决议撤销 ·················· 214
5. 决议不成立 ················ 216
6. 表决权代理 ················ 219
7. 异议股东股权收购请求权 ······ 221
8. 股东知情权 ················ 225
9. 股东直接诉讼 ·············· 229
10. 股东派生诉讼 ·············· 232

第十一章 董事和董事义务

1. 董事的含义和种类 ············ 236
2. 董事的任命和罢免 ············ 238
3. 董事对谁负有义务 ············ 241
4. 董事的忠实义务 ·············· 243
5. 董事的勤勉义务 ·············· 246
6. 董事对第三人的责任 ·········· 249
7. 董事责任的免除 ·············· 251
8. 独立董事 ···················· 254

第十二章 公司社会责任和公司捐赠

1. 公司社会责任的含义 ·········· 257
2. 公司捐赠的含义 ·············· 259
3. 公司捐赠的合理性 ············ 262
4. 公司捐赠的要件论 ············ 265
5. 公司捐赠的程序论 ············ 268
6. 股权捐赠 ···················· 270

7. 公司收藏 …………………………………………… 272
8. 艺术品捐赠 ………………………………………… 275
9. 公司基金会 ………………………………………… 277
10. ESG 的兴起与发展 ………………………………… 280

第十三章 公司重组

1. 公司重组的含义 …………………………………… 283
2. 公司合并 …………………………………………… 285
3. 公司分立 …………………………………………… 289
4. 公司收购 …………………………………………… 291
5. 要约收购 …………………………………………… 293
6. 协议收购 …………………………………………… 296
7. 反收购 ……………………………………………… 298

第十四章 公司终止

1. 公司解散 …………………………………………… 302
2. 公司僵局和司法解散 ……………………………… 304
3. 破产和清算 ………………………………………… 307
4. 清算组和清算程序 ………………………………… 309
5. 清算义务人的责任 ………………………………… 311
6. 公司注销 …………………………………………… 314
7. 法律责任 …………………………………………… 317

第一章

公司和公司法概述

❖ 1. 公司的含义

公司的表述有 company 和 corporation 两种,前者多适用于英国法,而后者主要适用于美国法。根据《元照英美法词典》的定义,company 译作公司或企业,是指"数人为了共同目标特别是为营利而设立的一种联合组织,有独特的组织形式、经营管理方式和责任承担方式",其主要特征是"具有法人地位,不因公司成员的变化而影响其存在"。

corporation 则具有"法人"和"公司"的双重含义。第一,法人。corporation 最初的含义是指法人,即在法律上被认为是单一法律实体的、由个人组成的团体或一系列某一职位担任人。在英国,最早被承认为法人的是市镇、大学与教职。15 世纪,法人与组成法人的成员开始被认为是相互独立的。16 世纪末至 17 世纪初,一些商业企业开始被创设为法人形式,例如东印度公司、皇家非洲公司与哈德逊河湾公司,即是通过特许状而成立的法人。目前,该词在英国多被用以指"市政法人",即从事民用业务的市政当局。第二,公司。在美国,该词通常在此义项上被使用,即指根据法律授权而可以以独立于股东的人格实施行为,并可以永续存在的一个实体(通常是商业实体)。

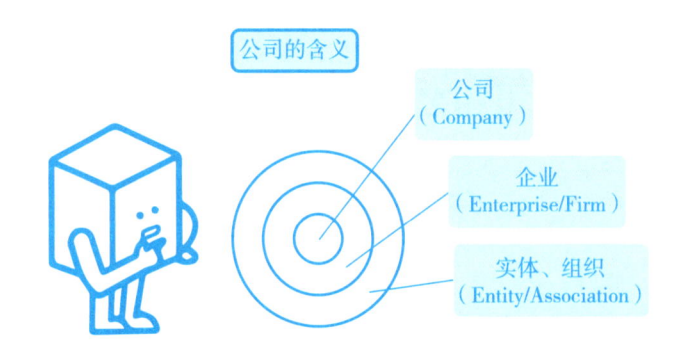

公司的含义
- 公司（Company）
- 企业（Enterprise/Firm）
- 实体、组织（Entity/Association）

一般意义上，公司是指依法设立的、以营利为目的的企业法人。具体而言，公司是指股东依照公司法的规定，以出资方式设立的、股东以其认缴的出资额或认购的股份为限对公司承担责任、公司以其全部财产对公司债务承担责任的企业法人。根据该定义，公司的实质概念由依法设立、以营利为目的、个人结合的社团、独立人格四个要素组成，体现出法定性、营利性、社团性、法人性等特征。

第一，法定性。公司的设立、运行乃至解散都必须按照法律规定进行，是商事主体严格法定主义在公司领域的体现。公司的法定性体现在三个方面。(1)公司类型法定。公司的创设或变更必须符合法律预设的类型，不能自主创设新的公司结构和公司形态。(2)公司内容法定。公司的基本要素、各类公司的财产与组织关系都受到法律的严格规定，不同类型的公司之间存在差异，公司设立者和经营者必须严格遵守法律规定，不能突破法律的框架经营。(3)公司公示法定。公司设立、变更和解散都必须按法定程序予以公示，以便第三人知晓。登记的形式包括外部登记和内部登记两种，此处所说的登记主要指外部登记，也就是工商登记。若未完成工商登记程序，公司的法人资格就不被法律认可。

第二，营利性。公司是一种营利社团法人，以营利为其运行的最终目的,包括通过营业活动获取利润和将营业所得最终分配给成员。为了实现该目的,公司的营业活动通常体现行业性、连续性、稳定性及内容的确定性。营利具有两层含义,一是追求利润,二是利润要在股东之间分配。

第三,社团性。社团法人,是指为实现一定目的,由数名社员结合而设立的法人。基本特征是以社员为成立的基础,属于人的聚合体。公司即是社团法人的一种,其设立和运行都建立在人的联合的基础上,日常决策都要通过董事或股东的合意进行。但是,一人公司只有一个股东,其书面决定就构成公司决议,是对社团性的突破。

第四,法人性。法人性是指公司有独立的法人人格,主要体现在三个方面。(1)公司具有独立的权利能力、行为能力和责任能力,独立于股东的身份或意志而存在,其法人人格同时具有可否认性。(2)公司设有独立的组织机构,负责独立进行公司管理并以公司名义独立做出决策。(3)公司具有独立的法人财产权。

❖ **2. 公司的特征**

现代公司的特征主要包括公司独立人格、股东有限责任、集权管理、股权可转让和股东控制五个方面。

第一,公司独立人格。这一原则最早在 Salomon v. Salomon & Co. Ltd.(1897)AC 22 一案中得到确立。法官在该案中指出,一个公司与设立该公司的个人在法律上具有不同的人格,故尽管 Salomon 先生控制着公司的所有股份,但是他与公司之间设定担保的合约是一个有效的合约,产生了一个可执行的担保。公司独立人格,意味着公司的财产和业务都独立于股东、股东对公司财产不直接享有权益、股东不能以公司名义起诉、公司可以和股东签订合同、股东死亡不影响公司存续等。

第二,股东有限责任。作为现代公司法的基本原则之一,有限责任是指股东作为投资者只在其认缴出资范围内对公司债务承担责任,而公司以其全部财产对自身的债务承担责任。由此股东的投资风险是预设的,被限制在了可预期的范围内。但是,有限责任有时候也是一把"双刃剑",尤其是发生公司大规模侵权的时候,侵权债权人(即公司侵权的受害者)很有可能因为股东享受有限责任的保护而得不到足够的赔偿。也有学者主张,此时应该否定有限责任,让公司背后的控股股东对公司的侵权债务承担连带责任。

第三,集权管理。现代公司的所有权和经营权分离,股东变成了消极的投资者,不直接干预公司的经营管理事务。出于效率和成本的考虑,无论公司规模大小,股东都会将经营权委托给具有专业技能的管理层,由后者来负责公司的经营管理。

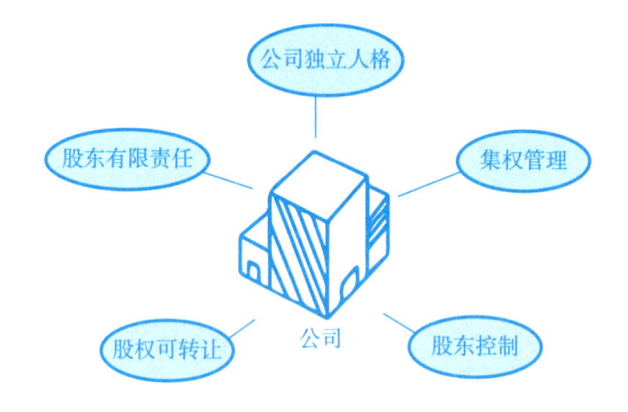

第四,股权可转让。公司股东的股权可以自由转让,这也是公司区别于合伙企业的主要特征之一。就股份有限公司而言,公司股份可以自由在证券交易场所等进行交易。有限责任公司虽然股份流动性不如上市公司,但是其章程也不可以设置股权转让限制从而导致全部股权实质上无法转让。章程可以对股权转让设限,但至少要确保一部分股权能够自由转让。如果全部股权转让受限,那就不是公司,而是合伙企业。

第五,股东控制。股东控制涉及三个层面。(1)**股东对公司章程的控制**。公司章程自治,可以对法律规定之外的内容,自由地进行规定。股东对章程的控制权,主要体现为章程修改必须要经过股东的特殊决议才能进行。(2)**股东对管理层的控制**。虽然股东不能直接干涉董事的决定,但是股东享有任命和罢免董事的权力。因此,股东对管理层享有控制权。(3)**股东对公司利润分配的控制**。一方面,管理层无权将公司资产分配给除股东以外的任何人。另一方面,当公司经营良好时股东是否有权获得利润,取决于股东对公司能够主张的权利。即使管理层有权选择不分配利润,而将该盈余投入公司新的项目,公司法也会通过使管理层考虑股东利益的机制支持股东价值。

❖ 3. 公司和合伙企业的区别

公司和合伙企业的共性在于,两者都是商事主体。商事主体是指经依法登记,取得营业资格,能以自己名义从事营利性活动,享有权利并承担义务的个人和组织。按照"二元论",公司和合伙企业都属于商组织,而不是商个人。

合伙企业,是指依法在我国境内设立的由各合伙人订立合伙协议,共同出资、合伙经营、共享收益、共担风险,并对合伙企业债务承担无限连带责任的营利性组织。合伙企业的特征主要包括:财产具有相对独立性、不能独立承担民事责任(最终责任是由全体合伙人共同承担)、具有人合性。

根据我国《合伙企业法》,合伙企业主要有三种类型。第一,普通合伙企业,由普通合伙人组成,合伙人对合伙企业债务承担无限连带责任。第二,有限合伙企业,由普通合伙人和有限合伙人组成,普通合伙人对合伙企业债务承担无限连带责任,有限合伙人以其认缴的出资额为限对合伙企业债务承担有限责任(至少有 1 名有限合伙人)。第三,特殊的普通合伙企业,以专业知识和专门技能为客户提供有偿服务的专业服务机构,可以设立为此类企业。在特殊的普通合伙企业中,一个合伙人或者数个合伙人在执业活动中因故意或者重大过失造成合伙企业债务的,应当承担无限责任或者无限连带责任,其他合伙人以其在合伙企业中的财产份额为限承担责任。换言之,对合伙企业债务的造成没有过错的普通合伙人承担的是有限责任。对于特殊的普通合伙企业,可以看作是有限责任在传统的无限责任领域(即合伙领域)的扩张。

此外,还需注意隐名合伙,是指当事人双方约定一定对他方所经营的事业出资而分享其利益的契约。此类合伙涉及的双方当事人是出名营业人(将隐名合伙人的出资用于融资的人)、隐名合伙人(依照约定对于他方经营事业进行投资的人)。

公司和合伙企业之间的区别,主要体现在如下方面。(1)成立基础:公司是章程,合伙企业是合伙协议。(2)法律地位:公司具有独立人格,合伙企业则不具有。(3)财产关系:公司对自己的财产享有财产权,合伙企业的财产属于全体合伙人共有。(4)人身关系:公司尤其是资合公司是以资本联合为基础的,而合伙企业是建立在合伙人之间信赖的基础上。(5)管理权利:公司股东不参与公司管理,而合伙人参与合伙企业管理。(6)盈亏分配:除非章程另有规定,公司通常按照出资比例分配,而合伙企业一般按照合伙协议约定分配。(7)责任承担:公司股东承担有限责任,合伙企业合伙人则承担无限连带责任。

公司和合伙企业的区别

	公司	合伙企业
成立基础	章程	合伙协议
法律地位	独立人格	不具有独立人格
财产关系	公司享有财产权	财产属于全体合伙人共有
人身关系	以资本联合为基础	以合伙人之间的信赖为基础
管理权利	股东不参与公司管理	合伙人参与合伙企业管理
盈亏分配	一般按照出资比例分配	一般按照合伙协议约定分配
责任承担	股东承担有限责任	合伙人承担无限连带责任

❖ 4. 公司和信托的区别

信托是一种由委托人将其财产权转移给受托人,受托人为受益人的利益经营管理该财产的财产安排方式。

从法律与商业实践上看,美国信托法对商业信托作出了较大的改革。美国商业信托立法分为两个阶段。第一阶段是"马萨诸塞商业信托",此类信托是否被认定为独立法律主体存在一定争议。第二阶段是成文实体信托。1988年特拉华州制定《商业信托法》(后改名为《成文信托实体法》),2009年美国统一法协会制定《统一成文信托实体法》。两部法律均确认商业信托是一个类似于公司的商事组织,确认其具有独立于委托人、受托人和受益人的法律人格。主张信托具有独立法人地位的观点:第一,受托人信义义务发挥着约束受托人和保护委托人/受益人的功能,可以视为信托法中的治理性规则;第二,信托中的资产隔离规则有效分离了受托人的个人财产和信托财产,从而发挥资产分配的重要作用。

信托是为受益人的利益而对信托财产进行管理或者处分的制度,而公司则是为了股东的利益而经营。信托与公司主要有如下区别。

第一,关系基础不同。信托建立在信义关系之上,委托人出于对受托人的信任而将信托财产转移给受托人管理经营,受托人对受益人负有信义义务。尤其在民事信托中,委托人将财产转移给受托人时,受托人并不为此支付对价,信托关系的产生完全建立在委托人对受托人的高度信任之上。而公司的投资者是通过投资的方式来获取回报,投资者相互之间、投资者和公司之间是一种普通的商业关系而非信义关系。

第二,转移财产权所获得的利益不同。信托是一种委托他人管理财产的制度,受益人享有信托受益权,获得的利益为信托利益。公司是一个独立从事经营活动的实体,股东因其具备股东资格而享有股东权利,获得的利益是股利。

第三,财产转移后的独立性不同。信托财产具有独立性,独立于委托人、受托人和受益人各自的财产,不受任何一方债权人的追索。而股东对公司的出资形成了公司资本,该资本归属于公司,是公司债权人可追索的对象。

第四,法人地位不同。信托不具备类似于公司那样的独立法人资格,信托财产的管理或者处分是以受托人的名义进行。而公司具有独立的法人地位,能够以自己的名义进行合同签订等法律行为,公司可以作为诉讼的主体。

第五,设立要求不同,根据我国《公司法》,设立公司应当具备组织机构、公司章程、股东或者发起人人数等条件,但是设立信托则没有组织机构等要求。

第六,管理机制不同。公司内部存在股东会、董事会和监事会等不同机关,分别行使各自职权,例如公司增加或者减少注册资本、公司合并或者分立等重大事项应当由股东会决定。但是信托并不直接由受益人控制,信托事务由受托人进行处理,因此信托的运行是通过对受托人施加义务来进行的。

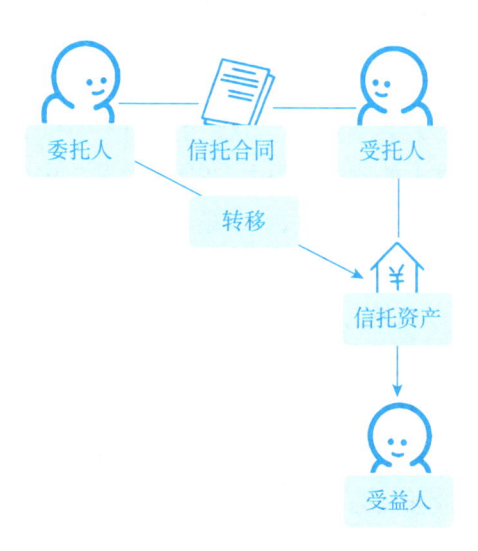

```
委托人 ——信托合同—— 受托人
     ↘ 转移 ↓
         信托资产
              ↓
           受益人
```

❖ 5. 公司法的含义

公司法是指调整公司的设立、组织、活动、清算及其他对内对外法律关系的法律规范的总称。**公司法是兼具公法属性的私法,强调平等主体之间的权利义务关系,同时涉及登记等强制性规范,具有公法属性。公司法是兼具商行为法内容的商事主体法**,主要规制公司内部的组织架构、职权分配,同时涉及商行为,如公司债券的发行。**公司法是兼具国际性的国内法**,具有较强的国际趋同性,我国的公司立法既立足于国情,也大量移植与借鉴发达国家和地区公司立法经验与成果。**公司法是兼具程序法内容的实体法**,着重规范公司中各方当事人的权利义务等实质性内容,如股东权利、董监高的义务和责任,同时规定了取得权利、履行义务所必须遵循的法定程序。公司法具有较强的技术性,体现了专门性和职业性,如累积投票制中,表决权的计算与统计较为复杂。公司法具有发展性与变动性,公司法属于商法,商法源于商事惯例,商事惯例是随着社会实践发展而不断变化的。

我国公司法于 1993 年 12 月 29 日通过,并于 1994 年 7 月 1 日实施,分别于 1999 年、2004 年、2005 年、2013 年和 2018 年进行修改。2005 年总体上修改幅度很大,在原本总共 229 个条文中,删除的条款达 46 条,增加的条款达 41 条,修改的条款达 137 条,引入派生诉讼、公司人格否认等重要制度规则。2013 年修改涉及 12 个条款,主要可以归纳为三个方面:一是将注册资本实缴登记制改为认缴登记制;二是放宽了注册资本登记条件;三是简化了登记事项和登记文件。2018 年对第 142 条进行修改完善,增加了公司可以收购本公司股份的情形,进一步提高公司的自主性。

2023 年修改前的公司法律制度存在一些与改革和发展不适应、不协调的问题,主要包括:有些制度滞后于近年来公司制度的创新实践;我国公司制度发展历程还不长,有些基础性制度尚有欠缺或者规定较为原则;公司监督制衡、责任追究机制不完善,中小投资者和债权人保护需要加强等。进一步而言,公司法面临诸多问题,例如法条更新速度缓慢/不能及时解决疑难问题/司法解释补充、有些条款原则性强/缺少可操作性/条款数量偏少、公司类型设置不尽合理/二分法有待重新审视/公司的股份化以及股份的类别化、公司法的内外体系/与民法典的衔接、公司法的具体规则亟待完善(如资本制度/治理结构)等。

2019 年上半年,全国人大法工委启动新一轮公司法修订工作。2021 年 12 月底,修订草案一审稿颁布,共 15 章、260 条,在 2018 年《公司法》共 13 章、218 条的基础上,实质新增和修改 70 条左右。主要修改内容包括:坚持党对国有企业的领导;关于完善国家出资公司特别规定;关于完善公司设立、退出制度;关于优化公司组织机构设置;关于完善公司资本制度;关于强化控股股东和经营管理人员的责任;关于加强公司社会责任。2022年12月底,修订草案二审稿颁布,共15章、262条。主要修订体现为:一是强化股东出资责任;二是完善公司治理;三是完善董事责任规定;四是强化上市公司治理。2023年8月,修订草案三审稿颁布,共15章、266条。主要修改包括:一是完善注册资本认缴登记制度,规定有限责任公司股东认缴的出资额应当自公司成立之日起5年内缴足;二是完善公司民主管理的规定;三是进一步加强股东权利保护;四是进一步强化对控股股东和实际控制人的规范;五是完善公司债券相关规定;六是完善法律责任相关规定。

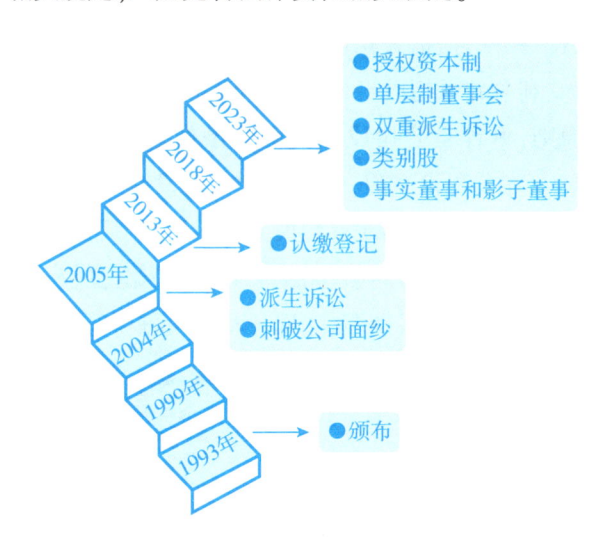

```
2023年 ● 授权资本制
       ● 单层制董事会
2018年 ● 双重派生诉讼
       ● 类别股
2013年 ● 事实董事和影子董事
2005年 ● 认缴登记
2004年 ● 派生诉讼
       ● 刺破公司面纱
1999年
1993年 ● 颁布
```

2023年12月底,修订草案最终通过,新《公司法》颁布。新《公司法》共15章、266条。删除了2018年《公司法》16个条款,新增和修改了228个条款,其中实质性修改了112个条款。与2018年《公司法》相比,新《公司法》条款数量增加了22%,新增和修改条款占全部条款的86%。

❖ 6. 公司法的基本原则

公司法的基本原则主要包括鼓励投资原则、公司自治原则、股东平等原则和保护利益相关者原则。

鼓励投资原则,是指鼓励民商事主体的投资行为,从而促进社会主义市场经济的繁荣发展。 公司以营利为目的,是投资的工具。好的制度可以吸引投资者进行投资,尤其是吸引外资。公司法贯彻鼓励投资原则,采取一系列便利设立公司的措施,如取消最低资本要求、放宽出资方式、分期缴纳等,有利于降低投资者的投资成本,激发投资者的投资热情。

公司自治原则,是指公司事务由公司主体及其参与人自主决策,独立享受利益并承担后果,不受国家干预。公司章程充分体现公司自治原则,章程是公司成立的必要条件之一,被称为公司的"自治宪章"。在公司设立前,章程由股东或发起人制定并一致通过,不仅对原始股东或发起人有约束力,而且对其后加入的股东也有约束力。公司法对章程可规范的事项作出广泛授权,如公司设立目的、经营范围、内部机构职能、选任和表决事项等。

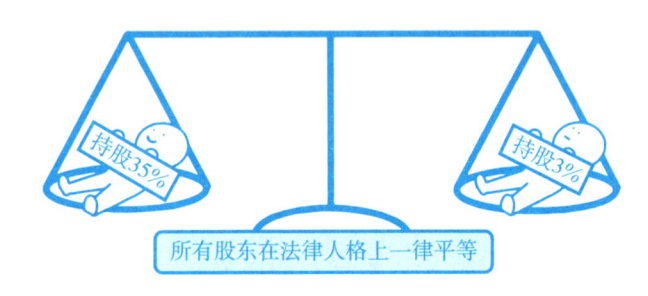

所有股东在法律人格上一律平等

股东平等原则要求所有股东在法律人格上一律平等。 无论股东持股比例多少,无论股东性质是公有制还是民营企业,其在法律人格上是完全平等的。股东平等不排斥股权上的差异,公司可以发行不同内容的股份,主要体现为类别股;股东权利的行使也可以有差异,这与持股比例、认缴实缴有关。同时,禁止股东滥用股东权利、警惕大股东利用其控制地位侵害小股东的权利、股东平等原则有利于保护中小股东的权益。

保护利益相关者原则,是指公司法不仅要保护公司,也要保护利益相关者。公司利益相关者包括股东、债权人、员工、供应商、消费者、地方政府、所在社区等。投资者的利益保护在公司法中有明确且详细的规定,因此保护利益相关者的侧重点在于员工、债权人以及已建立稳定关系的上下游企业,对于部分涉及环境保护或具有重大经济社会影响力的公司、社区和政府也被纳入利益相关者的范围。公司治理框架应当尊重和保障利益相关者受法律保护的权利。

❖ 7.《公司法》和《民法典》的关系

2021年1月1日《民法典》正式实施,其与公司法在规制内容上有交叉重叠的部分,也有各自特有的部分,在公司纠纷案件中如何处理二者的关系、如何正确适用法律就成为非常重要的问题。根据一般的法律适用原则,特别法优于一般法,在特别法无规定的情况下适用一般法,《民法典》第11条规定"其他法律对民事关系有特别规定的,依照其规定",相比于《民法典》,《公司法》属于特别法,应当优先适用。

具体而言,《公司法》与《民法典》的关系可以划分为以下四类。

一是《民法典》特有的部分,如婚姻家庭编涉及的诸多内容。

二是《公司法》特有的部分。对于各自的特有部分,《民法典》和《公司法》各自发挥作用,相互之间不发生关系。

三是交叉部分,即对同一个问题或法律关系,两者都有规定。主要体现在《民法典》总则编第三章法人中的第一节"一般规定"和第二节"营利法人"以及决议行为等。二者对同一法律问题的规定既有相同的情况,也有不一致的情形。对于规定相同的情形,适用《民法典》或《公司法》均可。如《民法典》第 78 条规定"依法设立的营利法人,由登记机关发给营利法人营业执照。营业执照签发日期为营利法人的成立日期",相对应《公司法》第 33 条第 1 款,二者语句表述几乎相同。除此之外,《民法典》还存在援引条款,如《民法典》第 71 条规定"法人的清算程序和清算组职权,依照有关法律的规定;没有规定的,参照适用公司法律的有关规定",关于清算程序、清算组职权、清算组成员的义务与责任等具体规定存在于《公司法》中。

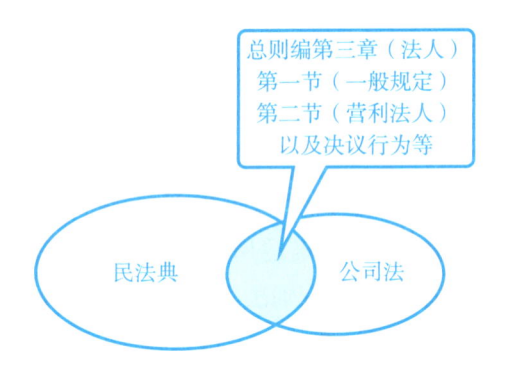

总则编第三章(法人)
第一节(一般规定)
第二节(营利法人)
以及决议行为等

民法典　　公司法

四是类推适用部分。该内容不应当由《公司法》规定,而应由《民法典》进行规定且可以适用于公司,主要涉及商行为,大多围绕交易发生,如合同、代理、民事责任、诉讼时效等。

❖ **8. 公司法的渊源**

法律渊源,是指那些具有法的效力作用和意义的法的外在表现形式。公司法的渊源,即具有法的效力作用和意义的公司法规范借以表现的形式,主要包括法律、公司章程、商事习惯、法理与学说、判例与司法解释以及国际条约等。

法律包括公司法及其特别法、相邻法等。一是统一公司法或称公司法典,如我国《公司法》、英国《2006年公司法》、美国特拉华州《公司法》和日本《公司法》等,其对与公司相关的各种法律问题进行全面化、体系化、高度概括性的规定。二是单行公司法,即针对某一种公司单独制定的法律,如德国《有限责任公司法》和德国《股份法》等。三是与公司组织架构或经营管理相关的特别规定,如公司法对公司必须达到最低资本额作出规定,但具体数额由特别法令进行规定,这也属于公司法的渊源。四是其他单行法中有关公司的规定,如破产法中关于法人破产的规定,与公司法中公司解散清算部分相联系。

公司章程是公司设立前,股东或发起人依法制定的,规定公司名称、经营范围、组织架构等重要事项的基本文件,是公司成立的必备要件,明确公司基本的权利义务关系,对于公司的成立与运营具有极其重要的作用,具有法定性、自治性等特征,具有事实上的规范效力。

公司法的渊源:
- 法律
- 公司章程
- 商事习惯
- 法理与学说
- 判例与司法解释
- 国际条约

商法由商业惯例发展而来。公司法属于商法,商事习惯发挥

着重要作用。商事实践的丰富性与法律局限性、立法滞后性形成强烈反差,法律的条文难以穷尽一切社会生活现象,也不可能概括全部的社会生活的现实,而商事习惯为相对人或一定范围内乃至全国大多数人所接受、认同和信守,蕴藏着巨大的说服力和执行力,是公司法的重要渊源之一。

法理是指一般法律原则或自然法根本原理。学说是指对成文法的解释、习惯法的认知、一般法律原则的探求等所表示的见解。

判例与司法解释也是公司法的渊源之一。虽然我国不是判例法国家,但是司法机关注重对案例的整理和适用。最高人民法院公报案例、指导案例和典型案例以及关于类案检索的要求等,都反映了案例在审判中的重要地位。此外,我国法现有框架包括五个公司法配套司法解释,涉及公司法适用、公司解散和清算、公司设立出资、公司决议效力、优先购买权、股东代表诉讼和股东权益保护等诸多方面。公司法条文更新缓慢,部分条款原则性强,缺乏可操作性,需要司法解释加以补充,使其更好地适应不断发展变化的商业实践。

有关公司法的国际条约数量不多,但公司法具有较强的国际趋同性,可以参考域外的立法经验和成果。

❖ 9. 公司法的体系

我国《公司法》共 15 章,在原来基础上增加了公司登记和国家出资公司组织机构的特别规定这两章。主要特点包括:有限责任公司与股份有限公司二分法,设立和组织机构各自单独规定;股权转让与股份转让予以区分,各自单独规定;董监高的资格和义务单列;公司登记、债券、财务会计、合并分立、增资减资、解散清算、外国公司分支机构、法律责任等单列。

第一章 公司和公司法概述

> - 有限责任公司与股份有限公司二分
> - 区分股权转让与股份转让
> - 董监高的资格与义务单列
> - 公司登记、债券、合并分立、增资减资、解散清算、外国公司分支机构、法律责任等单列
>
> 公司法

英国《2006年公司法》包括47个部分,共1300多条,规定得比较细致。章程、股东、名称、住所、派生诉讼、公司秘书、收购、抵押、欺诈性交易、公司股本、分配、注销和恢复列入登记册等,均单独作为一部分,予以纳入。将公司分为私人公司和公众公司,具有完善的公司股份制度。类似于将我国关于商事主体登记、上市公司收购、公司抵押的相关规定全部纳入公司法,同时没有将破产、解散和清算纳入公司法。

美国特拉华州《公司法》,是较为典型的州公司法。将设立单列;将权力单列(与英国法类似,将公司能力单列);将股份转让单列(与我国法类似);将解散和清算、破产和接管人等,分别单列;将锁闭型公司/公共利益公司/外国公司,不同公司类型分别单列。

日本《公司法》是在2005年通过的日本历史上第一部独立的公司法。在此之前,日本的公司法主要包括有限公司和股份公司两类,前者规定在《有限公司法》中,后者规定在《商法典》中。2005年日本公司法改革,取消了有限公司这类形式,并将股份公司从《商法典》中抽取出来,纳入《公司法》。该法一共8编。根据公司类型,分为股份公司和份额公司。份额公司又包括无限公司、两合公司和合同公司(类似美国的LLC)三类。公司债单列。组织变更和股份交换等单列,内容翔实。刑法条文单列。

德国将有限责任公司和股份有限公司予以区分并单独立法。前者规定在《有限责任公司法》中,其中公司与股东的法律关系/代表与业务执行/解散与无效/刑罚规定,可供借鉴。公司设立以

及章程变更,与我国法类似。后者规定在德国《股份法》,其中公司与股东的法律关系、解散和无效宣告等,可供借鉴。设立、组织机构、章程变更、筹资减资措施和决议无效等,与我国法类似。股份两合公司、关联企业、特别规定和罚则等,可供借鉴。

第二章

公司类型

❖ 1. 有限责任公司和股份有限公司

我国《公司法》规定的公司形态包括有限责任公司和股份有限公司两种。有限责任公司,是指由1个以上50个以下股东共同投资设立的、每个股东以其所认缴的出资额为限对公司承担责任、公司以其全部资产对其债务承担责任的企业法人。股份有限公司,是指全部资本分成等额股份,股东以其认购的股份为限对公司承担责任、公司以其全部资产对公司债务承担责任的企业法人。两类公司主要存在如下区别。

第一,股东人数不同。有限责任公司的股东人数有法定限制。《公司法》第42条规定,"有限责任公司由一个以上五十个以下股东出资设立"。而股份有限公司的股东人数具有广泛性,因其是通过发行股份向社会公众广泛募集资本的公司组织形式,任何投资者只要购买股份,就可成为公司股东。《公司法》第92条仅要求发起人为1人以上200人以下,对股东人数的上限则没有要求。

第二,股权和股份转让限制不同。有限责任公司的股东之间可以相互转让股权,但因股东之间存在一定的人身信赖关系,故向现行股东以外的人转让股权时,其他股东在同等条件下享有优先购买权,因此股权转让限制多,股权流动性差,变现能力弱。而股份有限公司的股份可以在证券交易场所等上市交易,股份转让受到限制较少,流动性强,变现能力强。

第三,治理规则不同。有限责任公司只有发起设立方式,公司资本总额由设立时股东一次性认足,不能对外招募,故其内部组织机构的设置相对简单、灵活,可以通过章程方式约定治理架构,可以只设1名董事和监事,不设董事会及监事会,股东会的召集方式和决议形成程序也较为简单。而股份有限公司内部的组织机构规范性要求更高,必须设立股东会、董事会(或1名执行公司事务的董事)和监事会(设置了履行监事会职权的董事会审计委员会的除外),定期召开股东大会,上市公司还要聘用独立董事。

第四,财务状况的公开程度不同。有限责任公司的生产、经营、财务状况,只需按公司章程规定的期限定期向股东公开、供其查阅,无须对外公布,财务状况相对保密。而股份有限公司的公众性更强,为保障公众投资者的投资利益和知情权,其经营状况不仅要向股东公开,还要定期向社会公众公布,较有限责任公司而言更难保密,也更容易涉及信息披露、内幕交易等问题。

有限责任公司和股份有限公司有什么区别呢?

- 股东人数不同
- 股权和股份转让限制不同
- 治理规则不同
- 财务状况的公开程度不同

目前我国有限责任公司的地位比较尴尬,应当将其分化:
一部分归入合伙企业
另一部分归入股份有限公司
以封闭公司/公众公司为基础
来划分公司类型

在德国,有限责任公司和股份有限公司分开来单独立法,前者规定在《有限责任公司法》中,后者规定在《德国股份法》中。在日本,公司主要分为股份有限公司和份额公司两大类,后者又包括无限公司、两合公司和合同公司。在英国和美国,公司主要分为锁闭型公司(或称私人公司)和公开型公司(或称公众公司)。

此次我国《公司法》修订,并未涉及公司类型改革。讨论过程中,理论界的观点分为三派。第一,激进派或改革派,认为应当以股份公司为基础,在此基础上将股份公司分为公众公司、封闭公司。公众公司要区分不同的类型,包括上市公司、新三板公司、退市公司等。第二,折中派,认为应当将发起设立的股份有限公司与有限责任公司整合成一类,名称上依然称为有限公司。募集设立的股份公司,归为另外一类。第三,保守派,认为维持现状即可。从长远来看,改革派的观点最具合理性。有限责任公司目前的地位比较尴尬,应当将其分化,一部分归入合伙企业(新设无限公司),另一部分归入股份有限公司(与以发起设立的股份有限公司合为一类,将募集设立的股份有限公司归为另一类)。以封闭公司、公众公司为基础来划分公司类型。与此同时,引入联合国贸法委有限责任企业(UNLLE)。

此外,还应当注意有限责任公司的人合性。以公司的信用基础为准,学理上可以将公司分为人合公司、资合公司和中间公司。人合公司,是指以股东的个人信用作为信用基础的公司。资合公司,是指以公司的资产作为信用基础的公司。中间公司,是指兼以股东的个人信用和公司的资产信用作为信用基础的公司。人合性,不等同于股东之间的人身信任关系。区分人合和资合的标准是,是否以公司的资产作为信用基础。因此,有限责任公司也是资合公司,不具有人合性。

❖ 2.母公司和子公司

一个公司对另一个公司的控制可以分为两种,一是股权控制,二是非股权控制。股权控制,是指一个公司对另一个公司的持股比例在 50% 以上,如无其他特别情况,那么该公司构成对另一个公司的股权控制。非股权控制,是指一个公司对另一个公司的持股比例没有达到 50%,或者不是另一个公司的股东,但通过投资、协议或者其他安排而对另一个公司能够实际支配。纯粹依赖股权控制的控制公司是母公司,受其控制的公司称为子公司。

《公司法》未出现母公司的措辞,仅在第 13 条第 1 款对子公司作了简要规定:"公司可以设立子公司。子公司具有法人资格,依法独立承担民事责任。"但是,《公司法》第 265 条第 2 项对控股股东有明确规定,"控股股东,是指其出资额占有限责任公司资本总额超过百分之五十或者其持有的股份占股份有限公司股本总额超过百分之五十的股东;出资额或者持有股份的比例虽然低于百分之五十,但依其出资额或者持有的股份所享有的表决权已足以对股东会的决议产生重大影响的股东"。控股股东通过股权控制和非股权控制这两种方式实现对公司的"控股"。实际上,应该是"控制"。

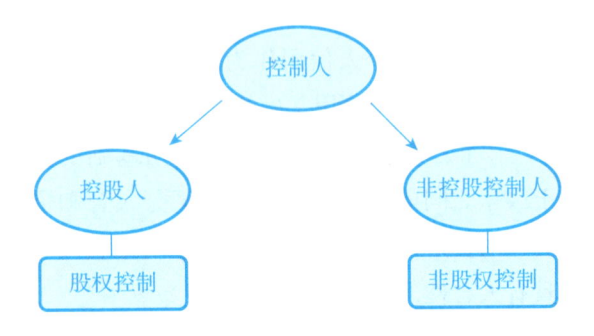

```
         控制人
         ↙    ↘
    控股人      非控股控制人
      ↓            ↓
   股权控制      非股权控制
```

根据母公司持股比例的多少,子公司又可以分为全资子公司(母公司持股100%)和控股子公司(母公司持股50%—100%)。如果一个公司在另一个公司中持股比例不到50%,但是能够对该另一个公司的股东会产生重大影响,那么该公司是该另一个公司的控股股东,而不是母公司。母公司是控股股东的一种,即仅通过股权控制实现对子公司的控制。公司集团与母子公司也有关联。公司集团不是独立法人,而是一个母公司和若干个子公司、参股公司或者其他成员公司,以资本为联结纽带组成的法人联合体。

《公司法》第265条第3项对实际控制人的概念进行了修改,删去了"虽不是公司的股东"措辞。根据目前的界定,实际控制人"是指通过投资关系、协议或者其他安排,能够实际支配公司行为的人"。由此可见,实际控制人的范围扩大了,将虽然是公司的小股东但能够实际支配公司的人也囊括进去了,从而与控股股东构成了一个完整的控制关系。

在英国,还有一个类似的概念,称为"重大控制人"。与一个公司("Y公司")相关的个人("X"),如要成为对该公司具有"重大控制"的人,则必须满足以下至少一项指定的条件:一是股份所有权,X直接或间接持有Y公司25%以上的股份;二是表决权,X直接或间接持有Y公司25%以上的表决权;三是任命或罢免董事的权利,X直接或间接地有权任命或罢免Y公司董事会的大多数;四是重大的影响或控制,X有权对Y公司行使或实际行使重大的影响或控制;五是信托、合伙等:对于依据所管辖的法律不具有法人地位的信托或商行,该信托的受托人或者该商行的成员满足与Y公司相关的任何其他指定条件,或者如果他们是个人,将满足该条件,并且X有权对该信托或该商行的活动,行使或实际行使重大的影响或控制。

由此可见,第一,重大控制人的含义较为广泛,既有股份所有权或表决权标准,又有任命和罢免董事的权利以及重大的影响或控制标准,相当于综合了我国法下的控股股东和实际控制人的概念。第二,关于重大控制人登记册的知情权较为详尽,不仅要求必须置备于公司登记住所,而且规定任何人可以免费查阅,或者在付费后可以查阅该登记册的全部文本或其中一部分。享有控制权的实际出资人一旦构成重大控制人,在英国是需要披露的。而在我国,隐名投资或股权代持越来越多,如果要求享有控制权的实际出资人的情况必须公开,其可能会波及背后一大批人的利益,他们通过协议或其他关系控制公司却又不希望被社会公众察觉是公司股东。

❖ 3.关联公司

关联公司,经常与关联企业、关联人、关联方、关系公司、母子公司、企业集团、公司集团等概念混同使用。有学者认为,关联公司有广义和狭义之分。广义上的关联公司,是指任何两个以上独立存在而相互之间具有业务关系或者投资关系的集合体;狭义上的关联公司,仅指存在持股关系但未达到控制程度的公司。通常所称的关联公司是指广义的关联公司。有学者认为,关联公司是公司之间为达到特定经济目的通过特定手段而形成的公司之间的联合。还有学者认为,关联公司是一个双向的、与单一公司对应的概念,是两个或两个以上独立的公司之间通过资本参与、企业协议、业务关系、人事联锁或者其他手段形成的一种公司之间的联合。

在公司集团中,一旦母公司和子公司、子公司和子公司之间产生了关联关系,就必须进行披露。这一制度要求的原因在于,关联公司在提高经营效率、加强管理的同时,亦很有可能发生关联交易。而这种关联交易如果不进行披露,很可能成为公司之间非法利益转移的手段，导致特定公司的债权人利益受损，不利于市场交易的公平性和安全性，有损公平公正的市场环境。

界定关联公司的核心在于界定关联关系，但关联关系不一定通过关联公司的方式实现。根据《公司法》第265条第4项，"**关联关系，是指公司控股股东、实际控制人、董事、监事、高级管理人员与其直接或者间接控制的企业之间的关系，以及可能导致公司利益转移的其他关系。但是，国家控股的企业之间不仅因为同受国家控股而具有关联关系**"。

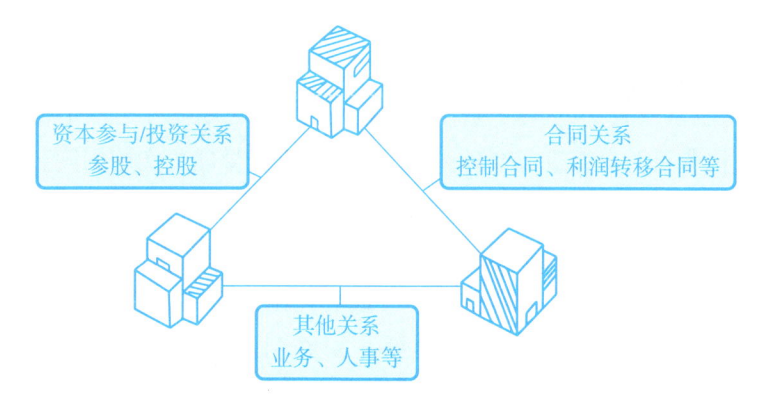

```
资本参与/投资关系            合同关系
参股、控股              控制合同、利润转移合同等

          其他关系
          业务、人事等
```

《公司法》涉及关联关系的条款还包括：(1)公司的控股股东、实际控制人、董事、监事、高级管理人员不得利用关联关系损害公司利益。(第22条第1款)(2)上市公司董事与董事会会议决议事项所涉及的企业或者个人有关联关系的，该董事应当及时向董事会书面报告。有关联关系的董事不得对该项决议行使表决权，也不得代理其他董事行使表决权。该董事会会议由过半数的无关联关系董事出席即可举行，董事会会议所作决议须经无关联关系董事过半数通过。出席董事会会议的无关联关系董事人数不足3人的，应当将该事项提交上市公司股东会审议。(第139条)(3)董事、监事、高级管理人员的近亲属，董事、监事、高级管理人

员或者其近亲属直接或者间接控制的企业,以及与董事、监事、高级管理人员有其他关联关系的关联人,与公司订立合同或者进行交易,适用前款规定。(第182条第2款)(4)董事会对《公司法》第182条至第184条规定的事项决议时,关联董事不得参与表决,其表决权不计入表决权总数。出席董事会会议的无关联关系董事人数不足3人的,应当将该事项提交股东会审议。(第185条)

我国税法对关联企业作出了规定。根据《税收征收管理法》第36条,企业或者外国企业在中国境内设立的从事生产、经营的机构、场所与其关联企业之间的业务往来,应当按照独立企业之间的业务往来收取或者支付价款、费用;不按照独立企业之间的业务往来收取或者支付价款、费用,而减少其应纳税的收入或者所得额的,税务机关有权进行合理调整。《税收征收管理法实施细则》第51条第1款规定,《税收征管法》第36条所称关联企业,是指有下列关系之一的公司、企业和其他经济组织:(1)在资金、经营、购销等方面,存在直接或者间接的拥有或者控制关系;(2)直接或者间接地同为第三者所拥有或者控制;(3)在利益上具有相关联的其他关系。

此外,《企业会计准则第36号——关联方披露》也对关联关系作出了规定。第3条规定,一方控制、共同控制另一方或对另一方施加重大影响,以及两方或两方以上同受一方控制、共同控制或重大影响的,构成关联方。控制,是指有权决定一个企业的财务和经营政策,并能据以从该企业的经营活动中获取利益。共同控制,是指按照合同约定对某项经济活动所共有的控制,仅在与该项经济活动相关的重要财务和经营决策需要分享控制权的投资方一致同意时存在。重大影响,是指对一个企业的财务和经营政策有参与决策的权力,但并不能够控制或者与其他方一起共同控制这些政策的制定。

第 4 条规定,下列各方构成企业的关联方:(1)该企业的母公司;(2)该企业的子公司;(3)与该企业受同一母公司控制的其他企业;(4)对该企业实施共同控制的投资方;(5)对该企业施加重大影响的投资方;(6)该企业的合营企业;(7)该企业的联营企业;(8)该企业的主要投资者个人及与其关系密切的家庭成员;主要投资者个人,是指能够控制、共同控制一个企业或者对一个企业施加重大影响的个人投资者;(9)该企业或其母公司的关键管理人员及与其关系密切的家庭成员(关键管理人员,是指有权力并负责计划、指挥和控制企业活动的人员。与主要投资者个人或关键管理人员关系密切的家庭成员,是指在处理与企业的交易时可能影响该个人或受该个人影响的家庭成员);(10)该企业主要投资者个人、关键管理人员或与其关系密切的家庭成员控制、共同控制或施加重大影响的其他企业。

第 5 条规定,仅与企业存在下列关系的各方,不构成企业的关联方:(1)与该企业发生日常往来的资金提供者、公用事业部门、政府部门和机构;(2)与该企业发生大量交易而存在经济依存关系的单个客户、供应商、特许商、经销商或代理商;(3)与该企业共同控制合营企业的合营者。

第 6 条规定,仅仅同受国家控制而不存在其他关联方关系的企业,不构成关联方。

❖ **4. 一人公司**

商事主体是指经依法登记,取得营业资格,能以自己的名义从事营利性活动,享有权利并承担义务的个人和组织。按照组织形态划分,传统的三元论将商事主体分为商个人、商合伙和商法人。商个人是指独立从事商业经营、依法承担权利义务的个人,即经商的个人。商合伙,是指由各合伙人订立合伙协议,共同出资、合伙经营、共享收益、共担风险,并对合伙债务承担无限连带责任的营利性组织,即合伙企业。商法人,是指具有法人资格的营利性组织,即企业(法人)。

二元论则将商事主体分为商个人和商组织,因为合伙企业和企业(法人)都是一种组织,不同之处在于合伙企业不具有独立法人地位,而企业(法人)具有。商个人的特性包括:投资主体的单一性;投资人承担责任的无限性;所有权和经营权的集中性;以个人(户)的名义经营,不具有规范组织性。在二元论下,商个人包括个体工商户、农村承包经营户、个体摊贩等。个人独资企业和一人公司虽然都只有一个投资者或者一个股东,但不属于商个人,而是商组织。

一人公司,是指全部股权或者股份均属于一个股东的公司,包括有限责任公司和股份有限公司。一人公司的突出特征在于其股东的唯一性。《公司法》的表述是"只有一个股东的公司"(第23条第3款),包括"只有一个股东的有限责任公司"(第60条)和"只有一个股东的有限责任公司"(第112条第2款),即一人公司的股东只有一个,既可以是自然人,也可以是法人。一人公司虽然股东只有一个,但同样具备公司的所有法律特征,如独立财产、法人人格、组织机构和民事责任。

一人公司突出的特征在于其股东的唯一性

尽管从投资者人数上看,一人公司仅有一个股东,与个人独资

企业相似,但二者在法律性质上存在根本差别。第一,从法律地位上看,一人公司可以依法取得法人资格,使公司在法律上成为独立的商事主体,其财产与股东个人财产分离,同时可以以自己的名义从事经济活动;而个人独资企业不具备独立法人身份,独资企业主以自然人身份从事经济活动,同时以其全部责任财产对企业债务承担无限连带责任。第二,从治理模式上看,一人公司虽然仅有一名投资者,但需要按照现代公司治理结构进行运营,采取董事会、监事、经理的科学组织模式,并接受公司法规制;而个人独资企业的组织机构完全由企业主个人决定,一般仅设置经理为首的管理结构。第三,从税赋上看,国家对一人公司采取双重征税模式,即其作为独立的商事主体,需就其经营所得单独纳税,股东在分红的过程中同样需要纳税;而国家对个人独资企业采单层征税模式,即企业主仅需就企业经营所得交一次税即可,税赋相对较低。第四,从投资者身份上看,一人独资企业的股东既可以是自然人,也可以是法人;而个人独资企业只能由自然人设立而成。

❖ **5. 国家出资公司**

《公司法》第七章"国家出资公司组织机构的特别规定"将 2018 年《公司法》第二章第四节"国有独资公司的特别规定"单独作为一章,共有 10 个条文。

国家出资公司,是指国家出资的国有独资公司、国有资本控股公司,包括国家出资的有限责任公司、股份有限公司。(第 168 条第 2 款)

国家出资公司,由国务院或者地方人民政府分别代表国家依法履行出资人职责,享有出资人权益。国务院或者地方人民政府可以授权国有资产监督管理机构或者其他部门、机构代表本级人民政府对国家出资公司履行出资人职责。(第 169 条第 1 款)国家出资公司中中国共产党的组织,按照中国共产党章程的规定发挥领导作用,研究讨论公司重大经营管理事项,支持公司的组织机构依法行使职权。(第170条)国家出资公司应当依法建立健全内部监督管理和风险控制制度,加强内部合规管理。(第177条)

国有独资公司具有以下特征。第一,投资主体单一性。国有独资公司是特殊的"一人公司",其股东有且仅有国家,具有单一性。第二,法律规范特定性。国有独资公司属于国家出资公司,其治理结构等优先适用国家出资公司的特殊规定,如无规定,适用《公司法》其他条款的规定。第三,适用范围特定性。通常适用于国家垄断经营的特殊产品或特殊行业。所谓特殊产品或特定行业,是指关系国计民生或国家专营的产品或行业,包括邮政、铁路、军火、烟草、稀有金属及从事国家机密、尖端技术研究、生产的企业等。在这些产品或行业的生产销售中采用国有独资公司形式,是为了强化国家对这些领域的集中控制。在我国,只有国务院确定的生产特殊产品或属于特定行业的公司才应当采取国有独资公司形式。根据一定时期的产业和竞争政策,国务院可以决定这些产品或行业的垄断程度,从而具体确定采取国有独资公司经营形式的范围。

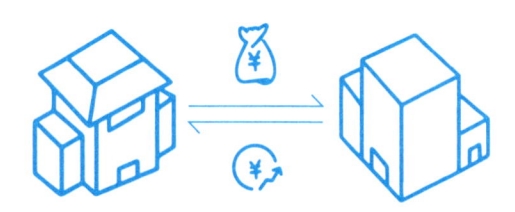

国有独资公司是特殊的"一人公司",其股东有且仅有国家

对于国有独资公司的治理结构,存在以下特殊规定。第一,国有独资公司章程由履行出资人职责的机构制定。(第171条)第

二,国有独资公司不设股东会,由履行出资人职责的机构行使股东会职权。履行出资人职责的机构可以授权公司董事会行使股东会的部分职权,但公司章程的制定和修改,公司的合并、分立、解散、申请破产,增加或者减少注册资本,分配利润,应当由履行出资人职责的机构决定。(第172条)第三,国有独资公司的董事会成员中,应当过半数为外部董事,并应当有公司职工代表。董事会成员由履行出资人职责的机构委派;但是,董事会成员中的职工代表由公司职工代表大会选举产生。董事会设董事长一人,可以设副董事长。董事长、副董事长由履行出资人职责的机构从董事会成员中指定。(第173条第2、3、4款)第四,国有独资公司的经理由董事会聘任或者解聘。经履行出资人职责的机构同意,董事会成员可以兼任经理。(第174条)第五,国有独资公司的董事、高级管理人员,未经履行出资人职责的机构同意,不得在其他有限责任公司、股份有限公司或者其他经济组织兼职。(第175条)第六,国有独资公司在董事会中设置由董事组成的审计委员会行使本法规定的监事会职权的,不设监事会或者监事。(第176条)

除此以外,应当注意三个相关的概念。第一,国家出资企业。《企业国有资产法》的定义是,国家出资企业是指国家出资的国有独资企业、国有独资公司,以及国有资本控股公司、国有资本参股公司。最高人民法院、最高人民检察院《关于办理国家出资企业中职务犯罪案件具体应用法律若干问题的意见》关于国家出资企业的界定,与《企业国有资产法》相同,并且进一步规定,是否属于国家出资企业不清楚的,应遵循"谁投资、谁拥有产权"的原则进行界定。企业注册登记中的资金来源与实际出资不符的,应根据实际出资情况确定企业的性质。企业实际出资情况不清楚的,可以综合工商注册、分配形式、经营管理等因素确定企业的性质。由此可见,国家出资企业的范畴要大于国家出资公司。修订之后的《公司法》已将国有参股公司排除在国家出资公司之外。但是,国有参股公司是否还属于国家出资企业,有待进一步解释。

第二,国有企业。根据《财政部关于印发〈国有企业境外投资财务管理办法〉的通知》,国有企业,是指国务院和地方人民政府分别代表国家履行出资人职责的国有独资企业、国有独资公司以及国有资本控股公司,包括中央和地方国有资产监督管理机构和其他部门所监管的企业本级及其逐级投资形成的企业。国有企业合营的企业以及国有资本参股公司可以参照执行本办法。

第三,国有及国有控股企业、国有实际控制企业。根据《企业国有资产交易监督管理办法》第3条,企业国有资产交易行为包括:企业国有资产交易行为包括:(1)履行出资人职责的机构、国有及国有控股企业、国有实际控制企业转让其对企业各种形式出资所形成权益的行为(以下称企业产权转让);(2)国有及国有控股企业、国有实际控制企业增加资本的行为(以下称企业增资),政府以增加资本金方式对国家出资企业的投入除外;(3)国有及国有控股企业、国有实际控制企业的重大资产转让行为(以下称企业资产转让)。根据第4条,国有及国有控股企业、国有实际控制企业包括:(1)政府部门、机构、事业单位出资设立的国有独资企业(公司),以及上述单位、企业直接或间接合计持股为100%的国有全资企业;(2)本条第1款所列单位、企业单独或共同出资,合计拥有产(股)权比例超过50%,且其中之一为最大股东的企业;(3)本条第1、2款所列企业对外出资,拥有股权比例超过50%的各级子企业;(4)政府部门、机构、事业单位、单一国有及国有控股企业直接或间接持股比例未超过50%,但为第一大股东,并且通过股东协议、公司章程、董事会决议或者其他协议安排能够对其实际支配的企业。根据第59条,企业国有资产交易应当严格执行"三重一大"决策机制。三重一大,是指重大事项决策、重要干部任免、重要项目安排以及大额资金。这些事项应当经集体讨论决定，事先听取党组意见。

❖ 6. 上市公司

股份有限公司依其发行的股票是否公开上市交易，分为上市公司和非上市公司。根据《公司法》第134条，上市公司是指其股票在证券交易所上市交易的股份有限公司。

上市公司有如下特点。第一，股票公开发行且在证券交易所集中交易。股票公开发行并交易的方式有多种，根据市场范围和交易方式的不同又可以分为一级市场、二级市场、场外交易市场等，这些都属于公开市场。证券市场是股票二级交易市场的一种，是进行证券集中交易的特殊市场。只有公司股票在证券交易所挂牌集中交易的公司，才属于上市公司。第二，最具公众性。与其他公司形态，尤其是有限责任公司不同，上市公司不仅公开发行股票，其股票还在证券交易所挂牌上市，可以通过二级市场集中交易、自由流通。因而上市公司往往股东人数众多、有大量社会投资者，且股东变化非常频繁，是与证券市场连接最紧密的公司类型，体现了极强的公众性。第三，受法律规制最严格。上市公司往往有大量社会公众投资者，为了保护风险防范能力和意识相对较低的中小投资者，法律对上市公司的规制较为严格，尤其在信息披露方面要求很高。第四，治理最规范。尽管《公司法》涉及上市公司的条款只有8条（第134条至第141条），但事实上，我国已经通过证券法、证监会规范性文件及其他立法或软法形式，构建了一套完备的上市公司规范体系。可以说，截至目前，上市公司是我国治理体系最为规范的公司类型。

上市公司的股票公开发行且在证券交易所集中交易

《公司法》关于上市公司的特殊规定，具体如下。第一，上市公司在1年内购买、出售重大资产或者向他人提供担保的金额超过公司资产总额30%的，应当由股东会作出决议，并经出席会议的股东所持表决权的2/3以上通过。（第135条）

第二，上市公司设独立董事，具体管理办法由国务院证券监督管理机构规定。上市公司的公司章程除载明《公司法》第95条规定的事项外，还应当依照法律、行政法规的规定载明董事会专门委员会的组成、职权以及董事、监事、高级管理人员薪酬考核机制等事项。（第136条）

第三，上市公司在董事会中设置审计委员会的，董事会对下列事项作出决议前应当经审计委员会全体成员过半数通过：(1)聘用、解聘承办公司审计业务的会计师事务所；(2)聘任、解聘财务负责人；(3)披露财务会计报告；(4)国务院证券监督管理机构规定的其他事项。（第137条）

第四，上市公司设董事会秘书，负责公司股东会和董事会会议的筹备、文件保管以及公司股东资料的管理，办理信息披露事务等事宜。（第138条）

第五，上市公司董事与董事会会议决议事项所涉及的企业或者个人有关联关系的，该董事应当及时向董事会书面报告。有关联关系的董事不得对该项决议行使表决权,也不得代理其他董事行使表决权。该董事会会议由过半数的无关联关系董事出席即可举行,董事会会议所作决议须经无关联关系董事过半数通过。出席董事会会议的无关联关系董事人数不足 3 人的,应当将该事项提交上市公司股东会审议。(第 139 条)

第六,上市公司应当依法披露股东、实际控制人的信息,相关信息应当真实、准确、完整。禁止违反法律、行政法规的规定代持上市公司股票。(第 140 条)

第七,上市公司控股子公司不得取得该上市公司的股份。上市公司控股子公司因公司合并、质权行使等原因持有上市公司股份的,不得行使所持股份对应的表决权,并应当及时处分相关上市公司股份。(第 141 条)

❖ 7.外商投资企业

外商投资企业,是指依照中国法律在中国境内,由外国投资者与中国投资者合作设立或者单独设立的公司或企业,具有如下法律特征。第一,由外国投资者合作设立或单独设立。外国投资者包括外国企业、其他经济组织或个人,而合作设立既可以是外国投资者与中国投资者共同投资设立,也可以是多方外国投资者共同设立。第二,依照中国法律、在中国境内设立。外商投资企业虽然全部或部分资本来自境外,但因其设立地在中国境内,设立时所依据的也是中国法律,故其仍然属于中国法意义上的企业或法人。

外商投资企业产生于 20 世纪 70 年代末 80 年代初的中国改革开放初期,是为引进和吸收外资而创立的企业法律形式。为给外商投资营造良好的营商环境、提供充分法律支持,我国相继颁布了《中外合资经营企业法》(1979 年)、《外资企业法》(1986 年)和《中外合作经营企业法》(1988 年),是改革开放后最早颁布的一批法律,逐步形成了较为完整的外商投资法律规范体系。外商投资企业包括以下三种法定类型。

其一,中外合资经营企业。中外合资经营企业是以合营合同为基础的、股权式的公司结构,合同是其存在的法律依据。中外合资经营企业的外资出资不得少于25%,不得减资,股东违反出资义务会直接导致公司解散,而非公司对股东的出资请求权。此外,该种公司经营形式不设股东会、只有董事会,经董事会全体一致同意才能作出决议。总体来看,中外合资经营企业不存在两权分离的管理,也并不完全依据资本民主的决议形式。

其二,中外合作经营企业。中外合作经营企业是契约式的公司或联营关系,公司的一切事项均由合同加以约定。其组织形式多样,可以是社团法人,采用有限责任公司模式,也可以采用合伙模式。此外,其分配也可以通过合同约定,而非根据股权的多少进行。中外合作经营企业在管理方式上的自由度更大,可以通过合同约定方式,采用董事会制度、联合管理制度或者委托管理制度管理,而不是必须采用股东会、董事会的治理模式。

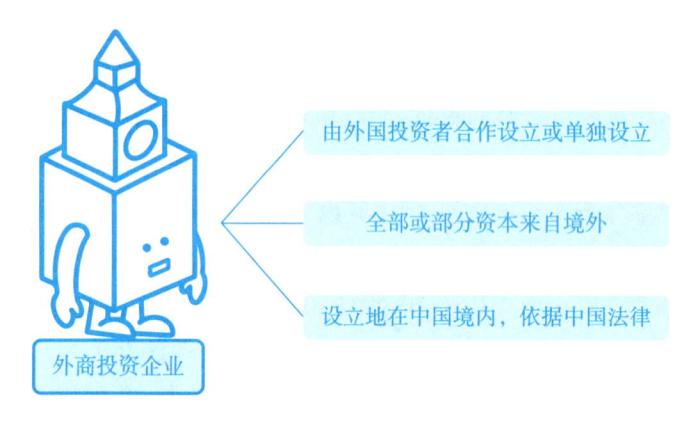

外商投资企业
- 由外国投资者合作设立或单独设立
- 全部或部分资本来自境外
- 设立地在中国境内,依据中国法律

其三,外资企业(外商独资公司)。外资企业本质上属于一人公司,是我国对外开放的法律优惠政策的产物。外资企业有且仅有一个外商股东,可以采取前面两类的治理方式。但此类公司形式在市场准入上限制较多,要求以出口为导向。实践中,这类企业几乎都注册成了公司。

2019年3月《外商投资法》颁布,并于2020年1月起施行。该法施行后,原来的三部外商投资企业方面的法律废止。外商投资企业的组织形式、组织机构及其活动准则,适用《公司法》《合伙企业法》等法律的规定。根据《外商投资法》第2条第2、3款的规定,外商投资,是指外国的自然人、企业或者其他组织(以下称外国投资者)直接或者间接在中国境内进行的投资活动,包括下列情形:(1)外国投资者单独或者与其他投资者共同在中国境内设立外商投资企业;(2)外国投资者取得中国境内企业的股份、股权、财产份额或者其他类似权益;(3)外国投资者单独或者与其他投资者共同在中国境内投资新建项目;(4)法律、行政法规或者国务院规定的其他方式的投资。本法所称外商投资企业,是指全部或者部分由外国投资者投资,依照中国法律在中国境内经登记注册设立的。

❖ **8.有限责任企业**

2021年,联合国国际贸易法委员发布《贸易法委员会有限责任企业立法建议》,针对中小微企业整个寿命周期中面临的法律障碍,针对性提出简化企业形式。该文件旨在协助立法者和政策制定者设计和规范中小微企业的简化法律形式,降低中小微企业的市场准入门槛,以便利中小微企业的组建和经营。

中小微企业,具有企业规模小、投资者和经营者高度统一、运营灵活等特点。中小微企业在法律制度和规则的需求方面,与大型企业不同。中小微企业主有以下五大需求。

第一,自由、自主和灵活的管理权。中小微企业的灵活性,体现在"船小好调头",人员少、业务范围小、经营的可变性强。这种灵活性,既是中小微企业的特点,也是中小微企业的需求。自由和自主经营,意味着中小微企业对经营的范围、经营业务、经营方式拥有自由和自主权,自己决定如何运营企业,而不受僵化、拘泥于形式的规则和程序制约,也不必遵守关于如何开展活动的具有强制性的详细要求。

第二,简单易懂的运行规则。中小微企业的组成人员少、运营规模小,在运行规则、企业管理等方面,需要调整的利益也相对简单,所以不需要建立复杂的制度,也不需要复杂的管理机构和层级。简单易懂,意味着尊重日常交易习惯,遵从普通大众行事方式,而摒弃一些专业性强、复杂程度高的制度。组织机构简洁明了,而不用叠床架屋;管理方式简便易行,降低治理成本。

第三,独立的身份与品牌。独立的身份与品牌,从而形成相应的知名度,是中小微企业参与市场竞争的重要要素。独立的身份,主要是在法律上具有独立的法律主体资格,这种资格的外在表现是企业登记。便捷、高效、透明的登记信息制度,对于中小微企业的发展也具有重要意义,已登记企业不仅更为市场所知,也更为国家所知,因此国家就能够更容易确定需要支持的中小微企业,并为此设计适当的方案。

第四,确定的财产保障。不管企业的规模如何,所有企业都需要财产权具有确定性并得到保护。因此,中小微企业的企业主希望控制企业的资产,并能够利用资产分割保护其个人资产免遭企业债权人提出权利主张。反之,企业所有者和管理人的个人债权人也不应当能够执行企业资产以偿还个人债务。

第五,直接的管理和控制。商业公司的核心结构特征之一是董事会结构下的集中经营管理。但是在中小微企业中,主要还是由其股东或者成员直接控制和管理,而不是交由职业经理人作出管理和战略决定。一方面,企业规模小,管理较为随意和自由,没有大规模商事公司那么复杂,管理层级也较少,因此由企业主直接经营管理;另一方面,企业主直接经营和管理,可以更好地实现企业主的意志,提高经营管理的效率。

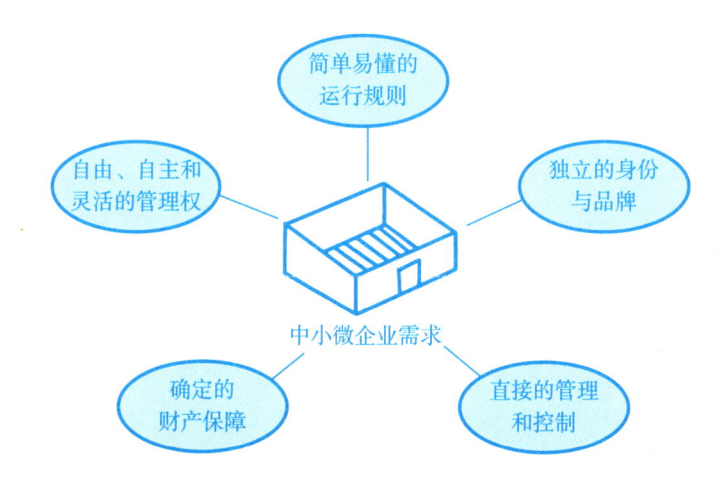

中小微企业需求:
- 简单易懂的运行规则
- 独立的身份与品牌
- 直接的管理和控制
- 确定的财产保障
- 自由、自主和灵活的管理权

在此基础上,联合国国际贸易法委员会审议了来自不同地理区域和法律传统的相关做法,并最终汇编了可供国际适用的良好做法和原则,提出有限责任企业(LLE)的概念。这套简化法律形式包括简化的企业设立、治理、解散和破产形式,主要特点包括:从中小微企业的内在需求出发,小企业优先原则;通过合同实现中小微企业的自由灵活运行;企业成员间权利默认平等,强调人合性;注重中小微企业的透明度、利润分配、受托人责任等问题,从而保护交易第三人的权利。

与我国现有的有限责任公司形式相比,有限责任企业体现了一定的相同或相似之处:二者在法律资格上均为独立法人;均要求名称中表明公司或企业字样;均独立承担责任;成员与公司之间均存在风险隔离机制;设立条件均为登记注册;违法分配的后果均为退还;成员权利、转让、解散事由类似等。但有限责任企业在部分问题上较有限责任公司更为灵活自由:不限制注册资本,成员达成一致即可确定出资及出资价值,不限制成员数量,成员权利更突出人合性,管理制度更灵活多样,分配限制较少(仅在债务清偿方面限制分配形式),退出情形更为灵活,记录和文件要求更高,知情权范围更大等。

第三章

股东有限责任

❖ 1. 有限责任和无限责任

有限责任,是指公司以其全部资产对公司的债务承担责任,当公司的全部财产不足以清偿到期债务时,有限责任公司的股东以其认缴的出资额为限对公司承担责任;股份有限公司的股东以其认购的股份为限对公司承担责任。 在出资额或认购的股份之外,股东不对公司债务承担连带责任。

在认缴制下,股东可以以自己的财产或第三人的财产对其已认缴但未缴清出资的部分,向公司提供担保,称为"出资担保",而"股东担保"则是公司债权人要求股东为公司债务提供担保,一定程度上突破了股东有限责任的保护。

有限责任具有一系列优点。第一,促进股东投资。由于股东的投资风险能够预先确定,使得股东可以将其投资自由转让,而不会担心承担无限连带责任,在客观上促进了股东投资的追加。第二,分散经营风险。有限责任促使投资多元化、分散化,从而降低风险,减少了股东被追索的可能性。第三,将所有权与经营权分离。将股东视为消极的投资者,促进了劳动的合理分工,提高了经济运行的效率。第四,减少成本。债权人只需要调查公司的资信,而不用逐一调查每个股东的资信,大大减少了交易成本。第五,促进股权或股份的流通。在股权或股份发生转让时,受让人可以预测自己的责任限额,乐于接受有限责任情形下的股权或股份。第六,规避后果严重的侵权责任。尤其是在公司大规模侵权时,受害者众多,公司要承担巨额的赔偿责任,并因此而陷入破产,但是股东受到有限责任的保护,公司的赔偿责任不会延伸到股东身上。但是,有限责任也是一把"双刃剑",可能被股东当成保护伞,滥用公司独立人格而导致对于公司债权人的侵害。

有限责任	公司资产	出资额	
无限责任	公司资产	出资额	个人财产

无限责任,是指当公司的全部财产不足以清偿到期债务时,公司股东不仅以其出资额为限,还要以出资额以外的个人全部财产来清偿公司债务。实际上就是将公司的责任与股东的责任连为一体。根据《民法典》第104条,非法人组织的财产不足以清偿债务的,其出资人或者设立人承担无限责任。法律另有规定的,依照其规定。

无限责任具有一系列弊端。第一,就投资者而言,无限责任可能产生"投资反噬",即投入公司的财产或者投资,可能在他人的管理下,导致超出这一投资或财产数额的赔偿责任。第二,无限责任无法在事前界定责任的大小,在责任数额、发生时间和承担后果上也难以明确化。第三,无限责任常常和连带责任捆绑,变成无限连带责任。

❖ 2. 有限责任的否定

有限责任是公司法的基本原则之一,即公司以其全部财产独自对外承担责任,股东仅在其认缴的出资范围内对公司承担责任。也就是说,公司债务由其自己承担,股东无须承担公司债务。但是在一些情况下,股东不能享受有限责任的保护。**有限责任的否定,是指股东为公司债务承担责任,即公司不能挡住债权人对实际应当承担责任的人的追索责任,又称为"公司责任的个人责任"**。刺破公司面纱,就是典型的有限责任否定,让股东为公司债务直接向公司债权人承担责任。

股东为公司债务承担责任的情形比较多,大多数情况下并没有否定股东的有限责任,而是与有限责任的否定具有类似的效果。换言之,刺破公司面纱应当与其他类似的制度安排区别开来。股东对公司债务承担个人责任的情形,不一定是刺破公司面纱。

首先,例如担保、代理、信托等法律制度安排,虽然适用效果与刺破公司面纱规则相似,但是在其内涵特征、运行功能、责任性质等方面,截然不同。在担保中,股东为公司债务向债权人提供担保。股东是担保人,一旦公司向其债权人偿还债务,股东应当向公司债权人承担担保责任。在代理中,公司是股东的代理人,公司所作行为的后果,应当由被代理人承担;如果对外发生债务,不是公司的债务,而是股东的债务。在一项信托的安排中,公司将资产转移给股东,股东作为受托人,为了公司或其指定的受益人的利益而管理该资产。因管理资产而发生的债务,是股东作为受托人应当承担的责任。如果不加以辨析,很容易混淆,将其中某些安排视为刺破公司面纱的一种情形。

其次,股东对公司债务承担连带责任或赔偿责任的情形,不一定都属于刺破公司面纱。

第一,刺破公司面纱与股东对债权人的补充赔偿责任(《关于适用〈中华人民共和国公司法〉若干问题的规定(三)》[以下简称《公司法解释(三)》]第13条和第14条),是两类不同性质的责任。其一,承担责任的主体不同,前者主要是积极股东,无论是否已经实际缴纳出资,不包括消极股东;后者主要是未履行或未全面履行出资义务的股东,或者是抽逃出资或协助抽逃出资的股东,不论该股东是否控制公司,是否为大股东。其二,适用条件不同,前者主要是指滥用独立地位和有限责任,给债权人造成严重损害;后者主要是未履行或全面履行出资义务,且公司债务不能清偿(有学者认为,不能清偿需要通过股东的先诉抗辩权确定,一是因为补充责任的本质特征是补充主要责任人所承担责任的不足;二是通过利益衡量可以判断公司与股东承担责任是有先后顺序的;三是这样做符合我国长期以来的立法实践,例如一般保证人的先诉抗辩权;四是一些地方性规范性意见也是如此,故不能清偿应理解为申请强制执行后公司确实不能清偿)或者抽逃出资,或协助抽逃出资。其三,责任性质不同,前者为对公司债务承担连带责任;后者为在未出资本息范围内或者在抽逃出资本息范围内对公司债务不能清偿部分承担补充赔偿责任。可见,前者的责任范围更大,其本质为股东有限责任的否定,因此股东可能要承担超过其认缴范围的责任。

第二,股东作为清算义务人对公司债权人承担责任,并不是刺破公司面纱。清算义务人的责任,根据具体行为的表现以及后果的严重程度,有可能是在造成损失范围内对公司债务承担赔偿责任,有可能是对公司债务承担连带清偿责任(《关于适用〈中华人民共和国公司法〉若干问题的规定(二)》[以下简称《公司法解释(二)》]第18—20条)。清算义务人的积极或消极行为会产生清算责任和清算赔偿责任两种性质的责任,清算责任是行为责任,而清算赔偿责任是财产责任。如果不履行清算义务未给公司造成财产损失,则清算义务人无须承担清算赔偿责任。这与刺破公司面纱的利益格局并不相同,清算义务人承担连带清偿责任的法理基础并不是人格否认。

第三,股东承担责任但不属于刺破公司面纱的其他情形。例如,公司解散时,未缴纳出资的股东以及公司设立时的其他股东或发起人,在未缴纳出资范围内对公司债务承担连带清偿责任。根据《公司法解释(三)》第5条,发起人因履行公司设立职责造成他人损害,公司成立后受害人请求公司承担侵权赔偿责任的,人民法院应予支持;公司未成立,受害人请求全体发起人承担连带赔偿责任的,人民法院应予支持。

与有限责任否定类似的情形	
代理	代理关系
保证	担保关系
欺诈性转让	撤销交易
控股股东债权请求权延迟(深石原则)	清偿顺序
实质合并破产	破产程序

再次,有一些情形容易和刺破公司面纱相混淆,应当予以甄别。例如,"衡平居次原则",又称"深石原则",是关于控股股东债权请求权延迟的原则,即控制股东对公司的债权请求权,应当排在公司其他股东和普通债权人的债权请求权之后。沙港公司诉开天公司执行分配方案异议案[最高人民法院发布四起典型案例(2015年)之一],被视为我国首个参考深石原则的案例。在本案中,法院认为"开天公司以其对茸城公司也享有债权要求参与其自身被扣划款项的分配,对公司外部债权人是不公平的,也与公司股

东以其出资对公司承担责任的法律原则相悖",判决出资不实股东的债权劣后于外部债权受偿。一审判决后,当事人均未提出上诉,一审判决生效。由本案亦可看出,衡平居次原则应当是补偿性质的,其出发点是补救外部债权人遭遇不公平待遇时的损失,超出其他破产债权人损失之外的债权应当平等受偿而不应该被一概居次。当然,从属公司资本明显不足以及有确切证据控制公司实施了不公平行为导致外部债权人利益受损,也是衡平居次原则适用的条件。

考虑到实践中控制股东会利用其控制地位,将自己变成公司的担保债权人,从而试图取得优越于其他股东或外部债权人的普通债权人地位,为了避免这种情况发生,维护公平正义,所以发展出了深石原则。该原则先"衡平"再"居次",即先考量控制股东是否有不公平的行为,再将该债权劣后普通债权人清偿,这能够有效遏制控股股东损害债权人利益。但是,公司债权人利用深石原则,改变清偿顺序,可以避免不利后果的出现,但是这与让控制股东为公司债务直接向公司债权人承担责任,是根本不同的。深石原则本质上关乎公司债权清偿顺序的排位,不涉及利用公司外壳逃避债务的问题。

最后,有限责任否定也会发生在一些较为特殊的情形中,例如,关联企业的实质破产。关联企业实质破产是公司有限责任否定的一种类型,是指将多个关联企业视为一个主体,合并资产与负债,在统一财产分配和债务清偿基础上进行破产清算、重整、和解,各企业的法人人格在破产程序中不再独立,所有企业同类债权平等受偿。实质破产是解决关联企业间存在法人人格混同尤其是资产与负债严重混同等问题,保障债权人整体清偿公平和破产程序顺利进行的特别法律制度。

2018年最高人民法院发布的《全国法院破产审判工作会议纪

要》(以下简称《九民纪要》)首次明确了"关联企业破产"问题。该纪要指出,法院审理关联企业破产案件时,要立足于破产关联企业之间的具体关系模式,采取不同方式予以处理。既要通过实质合并审理方式处理法人人格高度混同的关联关系,确保全体债权人公平清偿,也要避免不当采用实质合并审理方式损害相关利益主体的合法权益。根据该纪要第 32 条(关联企业实质合并破产的审慎适用),法院在审理企业破产案件时,应当尊重企业法人人格的独立性,以对关联企业成员的破产原因进行单独判断并适用单个破产程序为基本原则。当关联企业成员之间存在法人人格高度混同、区分各关联企业成员财产的成本过高、严重损害债权人公平清偿利益时,可例外适用关联企业实质合并破产方式进行审理。

❖ 3. 刺破公司面纱

刺破公司面纱,又称公司人格否认,是指为阻止公司独立人格的滥用和保护债权人利益,就具体法律关系中的特定事实,否认公司与其背后的股东各自独立的人格及股东的有限责任,责令公司的股东对公司债权人直接承担责任,以实现公平、正义之要求而设立的一种法律措施。

尽管有限责任的确立促进了公司的成立,从而增进了市场活力、推进了经济发展,但这项制度实际上将大部分风险转移到了债权人身上。而为了保护债权人利益,防止公司股东滥用有限责任,特殊情形下,法律要求股东直接对公司债务承担责任。刺破公司面纱就是股东有限责任的例外情形,旨在矫正有限责任制度在特定法律事实发生时对债权人保护的失衡现象。刺破公司面纱的目的包括:制止欺诈行为、制止非法行为、制止虚假陈述、实现公平正义等。

参考英美法关于刺破公司面纱的规定,在英国,刺破公司面纱的情形一般包括公司变成股东的工具、公司成为股东的傀儡或外壳、股东借用公司的名义从事非法或不当行为、基于社会安全的需要、不遵守公司程式(是指依法设置公司治理机关和运营组织,以符合公司法和章程的规定,体现公司特征的方式治理运营公司)、关联交易不公正,等等。在美国,刺破公司面纱的情形一般包括资本不足、不遵守公司的形式、不支付股息、在特定的时候解散公司、主要股东调走公司资金、除了被告外没有其他公司高级人员发挥作用、公司记录不全、除被告外其他股东不参与公司事务,等等。

在实践中,我国刺破公司面纱常见的情形有人格混同、过度支配与控制、资本显著不足等,而抽逃出资则与刺破公司面纱无关,在该种情况下股东仅需在抽逃范围内对公司债务承担责任即可。《关于审理与企业改制相关的民事纠纷案件若干问题的规定》(以下简称《企业改制司法解释》)第35条规定,"以收购方式实现对企业控股的,被控股企业的债务,仍由其自行承担。但因控股企业抽逃资金、逃避债务,致被控股企业无力偿还债务的,被控股企业的债务则由控股企业承担"。但是,该条已为《公司法解释(三)》所更新。根据《公司法解释(三)》第14条第2款,"公司债权人请求抽逃出资的股东在抽逃出资本息范围内对公司债务不能清偿的部分承担补充赔偿责任、协助抽逃出资的其他股东、董事、高级管理人员或者实际控制人对此承担连带责任的,人民法院应予支持;抽逃出资的股东已经承担上述责任,其他债权人提出相同请求的,人民法院不予支持"。

在刺破公司面纱的诉讼中,原告的范围仅限于公司债权人,被告是公司及其股东,且主要是积极股东,因为滥用公司法人独立地位强调主观上的恶意。为了胜诉,原告必须证实:(1)股东实施了滥用公司法人独立地位和股东有限责任的行为,且逃避债务;(2)债权人利益受到严重损害,而非一般损害;(3)股东的滥用行为与债权人的损害之间存在合理的因果关系。在一人公司的情形下,适用举证责任倒置,即一人公司的股东不能证明公司财产独立于股东自己的财产的,应当对公司债务承担连带责任。

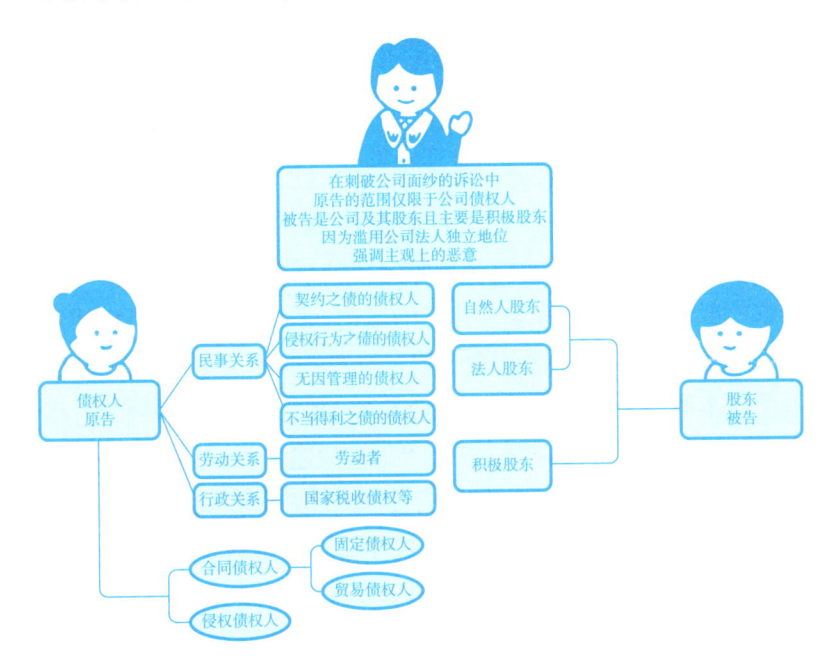

在刺破公司面纱的诉讼中
原告的范围仅限于公司债权人
被告是公司及其股东且主要是积极股东
因为滥用公司法人独立地位
强调主观上的恶意

债权人原告
- 民事关系
  - 契约之债的债权人
  - 侵权行为之债的债权人
  - 无因管理的债权人
  - 不当得利之债的债权人
- 劳动关系
  - 劳动者
- 行政关系
  - 国家税收债权等
- 合同债权人
  - 固定债权人
  - 贸易债权人
- 侵权债权人

股东被告
- 自然人股东
- 法人股东
- 积极股东

刺破公司面纱规则被规定在《公司法》第 23 条,即"公司股东滥用公司法人独立地位和股东有限责任,逃避债务,严重损害公司债权人利益的,应当对公司债务承担连带责任。股东利用其控制的两个以上公司实施前款规定行为的,各公司应当对任一公司的债务承担连带责任。只有一个股东的公司,股东不能证明公司财产独立于股东自己的财产的,应当对公司债务承担连带责任"。

上述条款有三个方面的不足。第一,仍然将刺破公司面纱规则限定于最狭窄的解释,即正向或标准刺破公司面纱,有权主张刺破的主体仅限于公司债权人。第二,第 23 条第 2 款增加的适用情形仅限于关联公司刺破(最高人民法院第 15 号指导案例),对于是否追及实际控制人(另外通过第 22 条第 1 款的关联关系进行规制),其行文与《九民纪要》之间措辞不清,容易产生疑问。第三,未能在一个更宏观的层面对正向刺破和反向刺破加以探讨。现行做法更像是将指导案例简单地附加于原法条。

❖ 4. 隐藏原则和逃避原则

刺破公司面纱或者公司人格否认的法理基础,主要是股东滥用权利。这是从市民法中发展出的规则,允许在股东滥用权利、欺诈、不当行为或者逃避法律义务时刺破公司面纱。英国法没有这样的一般理论。但是有很多特定的原则,起到相同的效果。其中一个原则是,法律界定了绝大多数人和人之间的法律关系,基于的一个基本假设是,他们的交易是诚实的。如果他们不是诚实的,那么相同的关系就不会适用。这个原则被阐述如下:在这片土地上,没有法院会允许一个人从其欺诈行为中获取利益。没有一个判决或命令会允许通过欺诈取得的利益存在。欺诈刺破了所有事项。法院主张欺诈时须谨慎,除非被明确要求且已证实;一旦被证实,它会使判决、合同以及所有交易无效。

在 Ben Hashem v. Al Shayif [2009] 1 FLR 115 一案中,家事庭的 Munby 法官提出了六个原则:(1)公司的所有权和控制,并不足以证实刺破公司面纱是合理的;(2)法院不能仅仅因为其认为出于正义所需而刺破公司面纱,即使缺乏公司中的第三人利益;(3)公司面纱,如果存在一些不正当行为,也可以被刺破;(4)不正当行为必须"与使用公司结构、以规避或隐藏责任有关";(5)为了证实刺破公司面纱是合理的,必须要有"不当行为人对公司的控制以及不正当行为,将公司用来隐藏他们不当行为的工具或面具;(6)公司可能是"面具",前提是在相关交易发生之时,它被用以欺诈的目的,尽管一开始与任何欺诈目的无关。

Petrodel Resources Ltd v. Prest[2013] 2 AC 415 一案被视为近年来英国法最重要的关于刺破公司面纱的案例。在该案中，夫妻离婚，妻子要求分割财产。现有一些房产，登记在某公司名下，该公司由丈夫实际控制。妻子主张刺破公司面纱，该房产视为丈夫财产，从而为夫妻共同所有，故妻子要求分割该房产。最终法院驳回了妻子的主张，认为这些房产存在于一项以丈夫为受益人的信托中，妻子不能要求刺破公司面纱，但是可以要求共同分割丈夫的信托受益权。

Sumption 法官在上述重要案例中区分了两种原则：隐藏原则和逃避原则。隐藏原则，在法律上是平庸的，完全不涉及刺破公司面纱。为了隐藏真实行为人的身份而介入一个或数个公司，如果他们的身份在法律上有关联，那么不会妨碍去识别他们。在这些案例中，法院不是否认"面具"，而仅仅是查找其背后，发现公司结构被隐藏的事实。逃避原则，则有所不同。如果针对控制公司的人享有的法定权利，该权利独立于公司的参与而存在，并且公司被介入，以至于公司的独立法律人格将打败该权利或者挫败其执行，那么法院可以否认公司面纱。许多案例落入这两种原则，但是一些情形下，两者之间的差异是重要的。

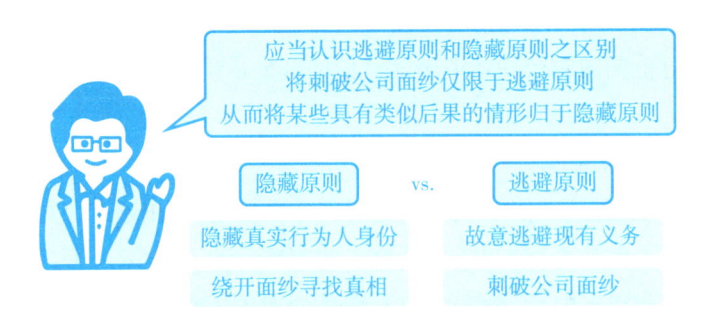

> 应当认识逃避原则和隐藏原则之区别
> 将刺破公司面纱仅限于逃避原则
> 从而将某些具有类似后果的情形归于隐藏原则

隐藏原则	vs.	逃避原则
隐藏真实行为人身份		故意逃避现有义务
绕开面纱寻找真相		刺破公司面纱

Sumption 法官运用这两种原则分析了过去数十年中刺破公司面纱的重要案例，并指出："我认为，在下述情况下，英国法的有限

原则将适用,即一个人负有一项现行的法律义务或责任,或者受限于一项现行的法律限制,而他通过其控制的公司的介入,故意逃避该义务、责任或限制,或者故意挫败对该义务或责任或限制的执行。此时,法院为了且仅为了下述之目的可以刺破公司面纱,即剥夺该公司或其控制人通过公司的独立法律人格可以获得的优势。该原则可以正当地描述为有限原则,因为在几乎每一个满足测试的案例中,事实将揭露公司和其控制人之间的法律关系,该关系使得刺破公司面纱是没有必要的。我认为,如果没有必要刺破公司面纱,那么就不适合刺破,因为在此基础上,并不存在紧急的公共政策证实刺破是合理的。"

应当充分认识逃避原则和隐藏原则之间的区别,将刺破公司面纱的情形仅限于逃避原则。如果公司的介入仅仅是隐匿真实行为人的身份,那么适用隐藏原则,不用刺破公司面纱。事实上,除《九民纪要》提到的三类"滥用"的情形之外,大部分具有与刺破公司面纱之后果相类似的情况(例如代理、担保或信托等),都可归入隐藏原则。关于隐藏原则的适用,例如股东抽逃出资时,不涉及刺破公司面纱,股东只要返还财产即可。这已经反映在《公司法》第53条第2款(股东应当返还抽逃的出资)以及《公司法解释(三)》第14条第2款(公司债权人请求抽逃出资的股东在抽逃出资本息范围内对公司债务不能清偿的部分承担补充赔偿责任)。

❖ 5.人格混同

《九民纪要》第10条对人格混同作出规定,提出认定公司人格与股东人格是否存在混同,最根本的判断标准是公司是否具有独立意思和独立财产,最主要的表现是公司的财产与股东的财产是否混同且无法区分。若公司人格出现"形骸化",即公司与股东关系不清,公司成为股东的另一个自我、工具、同一体,因而失去了独立存在的价值,往往表明公司已出现人格混同的现象。在公司意思方面,人格混同情形下体现为公司意志完全由股东或实际控制人意志替代,公司意志无法得到外在体现;在公司财产方面,公司、股东以及控制人控制的关联公司之间存在财产混同。

是否构成人格混同时应当综合考虑以下情形。第一,股东无偿使用公司资金或者财产,不作财务记载的。第二,股东用公司的资金偿还股东的债务,或者将公司的资金供关联公司无偿使用,不作财务记载的。第三,公司账簿与股东账簿不分,致使公司财产与股东财产无法区分的。第四,股东自身收益与公司盈利不加区分,致使双方利益不清的。第五,公司的财产记载于股东名下,由股东占有、使用的。第六,其他情形。

针对上述第五种情形,如果公司出钱购买车辆或者房屋,登记在股东名下,由股东占有、使用,此时公司财产和股东财产混淆在一起,构成人格混同。如果反过来,股东的财产登记在公司名下,是不是也构成人格混同?要根据具体情况进行判断。

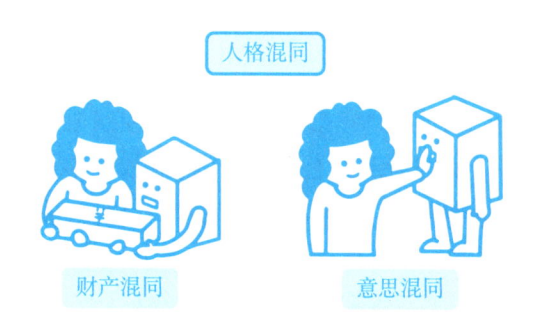

人格混同

财产混同　　　意思混同

《九民纪要》第 10 条同时强调,"在出现人格混同的情况下,往往同时出现以下混同:公司业务和股东业务混同;公司员工与股东员工混同,特别是财务人员混同;公司住所与股东住所混同。人民法院在审理案件时,关键要审查是否构成人格混同,而不要求同时具备其他方面的混同,其他方面的混同往往只是人格混同的补强"。按照通常的理解,业务、员工、住所的混同,都是人格混同的表现。该条最大的问题是,将人格混同的含义作了限缩的解释,将员工、住所、业务与人格这四个要素置于平行的关系。

❖ 6. 过度支配与控制

《九民纪要》第 11 条对过度支配与控制作出规定。过度支配与控制,是指公司控制股东对公司过度支配与控制,操纵公司的决策过程,使公司完全丧失独立性,沦为控制股东的工具或躯壳,严重损害公司债权人利益的情形。此时应当否认公司人格,由滥用控制权的股东对公司债务承担连带责任。

过度支配与控制在实践中的常见情形包括:(1)母子公司之间或者子公司之间进行利益输送的;(2)母子公司或者子公司之间进行交易,收益归一方,损失由另一方承担的;(3)先从原公司抽走资金,然后再成立经营目的相同或者类似的公司,逃避原公司债务的;(4)先解散公司,再以原公司场所、设备、人员及相同或者相似的经营目的另设公司,逃避原公司债务的;(5)过度支配与控制的其他情形。

与此同时,《九民纪要》第 11 条强调,"控制股东或实际控制人控制多个子公司或者关联公司,滥用控制权使多个子公司或者关联公司财产边界不清、财务混同,利益相互输送,丧失人格独立性,沦为控制股东逃避债务、非法经营,甚至违法犯罪工具的,可以综合案件事实,否认子公司或者关联公司法人人格,判令承担连带责任"。

上述内容来源于最高人民法院第 15 号指导案例"徐工集团案"所确立的关联公司横向否认。横向否认的认定分为两步:第一步,控制股东控制多个子公司或关联公司,对此认定的难点在于可能存在控制股东并非子公司的名义股东的情况,而是可能利用可信任之人进行控制,此时应当结合事实判断;第二步,滥用控制权导致多个子公司或关联公司财产边界不清、财务混同,利益相互输送,丧失人格独立性。横向否认不限于否定股东的有限责任,而是对控制股东控制下的子公司或关联公司相互否认人格,相互承担连带责任。

对于横向否认,存在两种学说。第一,"企业整体说"认为,只要各公司之间关系足够密切,就可以视为同一个企业实体,即利益相同的"姐妹公司",可以相互承担连带责任。第二,"三角刺破说"认为,从被控制公司流向股东,再流向控股的其他公司的三角关系属于控股股东控制多家企业来逃避债务,法院能够要求其中一家为其他所有企业承担连带责任。

母子公司之间或者子公司之间进行利益输送,通常发生在公司集团内部。公司集团内部的连带责任,应将"控制责任"模式和"过错责任"模式综合纳入一个统一的体系。只要是公司集团,首先推定母公司与其支配的子公司应当承担连带责任,这是"控制责任",以便减轻原告在诉讼中繁重的举证责任。其次,如果母公司能够通过"过错责任"模式证明自己没有不当行为,则无须对其支配的子公司承担连带责任。这样做既能为原告提供举证便利,又能避免"控制责任"对经济可能造成的负面影响。

子公司之间的利益输送,低价转让财产或者高价购买财产,均有可能造成一种向背后的实际控制人/大股东进行的伪装的分红。如果仅仅是伪装的分红,那么根据隐藏原则,只要找出背后的真实交易架构,要求接收利益的一方返还利益即可。只有当这种利益输送造成子公司人格独立性丧失,沦为控制公司逃避债务、非法经营甚至违法犯罪的工具的,满足逃避原则时,才可以刺破公司面纱。

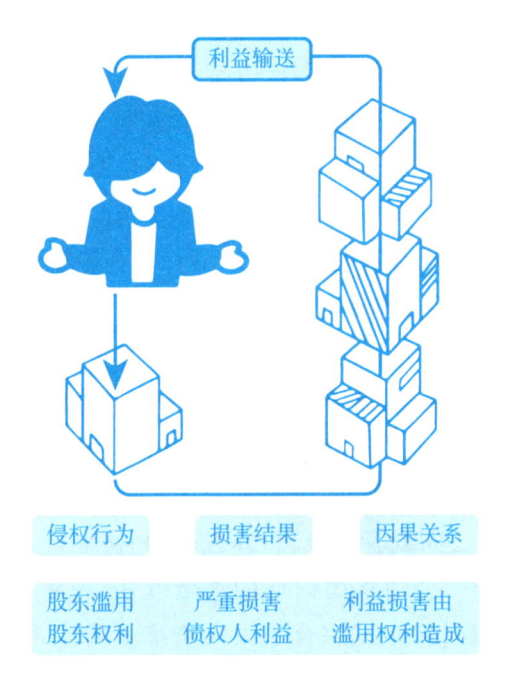

```
          利益输送
    ┌─────────────┐
    ↓             │
  [人物图]      [积木塔]
    ↓             │
  [小房子]────────┘

  侵权行为    损害结果    因果关系

  股东滥用    严重损害    利益损害由
  股东权利    债权人利益  滥用权利造成
```

该条最后"判令承担连带责任",是仅指控制股东,还是包括实际控制人,并不清晰。如果从字面上解释,应当包括实际控制人。而根据我国公司法,实际控制人并不是公司的名义股东。因此,该条事实上将被告的范围扩大了。

❖ **7. 资本显著不足**

《九民纪要》第 12 条对资本显著不足作出规定。如果公司设立后在经营过程中,股东实际投入公司的资本数额与公司经营所隐含的风险相比明显不匹配,即股东利用较少资本从事力所不及的经营,表明其没有从事公司经营的诚意,实质是恶意利用公司独立人格和股东有限责任把投资风险转嫁给债权人,那么可以刺破公司面纱。

由于资本显著不足的判断标准有很大的模糊性,特别是要与公司采取"以小博大"的正常经营方式相区分,一些公司在经营过程中可能会签订金额较大的合同,合同金额可能超过了注册资本,但如果并非用较少资本从事力所不及的经营,一般只能被认定为"以小博大"的正常经营,因此,仅以公司注册资本少于签订的合同金额为由,不足以认定资本显著不足。

在适用《九民纪要》第 12 条时应当采审慎态度,应当与其他因素结合起来综合判断。其中,不匹配必须达到明显的程度,且判断是否匹配应当设置时间要求,即必须达到一定期间,而非短期经营。对于"实际投入的资金"的界定应当结合市场来判断。此外,行为主体的主观过错应达到明显的程度,即缺乏经营公司的诚意,将滥用独立人格和有限责任的风险转嫁给债权人。

资本显著不足是股东将投资风险不正当外化的基本标志,往往作为综合因素被考虑,而非重要因素。资本显著不足是一种非常复杂的商业判断,且"显著"的标准难以确定,使法院在审判时更加困难。资本显著不足的认定标准应以股东投资时合理的且可预见的经营风险为标准,但不要求足以覆盖公司潜在债务。认定时要融合事实判断和价值判断,法院可借鉴其他国家的经验,采用对比测试法,即将被告公司与同行业地区的其他公司的资本水平相比较,也可采用专家证言,由经验丰富的金融分析师来判断资本不足的事实问题。

在美国,最低资本从来都没有作为一项严肃的保护债权人的政策而被普遍地规定在美国法当中。法官有权决定是否揭开面纱,而法律没有规定揭开面纱的具体情形。虽然公司在设立的时候没有最低资本要求,但是出资不足经常是揭开面纱的理由之一(尽管不是主要理由)。出资不足是否指公司用以经营的资产不充足?Gelb(1982)指出,"尽管是一个因素,但在判断提供给公司

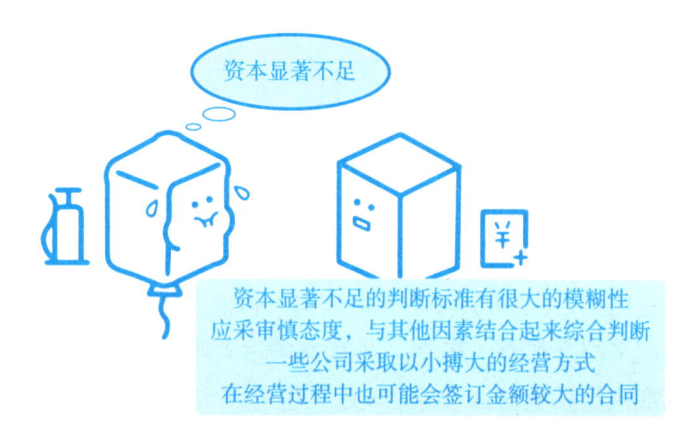

> 资本显著不足

资本显著不足的判断标准有很大的模糊性
应采审慎态度,与其他因素结合起来综合判断
一些公司采取以小搏大的经营方式
在经营过程中也可能会签订金额较大的合同

的资产的充足水平时,资本并非总是人们考虑的唯一公司资产。因而,关于公司是否'出资不足'的调查范围太狭窄了,相反问题应该是公司是否收到了'不充足的资产'"。他同时列出了一系列需要考虑的要素:资本或资产不足是否明显;财务专家和统计专家对相关业务的陈述可能也有关系;股东的贷款和留存在公司的利润盈余可能被分析;法院必须留意相关的期间;如果公司被记载具有充足的资产,其后又变成不足的,法院必须调查造成下降的因素等等。

在考虑多少资本才是充足的时候,Gevurtz(1997)总结道,把标准定为资本是否足以覆盖可预见的需求或者经营上的债务是错误的。相反地,标准应当是是否有充足的资本让股东对经营失败的风险承担"公正的"份额。换句话说,是否有充足的资本激励控股股东作出合理的经营决策。而且,即使出资不足,法院也并不必然揭开面纱。另一个需要考虑的重大要素是债权人是否知道出资不足的事实。如果控股股东充分披露了公司的财务状况,并且债权人仍然同意与公司交易的,法院大概不会且应当不能基于出资不足刺破面纱。进一步而言,如果债权人要求披露财务信息而控股股东撒谎的,则构成欺诈,此时不必再讨论资本是否充足,就可以刺破面纱。

❖ 8. 反向刺破公司面纱

正向刺破公司面纱中,公司债权人要求股东为公司债务直接承担责任。而反向刺破中,股东提出要求刺破公司面纱或者股东债权人要求公司为股东债务直接承担责任。

《企业改制司法解释》第 6 条规定,"企业以其部分财产和相应债务与他人组建新公司,对所转移的债务债权人认可的,由新组建的公司承担民事责任;对所转移的债务未通知债权人或者虽通知债权人,而债权人不予认可的,由原企业承担民事责任。原企业无力偿还债务,债权人就此向新设公司主张债权的,新设公司在所接收的财产范围内与原企业承担连带民事责任"。第 7 条规定,"企业以其优质财产与他人组建新公司,而将债务留在原企业,债权人以新设公司和原企业作为共同被告提起诉讼主张债权的,新设公司应当在所接收的财产范围内与原企业共同承担连带责任"。这两个条款的主要内容是,让公司(在所接收财产范围内)为股东的债务承担责任。

《九民纪要》在其征求意见稿中,曾提到:审判实践中还出现另一种情况,即公司的股东滥用公司法人独立地位,为逃避自身债务将其资产转移至公司,严重损害该股东的债权人利益,该股东的债权人请求公司为该股东的债务承担连带责任的,人民法院可以支持债权人的诉讼请求。但是,正式稿中删除了这一内容。

司法实务中,也呈现了两种不同的观点。在沈阳惠天热电股份有限公司与沈阳市第二市政建设工程有限公司建筑工程施工合同纠纷上诉案中,法院认为,公司独立人格与股东有限责任是现代公司制度的两大基石,但若存在股东滥用法人人格,导致股东与公司人格混同,损害债权人利益的,在特定个案中,法院可能会刺破公司面纱,否定公司独立人格的存在,要求股东对公司的债务承担责任;与此扩张适用的情形则称为反向刺破公司面纱,即在特定条件下,法律将公司与股东视为一体,令公司为股东的债务承担责任。

而在中国工商银行股份有限公司抚顺分行与抚顺铝业有限公司、抚顺铝厂、抚顺新抚钢有限责任公司借款合同纠纷上诉案中,法院认为,在适用法人人格否认制度时,应当查清被投资公司是否不具有法人资格或者被否定法人资格,确实须由母公司承担法人责任的问题。在实践中,常常出现反向推论,被投资的公司具有法人资格,却想将母公司的法人资格予以否认,以便判定子公司对母公司的债务共同承担偿还责任。这种理解和认知是错误的,既没有法律依据,也与事实不相吻合,故而不值得提倡此种观点。对于这种情况,可以判定母公司依法承担民事责任,当其无能力履行时,在执行环节,可以将其持有的子公司的股权予以评估变卖、拍卖,用于偿还母公司的债务。

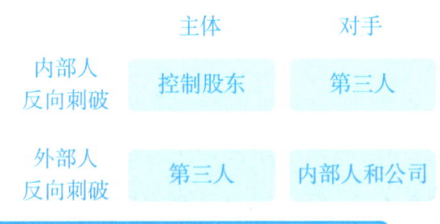

	主体	对手
内部人反向刺破	控制股东	第三人
外部人反向刺破	第三人	内部人和公司

目前我国《公司法》仅规定了正向刺破
建议引入外部人反向刺破
与隐藏原则项下的不予刺破情形区别开来
对于内部人反向刺破
则保持谨慎态度,等待时机成熟时再予以考虑

反向刺破可以分为内部人反向刺破和外部人反向刺破。内部

人反向刺破,是指控股股东或其他具有控制地位的内部人主张刺破,从而在公司针对第三人的诉讼中有利于该内部人,或者在第三人针对内部人财产提起的诉讼中将公司财产置于保护之下。外部人反向刺破,是指第三人针对公司内部人提起诉讼,主张刺破公司面纱,对公司财产主张权利。二者的主要区别在于,主张刺破公司面纱之主体的相对位置及其对手。在内部人反向刺破中,具有控制地位的公司内部人主张刺破,第三人则反对;在外部人反向刺破中,第三人主张刺破,而内部人和公司则反对。目前我国《公司法》仅规定了正向刺破,最高人民法院倾向于不支持外部人反向刺破,而对于内部人反向刺破,态度则并不明朗。

第四章

公司设立和公司登记

❖ 1. 公司设立的含义

公司设立，是指设立人或者发起人为成立公司而依法进行的一系列法律行为的总称。公司设立是程序和实体相结合的问题，是一个连续的过程。就程序而言，各国公司立法都详细规定公司设立的程序及其法律效果，强调整个设立过程的法定性；就实体而言，公司设立的目的是成立公司，即以一定信用为基础结合为公司组织。公司设立不同于公司设立登记。传统观点认为，设立是纯私法行为，发生在发起人之间。公司设立导致公司设立登记，而公司设立登记导致公司成立，设立登记虽然是私法行为，但是有公法因素（如行政确认）。设立行为与设立登记的连接点，是发起人的申请设立登记行为。

公司设立应当满足人、物、行为、经营和组织等要件，即具有适量的发起人，满足最低资本要求，具备公司章程、名称住所和公司机关。应当注意的是，公司设立并不等同于公司成立，公司成立是指已经具备了法律规定的实质要件，完成设立程序、由登记机关发给营业执照而取得公司法人主体资格的一种法律事实，表现为一种法律上的状态。公司设立是成立的必经程序，而公司成立则是设立的法律后果或直接目的。

第四章　公司设立和公司登记

[公司设立要件图示：发起人、资本要求、公司章程、名称住所、公司机关]

关于设立公司的民事法律行为的性质,存在合伙契约说、单独行为说、混合行为说、共同行为说等观点。合伙契约说认为,公司发起人协议和公司章程是当事人的合伙协议。当事人以成功设立公司为共同目标,并对于注册资本、股东构成、营业范围等内容达成一致。公司章程、发起人协议反映和体现了公司设立协议的契约精神。单独行为说认为,设立公司的行为是发起人以组织设立公司为目的所做出的单方行为。此学说以当事人之间有无意思上的联络为标准,又区分为偶合的单独行为和联合的单独行为两类。混合行为说(或称合并行为说)认为,公司设立系共同行为与契约行为之合并行为,既有共同行为的属性,又有契约行为的属性。但该观点存在两点缺陷:一是由于合并行为本身并非严格意义的法律概念;二是由于该说所谓"混合性质"的定性,实际上并未明确设立行为的实质。而共同行为说提示了设立行为的实质,该观点认为,设立行为无论是一人代表为之,还是发起人或股东共同为之,都是发起人以创立具有独立主体资格的公司为目的的共同一致的意思表示。

共同行为说认为,公司设立行为的基础是多数人一致的意思表示,行为人具有设立公司、使公司取得独立主体地位的共同目标,通过共同合意达成发起人协议,制定公司章程,并抱有取得股东权利的期待与承担共同责任的准备,因而属于法律上的共同行为。共同行为说认为,公司的设立符合多方法律行为的构成要件,即发起人为同一目的、意思表示一致、取得同质的预期效果。该学说目前为公司设立性质的通说。

❖ **2. 公司设立的方式和程序**

根据《公司法》,**股份有限公司设立的方式分为发起设立和募集设立两种。发起设立,是指由发起人认购设立公司时应发行的全部股份而设立公司。**(第 91 条第 2 款)**发起设立也适用于有限责任公司。**其中,有限责任公司由股东发起设立,而股份有限公司由发起人发起设立。有限责任公司只能采取发起设立方式。

募集设立,是指由发起人认购设立公司时应发行股份的一部分,其余股份向特定对象募集或者向社会公开募集而设立公司。(第 91 条第 3 款)在这一过程中,法律对发起人与公众认股人的认购比例进行了限定。募集设立又包括定向募集和社会募集。定向募集,是指公司发行的股份除由发起人认购以外,其余股份不向社会公开发行,而是向其他特定法人或者经批准向本公司内部职工发行的设立方式。社会募集,是指公司发行的股份除由发起人认购外,其余股份向社会公开发行的设立方式。向特定对象发行股份累计超过 200 人的,为公开发行。募集设立只适用于股份有限公司。

公司设立是一项复杂、专业的活动,一般包括组建公司、制定章程、办理登记等。设立程序按照有限责任公司、发起设立或募集设立的股份有限公司可以分为两类。应当注意的是,发起设立和募集设立的程序基本相同,只是后者的公开募集方式还包括向社会公开募集股份的特别程序。

就有限责任公司、发起设立的股份有限公司而言,公司设立应当依照以下程序:

第一,签订设立协议或者发起人协议。对于有限责任公司,设立协议并非必选事项(第43条"可以签订");但是对于股份有限公司,发起人协议是必备文件(第93条第2款"应当签订")。设立协议或者发起人协议,是指由设立时的股东或者发起人之间订立的明确各自在设立公司过程中权利与义务的书面协议。

第二,签署公司章程、认缴出资。对于设立有限责任公司,应当由股东共同制定公司章程(第45条)。章程应当载明必要记载事项,并由股东在章程上签名或盖章(第46条)。对于股份有限公司,应当由发起人共同制订公司章程(第94条)。章程应当载明必要记载事项(第95条)。以发起设立方式设立股份有限公司的,发起人应当认足公司章程规定的公司设立时应发行的股份(第97条第1款)。

第三,公司名称自主申报。通过企业名称申报系统或者在企业登记机关服务窗口提交有关信息和材料,对拟定的公司名称进行查询、比对和筛选,选取符合要求的公司名称。

第四,完成必要的行政核准。这一步骤适用于以下三类:一是法律、法规规定必须经审批的,如经营证券业务;二是公司营业项目中有必须报经审批的公司,如经营烟草买卖;三是国有企业股份制改组为有限责任公司的过程,也需要经过审批。

第五,缴纳出资。对于有限责任公司,股东应当按期足额缴纳公司章程规定的各自所认缴的出资额(第49条第1款)。对于股份有限公司,发起人应当在公司成立前按照其认购的股份全额缴纳股款(第98条第1款)。

第六,由股东和发起人组建组织机构,包括股东会、董事会和监事会等。

第七，申请设立登记。

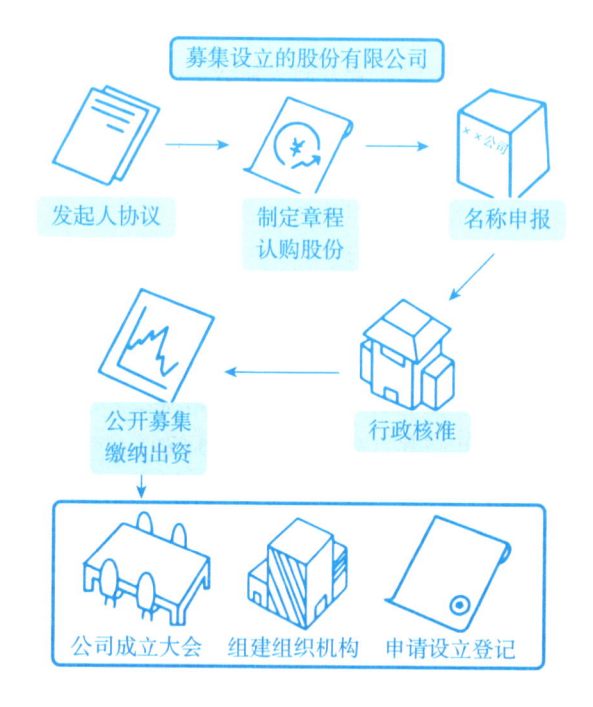

就募集设立的股份有限公司而言，公司设立应当依照以下程序：

第一，签订发起人协议（第93条第2款）。公众认股人不参加发起人协议的签订。

第二，制定公司章程、发起人认购股份。由发起人共同制订公司章程（第94条）。以募集设立方式设立股份有限公司的，发起人认购的股份不得少于公司章程规定的公司设立时应发行股份总数的35%；但是，法律、行政法规另有规定的，从其规定。（第97条第2款）

第三，公司名称自主申报。

第四,通过可能的行政核准。

第五,公开募集股份,缴纳出资及验资。发起人向社会公开募集股份,应当公告招股说明书,并制作认股书;认股人应当按照所认购股份足额缴纳股款(第100条)。向社会公开募集股份的股款缴足后,应当经依法设立的验资机构验资并出具证明(第101条)。

第六,召开公司成立大会。募集设立股份有限公司的发起人应当自公司设立时应发行股份的股款缴足之日起30日内召开公司成立大会。发起人应当在成立大会召开15日前将会议日期通知各认股人或者予以公告。成立大会应当有持有表决权过半数的认股人出席,方可举行(第103条第1款)。公司成立大会行使下列职权:(1)审议发起人关于公司筹办情况的报告;(2)通过公司章程;(3)选举董事、监事;(4)对公司的设立费用进行审核;(5)对发起人非货币财产出资的作价进行审核;(6)发生不可抗力或者经营条件发生重大变化直接影响公司设立的,可以作出不设立公司的决议(第104条第1款)。

第七,组建组织机构,包括股东会、董事会和监事会等。

第八,申请设立登记。董事会应当授权代表,于公司成立大会结束后30日内向公司登记机关申请设立登记(第106条)。

❖ 3. 设立瑕疵

公司设立最终有设立完成、设立失败、设立瑕疵三种法律后果。设立完成,意味着公司自此取得独立人格,可依注册登记的经营范围和经营方式开展生产经营活动。设立失败,是指公司未能够完成设立行为的情形,原因很多,例如因投资环境发生变化或者未能就出资方式、组织机构等问题达成一致意见,发起人在设立完成前决定停止设立,设立条件不符合或程序上有瑕疵,登记机关不予登记,设立目标无法实现等。设立瑕疵,是指登记机关核准登记并获营业执照而成立的公司,在设立过程中存在不符合设立条件和程序的情形。

导致设立瑕疵的事由可根据不同标准分为以下三类。第一,根据设立瑕疵产生的原因,可分为主观瑕疵与客观瑕疵。主观瑕疵指向的是发起人存在行为能力和意思表示层面的瑕疵,如无民事行为能力或者仅有限制行为能力、受欺诈或受胁迫等;客观瑕疵指向的是设立行为本身违反法律规定的条件、程序或者其他强制性规定,如不符合设立条件、章程缺失绝对必要记载事项等。第二,根据设立瑕疵的严重程度,可分为可补救的瑕疵与不可补救的瑕疵。第三,根据设立瑕疵的内容,可分为程序瑕疵与实体瑕疵。程序瑕疵指向公司设立时违反法定程序的情形,如设立未经审批、公司章程缺乏绝对必要记载事项,或记载事项违反法律强制性规范;而实体瑕疵指向公司设立时违反法定实质要件的情形,如注册资本低于最低要求、股东与发起人低于最低法定人数等。

> 导致瑕疵设立的事由:
> ● 根据产生原因
> 可分为主观瑕疵与客观瑕疵
> ● 根据严重程度
> 可分为可补救的瑕疵和不可补救的瑕疵
> ● 根据内容
> 可分为程序瑕疵与实体瑕疵

各国对于公司设立瑕疵,设置了一定救济模式。在英国,如果登记机关已经签发了"设立证明",除非经过诉讼程序撤销登记,否则公司的合法地位不受到影响,瑕疵设立有效。在欧盟部分国家、日本和韩国,采瑕疵设立无效或可撤销制度。

我国则采瑕疵设立行政撤销制度。根据《公司法》第39条,"虚报注册资本、提交虚假材料或者采取其他欺诈手段隐瞒重要事实取得公司设立登记的,公司登记机关应当依照法律、行政法规的规定予以撤销"。第250条规定,"违反本法规定,虚报注册资本、提交虚假材料或者采取其他欺诈手段隐瞒重要事实取得公司登记的,由公司登记机关责令改正,对虚报注册资本的公司,处以虚报注册资本金额百分之五以上百分之十五以下的罚款;对提交虚假材料或者采取其他欺诈手段隐瞒重要事实的公司,处以五万元以上二百万元以下的罚款;情节严重的,吊销营业执照;对直接负责的主管人员和其他直接责任人员处以三万元以上三十万元以下的罚款"。

公司设立无效,是指在公司设立行为存在不可补救的严重瑕疵时,法院应利害关系人诉请,宣告公司设立无效,使已经成立的公司进入解散清算程序并最终消灭其人格。我国法对此并未规定,德国法和法国法则有规定。公司设立无效,是对公司人格全面、永久、不可逆转的否定,而不是刺破公司面纱这种短暂的否定。公司设立无效的适用以利害关系人向法院提起无效之诉为前提,主要体现为一种诉讼制度(确认之诉)。

❖ **4. 公司发起人**

公司发起人,是指发起设立公司的人,一般对公司经营的项目比较了解并且希望控制公司。发起人与股东、投资者应有所区分。股东既包括公司设立时的发起人,也包括公司成立后在经营过程中新加入公司的股东。发起人之间是一种合伙关系,他们是公司的第一批股东,但股东可能仅仅是认购人,不一定是发起人。投资者则具有最广泛的含义,不仅包括股权投资者,也包括债权投资者,后者可能包含向公司提供贷款的银行或者购买公司债券的自然人。

发起人与公司、股东之间是一种受信关系,负有受信义务。发起人的义务主要包括:必须避免利益冲突;必须诚实行事,履行职责时尽其合理勤勉义务;不得从发起设立公司中获取任何秘密的利润;应当向公司披露所有相关的事实等。利益冲突的存在,可能使得发起人违反其义务。例如,发起人与公司发生交易,从而获取不合理的利润或者不向公司或股东披露其所获得的利润,则发起人应当在招股说明书中作出真实的陈述,并披露发起人的相关利益;如果发起人作出虚假陈述,导致第三人相信了招股说明书的内容而购买公司股份并且因此遭受损失的,该发起人应当弥补第三人的损失。

发起人在对公司承担义务的同时,对于公司也同样享有一定职权,并起到重要的作用:第一,发起人能够通过发现新的商业理念并对特定业务的可行性予以评估,为公司指明前进的方向;第二,在对拟议经营的前景作出详尽的调查时,如有必要,发起人可适当向会计师、律师、工程师等专业人士求助;第三,发起人一旦决定设立公司开展经营,应当集合各种相关的要素,包括土地、员工、资本和管理人员等,这些资源的集合通常涉及原材料、机器设备等购买合同;第四,在公司登记之前,发起人有权与各方当事人签订合同,公司成立之后,由公司批准或追认这些合同。发起人的权利主要包括:报酬请求权、特别利益请求权、非货币出资的权利、选举和被选举为首届公司机关成员的权利等。

第四章 公司设立和公司登记

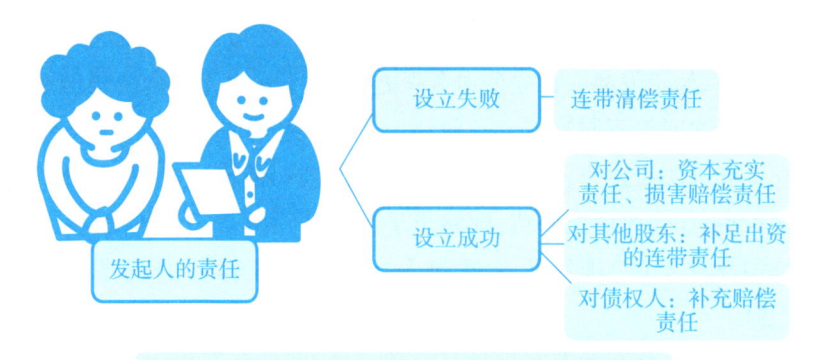

```
                     ┌─ 设立失败 ── 连带清偿责任
                     │
                     │              ┌─ 对公司：资本充实
                     │              │   责任、损害赔偿责任
  发起人的责任 ──────┤              │
                     └─ 设立成功 ──┼─ 对其他股东：补足出资
                                    │   的连带责任
                                    │
                                    └─ 对债权人：补充赔偿
                                        责任
```

如果发起人在设立过程中对第三人造成损害
公司未成立的，全体发起人对第三人承担赔偿责任
公司成立的，公司对第三人承担赔偿责任
公司或者无过错的发起人可以向有过错的发起人追偿

发起人的法律责任，根据公司设立成功与否分为两类。在公司设立失败的情况下，发起人对设立行为所产生的债务承担连带清偿责任[《公司法解释(三)》第4条第1款]。在公司设立成功时，发起人的责任更为复杂，需对公司承担资本充实责任和损害赔偿责任，对其他股东承担补足出资的连带责任，对公司债权人在未出资本息范围内或者在抽逃出资本息范围内承担补充赔偿责任[《公司法》第49条、第50条和第99条以及《公司法解释(三)》第13条和第14条]。如果发起人在设立过程中对第三人造成损害，公司未成立的，全体发起人对第三人承担赔偿责任；公司成立的，公司对第三人承担赔偿责任。公司或者无过错的发起人向第三人承担赔偿责任后，可以向有过错的发起人追偿[《公司法解释(三)》第5条]。

❖ 5. 设立中公司

设立中公司，是指自发起人签订发起人协议或者制定公司章程之时起，至设立登记最终完成之前，尚未取得法人人格的公司。

关于设立中公司的起止时间，存在始于发起人订立发起人协议之时、始于发起人订立公司章程之时、始于发起人认购公司份额或股份之时等不同观点。一般认为，设立中公司应始于发起人订立发起人协议或公司章程之时。设立中公司的终止时间，须分情况讨论：如公司设立成功，则终止于新设公司的登记注册之时；如公司设立失败，则终止于发起人之间类似于清算的程序结束之时。

设立中公司的存在目的具有单一性，即使公司成立并取得法人资格，将发起人以设立公司为目的而取得的权利义务归属于将来设立成功的公司。

设立中公司缔结的法律关系就是成立后公司缔结的法律关系，设立中公司的债权债务，当然由成立后的公司继受，其中，应当区分设立中公司的债务与发起人的固有债务。如果公司设立失败，设立中公司缔结的法律关系、债权债务由发起人承担责任。同时，尽管设立中公司不具有法人人格，但仍具有以下主体性特征：第一，设立中公司具有自己的名称，并且可以取得名称的预先登记，并以设立中公司的名义对外发生交易；第二，设立中公司在明示或默示的发起人协议中明确其发起行为应以设立公司为目的，创建自己的组织规则；第三，设立中公司具有临时账户，有权接受发起人的出资与设立过程中获得的其他财产；第四，设立中公司的发起人可视为这一团体的成员；第五，由于设立中公司尚未取得法人人格，因此发起人是设立中公司的机关，有权代表设立中公司对外从事公司设立活动。

设立中公司

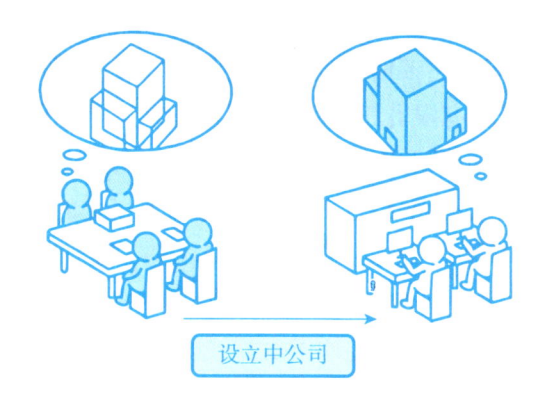

关于设立中公司的法律性质,存在无权利能力社团说、合伙说、同为一体说三种学说。无权利能力社团说认为,公司的权利能力,即公司享有权利、承担义务的法律资格,始于公司成立,终于公司终止,伴随公司存续的整个过程。而设立中公司属于无权利能力社团,因此不具有权利能力,但可以以设立中公司的名义与第三人正常交易,由发起人承担行为后果;合伙说认为,设立中公司是一种合伙关系,发起人之间相互负有一种受信义务;同为一体说认为,设立中的公司与设立后的公司为一体,作为过渡成为特殊的非法人团体,公司一经成立,该种特殊非法人团体基于设立公司这一行为产生的权利义务,就自然归属于成立后的公司。目前,同为一体说为通说。

❖ 6.公司成立前的交易

设立公司过程中,发起人可能为开展业务需要,以自己的名义或者以公司的名义与相对人从事交易。具体存在三种情形。

第一,发起人以设立中公司名义与相对人签订合同,在合同中表明"公司(设立中)""公司(筹)""公司筹备组"。根据《民法典》第 75 条第 1 款,"设立人为设立法人从事的民事活动,其法律后果由法人承受;法人未成立的,其法律后果由设立人承受,设立人为二人以上的,享有连带债权,承担连带债务"。《公司法》第44条第1、2款规定,"有限责任公司设立时的股东为设立公司从事的民事活动,其法律后果由公司承受。公司未成立的,其法律后果由公司设立时的股东承受;设立时的股东为二人以上的,享有连带债权,承担连带债务"。根据《公司法解释(三)》第3条,"发起人以设立中公司名义对外签订合同,公司成立后合同相对人请求公司承担合同责任的,人民法院应予支持。公司成立后有证据证明发起人利用设立中公司的名义为自己的利益与相对人签订合同,公司以此为由主张不承担合同责任的,人民法院应予支持,但相对人为善意的除外"。

如果公司设立成功,公司需要承担该合同的权利义务,即设立中公司的债权债务当然由成立后的公司继受。相对人要求公司承担责任时,公司还可以以发起人利用设立中公司的名义为自己的利益签订合同进行抗辩,除非相对人是善意的。

第二,发起人以自己的名义与相对人签订合同。此时,相对人不知道设立中公司,也不知道发起人是否代表设立中公司。相对人完全有理由认为自己与发起人在从事交易,发起人为合同当事人,该合同应当由发起人来履行。

根据《民法典》第75条第2款,"设立人为设立法人以自己的名义从事民事活动产生的民事责任,第三人有权选择请求法人或者设立人承担"。《公司法解释(三)》第2条规定,"发起人为设立公司以自己名义对外签订合同,合同相对人请求该发起人承担合同责任的,人民法院应予支持;公司成立后合同相对人请求公司承担合同责任的,人民法院应予支持"。《公司法》第44条第3款规定,"设立时的股东为设立公司以自己的名义从事民事活动产生的民事责任,第三人有权选择请求公司或者公司设立时的股东承担"。由此可见,如果发起人以自己的名义与相对人签订合同,如果公司设立失败,则由发起人承担责任;如果公司设立成功,此时相对人有一个选择权,要么起诉发起人,要么起诉公司。

第三,发起人以拟成立公司的名义与相对人签订合同。根据《公司法》第259条,"未依法登记为有限责任公司或者股份有限公司,而冒用有限责任公司或者股份有限公司名义的,或者未依法登记为有限责任公司或者股份有限公司的分公司,而冒用有限责任公司或者股份有限公司的分公司名义的,由公司登记机关责令改正或者予以取缔,可以并处十万元以下的罚款"。以拟成立公司的名义,意味着并没有向相对人陈述实情,使得相对人误以为是和公司在签订合同,而事实上该合同并不存在。此时,以拟成立名义签订合同的行为构成冒用公司名义,可能面临责令改正或者予以取缔等行政责任。

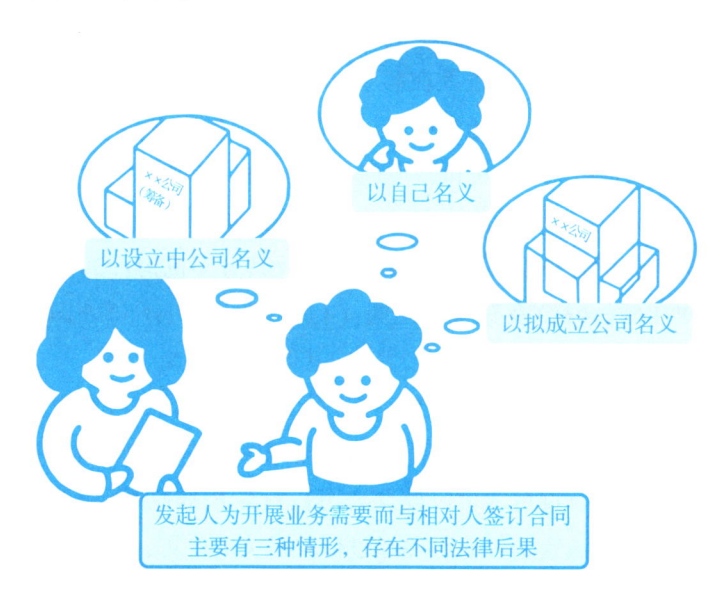

发起人为开展业务需要而与相对人签订合同主要有三种情形,存在不同法律后果

此外,根据《公司法》第44条第4款,"设立时的股东因履行

公司设立职责造成他人损害的,公司或者无过错的股东承担赔偿责任后,可以向有过错的股东追偿"。

❖ 7. 公司登记

公司登记属于商事登记。商事登记,是指为了设立、变更或终止商事主体资格,依照商事登记法规及其实施细则规定的内容和程序,由当事人将登记事项向营业所在地登记机关提出申请,经登记机关审查核准,将登记事项记载于商事登记簿的综合法律行为。

关于商事登记的立法例,可以分为四种。第一,由商法典规定商事登记制度,例如德国、韩国。第二,由商事登记单行法规定商事登记制度,例如法国、瑞士。第三,商法典与单行法相结合,例如日本。第四,由相关企业法或公司法规定,在公司法中涉及商事登记的内容,例如在英国和美国。我国属于上述第二种,商事登记适用2022年3月1日起施行的《市场主体登记管理条例》(以下简称《登记管理条例》)。该条款在起草过程中,曾经使用"商事主体登记管理",最后改为"市场主体登记管理"。根据条例第2条,市场主体,是指在中华人民共和国境内以营利为目的从事经营活动的下列自然人、法人及非法人组织:(1)公司、非公司企业法人及其分支机构;(2)个人独资企业、合伙企业及其分支机构;(3)农民专业合作社(联合社)及其分支机构;(4)个体工商户;(5)外国公司分支机构;(6)法律、行政法规规定的其他市场主体。

关于商事登记的立法原则,可以分为五种,包括:自由设立原则(法律不规定商事主体的条件、形式要求)、特许原则(国家专门立法或经过元首许可才可以设立公司)、行政核准原则(企业的设立不仅要符合法定条件而且要经过行政机关的许可,例如矿产业、邮政交通业、烟草业、金融保险业、证券业等特殊领域)、准则原则(预先规定必要的条件,只要符合条件,无须经过额外的许可即可成立)、严格准则原则(在准则原则基础上增加企业、设立人的严格责任,使之承担因不法设立的企业而产生的责任)。我国采准则原则为主、行政核准原则为辅的立法原则。

关于商事登记的管理机关,各国存在差别。在德国和韩国,公司登记由法院负责管理。在法国,法院和行政机关共同管理登记事项。在美国、英国、日本和澳大利亚,公司登记由行政机关或专门设立的附属行政机构负责。在荷兰,有专门的注册中心和商会进行公司登记。在我国,登记管理机关是市场监督管理部门。

① 登记机关对申请人提交的材料实行形式审查
② 通过登记确认商主体资格和一般经营资格
③ 签发营业执照并予以公示

关于商事登记的性质,存在从行政许可走向行政确认的认识上的转变。商事登记是由登记机关依法通过登记确认商事主体资格和一般经营资格,签发营业执照,并予以公示的行为,登记机关对申请人提交的材料实行形式审查。从事商业活动并非为法律普遍所禁止,而是通常被允许的,而行政许可以一般禁止为前提,以个别解禁为内容。行政许可是一种授益(赋权,一般禁止)行为,其内涵在于行政主体为行政相对人设定权益或者免除义务,但是从事经营活动的权利(行商权)并非源自授予,而是一项代表了自由意志的基本权利。行政确认是指对法律事实进行甄别和证明并予以宣告的行为,比如产品质量确认,一般允许。同时,商事登记的功能之一是确立商事主体对内对外的关系(权利和义务),这也是商事登记的目的,这个过程中并没有创设新的私法上的相对权,只是通过公示的方式产生了对世权(对抗权)。因此,商事登记不同于行政许可。

公司登记从类型上可以分为设立登记、变更登记和注销登记。公司登记还可以分为外部登记和内部登记,前者是指在登记管理机关的登记,后者是指公司内部股东名册的记载。公司登记的效力包括积极效力和消极效力两个方面。登记的积极效力,是指已经登记公告的事项,法律推定第三人对其知悉。也就是说,凡是已经登记的事项,具有对抗第三人(不管其是善意还是恶意)的普遍效力。登记的消极效力,则是指企业应当登记的事项,如果未经登记或公告,则不能对抗善意的第三人。

❖ 8. 设立登记

设立登记,是指公司的股东或发起人为设立公司而向登记机关提出申请,并由登记机关办理登记的法律行为。设立登记是为成立公司进行的登记工作,是公司设立过程的最后一道环节。设立登记完成后公司便告成立。

《公司法》第 29 条规定,设立公司,应当依法向公司登记机关申请设立登记。法律、行政法规规定设立公司必须报经批准的,应当在公司登记前依法办理批准手续。

第 30 条规定,申请设立公司,应当提交设立登记申请书、公司章程等文件,提交的相关材料应当真实、合法和有效。申请材料不齐全或者不符合法定形式的,公司登记机关应当一次性告知需要补正的材料。

《公司法》第 32 条规定了公司登记事项。《登记管理条例》第 8 条和第 9 条区分了市场主体的一般登记事项和备案事项。登记,是指市场主体将应予公示的事项向登记机关进行登记。备案,是指市场主体向登记机关报告事由存案以备考察。登记事项需要向社会公示,但是备案事项不需要公示。

市场主体的一般登记事项包括:(1)名称;(2)主体类型;(3)经营范围;(4)住所或者主要经营场所;(5)注册资本或者出资额;(6)法定代表人、执行事务合伙人或者负责人姓名。除前述外,根据市场主体的不同类型,登记事项还包括:(1)有限责任公司股东、股份有限公司发起人、非公司企业法人出资人的姓名或者名称;(2)个人独资企业的投资人姓名及居所;(3)合伙企业的合伙人名称或者姓名、住所、承担责任方式;(4)个体工商户的经营者姓名、住所、经营场所;(5)法律、行政法规规定的其他事项。

> 设立公司需要登记的事项包括公司名称、住所、注册资本、经营范围以及法人姓名、股东或发起人的姓名或名称

市场主体的备案事项包括:(1)章程或者合伙协议;(2)经营期限或者合伙期限;(3)有限责任公司股东或者股份有限公司发起人认缴的出资数额,合伙企业合伙人认缴或者实际缴付的出资数额、缴付期限和出资方式;(4)公司董事、监事、高级管理人员;

(5)农民专业合作社(联合社)成员;(6)参加经营的个体工商户家庭成员姓名;(7)市场主体登记联络员、外商投资企业法律文件送达接收人;(8)公司、合伙企业等市场主体受益所有人相关信息;(9)法律、行政法规规定的其他事项。

《登记管理条例》第16条第1款规定了申请办理市场主体登记需要提交的材料,包括:(1)申请书;(2)申请人资格文件、自然人身份证明;(3)住所或者主要经营场所相关文件;(4)公司、非公司企业法人、农民专业合作社(联合社)章程或者合伙企业合伙协议;(5)法律、行政法规和国务院市场监督管理部门规定提交的其他材料。

第17条规定,"申请人应当对提交材料的真实性、合法性和有效性负责"。其中有效性主要是指申请人递交的申请材料应当确保具有法律效力,比如不能提交过期的身份证。

第18条规定,"申请人可以委托其他自然人或者中介机构代其办理市场主体登记。受委托的自然人或者中介机构代为办理登记事宜应当遵守有关规定,不得提供虚假信息和材料"。要求中介机构承担材料真实性的义务,一定程度上加重了中介机构的责任。

第19条规定,"登记机关应当对申请材料进行形式审查。对申请材料齐全、符合法定形式的予以确认并当场登记。不能当场登记的,应当在3个工作日内予以登记;情形复杂的,经登记机关负责人批准,可以再延长3个工作日。申请材料不齐全或者不符合法定形式的,登记机关应当一次性告知申请人需要补正的材料"。该条主要内容为登记机关的形式审查,是行政确认的体现。

❖ 9. 公司名称

《公司法》第6条规定:"公司应当有自己的名称。公司名称应当符合国家有关规定。公司的名称权受法律保护。"《登记管理条例》第 10 条规定:"市场主体只能登记一个名称,经登记的市场主体名称受法律保护。主体名称由申请人依法自主申报。"

公司名称,是指公司进行营业活动时适用的名称,一般由行政区划、字号、行业或者经营特点、组织形式组成。这又被称为公司名称的四段式构成法。

字号,又称商号,是包括公司在内的商事主体名称的核心部分。广义上,字号就等于商事主体名称。例如在美国,字号或商号是商人、制造商、工业企业主、农场经营者等用来辨别其商业、行业或者职业的任何名称。字号权,又称商号权,是指商事主体依法对其所拥有的字号或商号所专属享有的字号设定权、使用权和转让权等权利。

根据《民法典》第 110 条第 2 款,法人、非法人组织享有名称权、名誉权和荣誉权。根据第 990 条第 1 款,名称权属于民事主体的人格权。根据第 1013 条,法人、非法人组织享有名称权,有权依法决定、使用、变更、转让或者许可他人使用自己的名称。根据第 1014 条,任何组织或者个人不得以干涉、盗用、假冒等方式侵害他人的姓名权或者名称权。《民法典》所规定的名称权,与字号权具有相同含义。

关于字号的选定,存在三种情形。第一,字号自由主义,公司或个人均可自由选择字号。第二,字号真实主义,要求字号必须与商人的名称或者营业的实际内容相一致,通常不认可字号的转让及继承。第三,字号折中主义,要求所选字号必须与商人的名称或者实际内容相同,但认可字号的转让及继承。

我国法对公司名称的选定规定了一系列禁止性规则和限制规则。禁止性规则的主要内容包括:公司名称不得与同一公司登记机关已登记注册、核准的同行业公司名称相同;公司名称不得含有有损于国家、社会公共利益的内容和文字;公司名称不得含有可能对公众造成欺骗或者误解的内容和文字;公司名称不得含有外国国家(地区)名称、国际组织名称;公司名称不得含有政党名称、党政军机关名称、群团组织名称、社会组织名称及部队番号;公司名称应当使用符合国家规范的汉字,不得使用外文、字母和阿拉伯数字;公司名称不得含有其他法律、行政法规规定禁止的内容和文字;等等。

限制性规则的主要内容包括:公司名称不得与同一企业登记机关已登记注册、核准的同行业公司名称近似,但有投资关系的除外;企业法人名称中不得含有其他非营利法人的名称,但有投资关系或者经该法人授权,且使用该法人简称或者特定称谓的除外;公司名称中不得含有另一个公司名称,但有投资关系或者经该企业授权,且使用该企业的简称或者特定称谓的除外;公司名称不得明示或者暗示为非营利组织或者超出企业设立的目的,但有其他含义或者法律、法规以及国务院决定另有规定的除外;除国务院决定设立的企业外,公司名称不得冠以"中国""中华""全国""国家""国际"等字样;在公司名称中间使用"中国""中华""全国""国家""国际"等字样的,该字样应是行业的限定语;使用外国(地区)出资企业字号的外商独资企业、外方控股的外商投资企业,可以在名称中间使用"(中国)"字样;公司名称的字号应当由字、词或其组合构成,不得使用语句、句群和段落,但具有显著识别性或有其他含义的短句除外;公司名称的字号不得含有"国家级""最高级""最佳"等带有误导性的内容和文字,但有其他含义或者作部分使用且字号整体有其他含义的除外;公司名称的字号不得以外国国家(地区)所属辖区、城市名称及其简称、特定称谓作字号,但有其他含义或者作部分使用且字号整体具有其他含义的除外;行政区划不得用作字号,但县以上行政区划的地名具有其他含义的除外;公司名称不得以职业、职位、学位、职称、军衔、警衔等及其简称、特定称谓作字号,但有其他含义或者作部分使用且字号整体有其他含义的除外;企业不得使用曾经给予驰名商标保护的规范汉字作同行业公司名称的字号,但已经取得该驰名商标持有人授权的除外;等等。

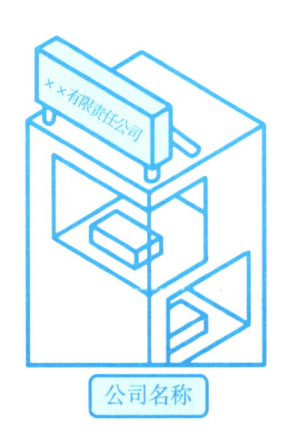

公司名称由申请人自主申报。申请人可以通过公司名称申报系统或者在公司登记机关服务窗口提交有关信息和材料,包括全体投资人确认的公司名称、住所、投资人名称或者姓名等。申请人应当对提交材料的真实性、合法性和有效性负责。申请人根据查询、比对和筛选的结果,选取符合要求的公司名称,并承诺因其公司名称与他人公司名称近似侵犯他人合法权益的,依法承担法律责任。

字号权的取得有三种方式。第一,使用取得主义,字号一经使用,使用者即可取得该字号的专用权而无须履行法定登记程序,如法国。第二,登记对抗主义,字号权的取得无须登记,但是未经登记不足以产生对抗第三人的效力,如日本、韩国。第三,登记生效主义,字号只有经过登记才可使用,才具有排他性专用权,如德国。

字号权的内容主要如下。第一,字号使用权,公司对其字号享有独占使用的权利,其他人不得干涉和非法使用。第二,字号转让权,公司有权将其字号转让。第三,字号独占权,字号经登记之后,在法律上具有排他效力,即公司拥有禁止他人使用的权利。第四,字号变更权,字号经登记之后,即具有稳定性,不得擅自变更;但是公司因生产经营需要,可以依法予以变更。第五,字号出借权,公司有权将字号授权他人使用。

❖ **10. 公司营业执照**

公司营业执照,是指登记机关发给公司的、准许从事某项生产经营活动的凭证。其格式由国家市场监督管理总局统一规定。

根据《公司法》第 33 条,"依法设立的公司,由公司登记机关发给公司营业执照。公司营业执照签发日期为公司成立日期。公司营业执照应当载明公司的名称、住所、注册资本、经营范围、法定代表人姓名等事项。公司登记机关可以按照规定发给电子营业执照。电子营业执照与纸质营业执照具有同等法律效力"。

《登记管理条例》第 21 条规定,"申请人申请市场主体设立登记,登记机关依法予以登记的,签发营业执照。营业执照签发日期为市场主体的成立日期。法律、行政法规或者国务院决定规定设立市场主体须经批准的,应当在批准文件有效期内向登记机关申请登记"。《登记管理条例》第 22 条规定,"营业执照分为正本和副本,具有同等法律效力。电子营业执照与纸质营业执照具有同等法律效力。营业执照样式、电子营业执照标准由国务院市场监督管理部门统一制定"。电子营业执照,是指由具有国家法定职能的行政管理部门依据国家有关法律法规和技术标准、以国家市场监督管理总局为全国统一信任源点,按照统一标准颁发的载有市场主体登记信息的法律电子证件,与纸质营业执照具有同等法律效力。

营业执照是登记机关对公司进行监督管理的主要依据。根据《登记管理条例》第 36 条,"市场主体应当将营业执照置于住所或者主要经营场所的醒目位置。从事电子商务经营的市场主体应当在其首页显著位置持续公示营业执照信息或者相关链接标识"。第 37 条规定,"任何单位和个人不得伪造、涂改、出租、出借、转让营业执照。营业执照遗失或者毁坏的,市场主体应当通过国家企业信用信息公示系统声明作废,申请补领。登记机关依法作出变更登记、注销登记和撤销登记决定的,市场主体应当缴回营业执照。拒不缴回或者无法缴回营业执照的,由登记机关通过国家企业信用信息公示系统公告营业执照作废"。

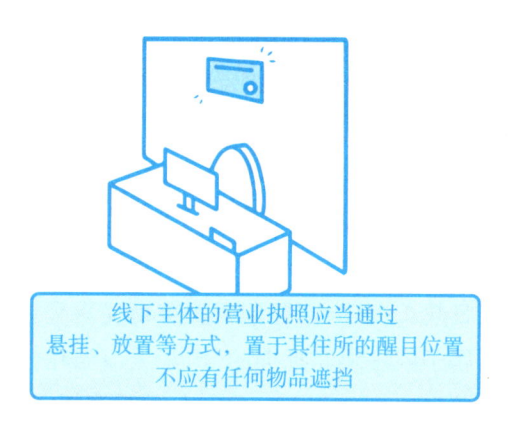

> 线下主体的营业执照应当通过
> 悬挂、放置等方式,置于其住所的醒目位置
> 不应有任何物品遮挡

传统上,我国采取统一主义的模式,营业执照既能够证明主体资格的存在,又是可以开展经营的许可。但是,此种模式在实践中产生了法律逻辑悖论、主体资格困惑、监管权责失衡等一系列难题。例如,在"先证后照"下,公司尚未取得营业执照,主体资格还不具备,无法以自身名义申请许可证;吊销营业执照之后,公司主体资格并未丧失,这与统一主义模式产生了矛盾。

❖ 11. 变更登记

变更登记，是指公司名称、住所、经营场所、法定代表人、组织形式、经营范围、注册资本、经营期限等原来的登记事项发生改变时所作的登记。

根据《公司法》第 34 条，"公司登记事项发生变更的，应当依法办理变更登记。公司登记事项未经登记或者未经变更登记，不得对抗善意相对人"。第 35 条规定，"公司申请变更登记，应当向公司登记机关提交公司法定代表人签署的变更登记申请书、依法作出的变更决议或者决定等文件。公司变更登记事项涉及修改公司章程的，应当提交修改后的公司章程。公司变更法定代表人的，变更登记申请书由变更后的法定代表人签署"。第 36 条规定，"公司营业执照记载的事项发生变更的，公司办理变更登记后，由公司登记机关换发营业执照"。

《登记管理条例》第 24 条对变更登记作了更为详细的规定："市场主体变更登记事项，应当自作出变更决议、决定或者法定变更事项发生之日起 30 日内向登记机关申请变更登记。市场主体变更登记事项属于依法须经批准的，申请人应当在批准文件有效期内向登记机关申请变更登记"。第 25 条至第 29 条明确了需要办理变更登记的具体事项，包括法定代表人（第 25 条）、经营范围（第 26 条）、住所或者主要经营场所（第 27 条）、营业执照记载事项（第 28 条）和备案事项（第 29 条）。

较为特殊的是歇业备案，是指市场主体因自然灾害或事故灾难等特殊情形造成经营困难，可以自主决定在一定时间内歇业，向登记机关申请保留其主体资格，待情况好转后重新开展经营活动。根据《登记管理条例》第 30 条，"因自然灾害、事故灾难、公共卫生事件、社会安全事件等原因造成经营困难的，市场主体可以自主决

定在一定时期内歇业。法律、行政法规另有规定的除外。市场主体应当在歇业前与职工依法协商劳动关系处理等有关事项。市场主体应当在歇业前向登记机关办理备案。登记机关通过国家企业信用信息公示系统向社会公示歇业期限、法律文书送达地址等信息。市场主体歇业的期限最长不得超过 3 年。市场主体在歇业期间开展经营活动的,视为恢复营业,市场主体应当通过国家企业信用信息公示系统向社会公示。市场主体歇业期间,可以以法律文书送达地址代替住所或者主要经营场所"。申请办理歇业备案的市场主体,应当未被列入经营异常名录或者严重违法失信名单;无执法办案信息;无法院协助执行信息;未办理股权质押;歇业前与职工依法协商劳动关系处理等有关事项。

❖ 12. 注销登记和撤销登记

注销登记是指公司终止时进行的登记,是公司人格消亡的最后一道手续。根据《公司法》第 37 条,"公司因解散、被宣告破产或者其他法定事由需要终止的,应当依法向公司登记机关申请注销登记,由公司登记机关公告公司终止"。

《登记管理条例》第 31 条规定,"市场主体因解散、被宣告破产或者其他法定事由需要终止的,应当依法向登记机关申请注销登记。经登记机关注销登记,市场主体终止。市场主体注销依法须经批准的,应当经批准后向登记机关申请注销登记"。第32条规定,"市场主体注销登记前依法应当清算的,清算组应当自成立之日起10日内将清算组成员、清算组负责人名单通过国家企业信用信息公示系统公告。清算组可以通过国家企业信用信息公示系统发布债权人公告。清算组应当自清算结束之日起30日内向登记机关申请注销登记。市场主体申请注销登记前,应当依法办理分支机构注销登记"。

《登记管理条例》对简易注销作出规定。根据第33条,"市场主体未发生债权债务或者已将债权债务清偿完结,未发生或者已结清清偿费用、职工工资、社会保险费用、法定补偿金、应缴纳税款(滞纳金、罚款),并由全体投资人书面承诺对上述情况的真实性承担法律责任的,可以按照简易程序办理注销登记。市场主体应当将承诺书及注销登记申请通过国家企业信用信息公示系统公示,公示期为20日。在公示期内无相关部门、债权人及其他利害关系人提出异议的,市场主体可以于公示期届满之日起20日内向登记机关申请注销登记。个体工商户按照简易程序办理注销登记的,无需公示,由登记机关将个体工商户的注销登记申请推送至税务等有关部门,有关部门在10日内没有提出异议的,可以直接办理注销登记。市场主体注销依法须经批准的,或者市场主体被吊销营业执照、责令关闭、撤销,或者被列入经营异常名录的,不适用简易注销程序"。

撤销登记,是指登记机关依照利害关系人申请或者自己职权撤销公司全部或部分登记事项的行为。根据《公司法》第39条,"虚报注册资本、提交虚假材料或者采取其他欺诈手段隐瞒重要事实取得公司设立登记的,公司登记机关应当依照法律、行政法规的规定予以撤销"。

第四章 公司设立和公司登记

简易注销程序

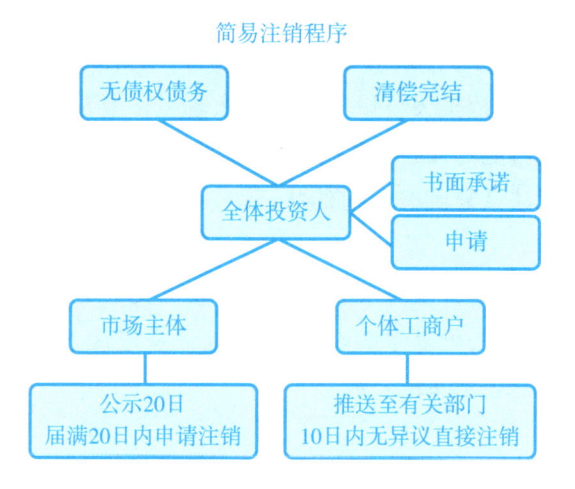

```
无债权债务          清偿完结
        ↘        ↙
         全体投资人 → 书面承诺
        ↙        ↘   申请
   市场主体        个体工商户
      │              │
  公示20日         推送至有关部门
 届满20日内申请注销   10日内无异议直接注销
```

> 市场主体注销依法需经批准的
> 或者市场主体被吊销营业执照、责令关闭
> 撤销或者被列入经营异常名录的
> 不适用简易注销程序

《登记管理条例》对撤销登记作出规定。根据第 40 条,"提交虚假材料或者采取其他欺诈手段隐瞒重要事实取得市场主体登记的,受虚假市场主体登记影响的自然人、法人和其他组织可以向登记机关提出撤销市场主体登记的申请。登记机关受理申请后,应当及时开展调查。经调查认定存在虚假市场主体登记情形的,登记机关应当撤销市场主体登记。相关市场主体和人员无法联系或者拒不配合的,登记机关可以将相关市场主体的登记时间、登记事项等通过国家企业信用信息公示系统向社会公示,公示期为 45 日。相关市场主体及其利害关系人在公示期内没有提出异议的,登记机关可以撤销市场主体登记。因虚假市场主体登记被撤销的市场主体,其直接责任人自市场主体登记被撤销之日起 3 年内不得再次申请市场主体登记。登记机关应当通过国家企业信用信息

公示系统予以公示"。

《登记管理条例》第41条同时罗列不予撤销的情况,"有下列情形之一的,登记机关可以不予撤销市场主体登记:(一)撤销市场主体登记可能对社会公共利益造成重大损害;(二)撤销市场主体登记后无法恢复到登记前的状态;(三)法律、行政法规规定的其他情形"。

第42条规定,"登记机关或者其上级机关认定撤销市场主体登记决定错误的,可以撤销该决定,恢复原登记状态,并通过国家企业信用信息公示系统公示"。

第五章 公司章程

❖ 1. 公司章程的含义

公司章程,是指由公司股东或发起人共同制定并对公司、股东、公司经营管理人员具有约束力的调整公司内部关系和经营行为的自治规则,是以书面形式固定下来的反映全体股东共同意思表示的基本法律文件。公司章程,是公司必备的规定公司组织及活动基本规则的书面文件,载明了公司组织和活动的基本准则,是统领公司内部权力架构的宪章性文件,是公司内部的根本大法。

公司章程的特征可归纳为以下四点:法定性、公开性、自治性、真实性。第一,法定性主要强调公司章程的制定、内容、形式、效力、修改权限和程序、登记等内容,都由法律强制规定,无论是设立有限责任公司还是设立股份有限公司,都必须由全体股东或发起人订立公司章程,并在公司设立登记时提交公司登记机关进行登记。第二,公开性主要强调公司章程的内容包含登记、股东的查阅权、披露等,但"是否向社会公开"尚有争议,有观点认为公开内容是否包括章程需根据公司内容来决定。例如,公众性较强的上市公司就需要公开,且不仅要对投资人公开,还要对包括债权人在内的一般社会公众公开。第三,自治性主要体现在:(1)公司章程作为一种行为规范,不是由国家而是由公司股东或发行人依法自行制定的,是公司股东意思表示一致的结果;(2)公司章程是一种法律以外的行为规范,由公司自行执行,无须国家强制力来保证实施;(3)公司章程作为公司内部规章,其效力仅及于公司和相关当事人,而不具有普遍的约束力。第四,真实性则强调章程的内容必须真实地反映公司的信息,否则可能导致不予登记、承担民事责任、遭受行政处罚等后果。

对公司章程的理解,可以从以下角度展开。第一,章程的制定和修改属于共同行为。所谓共同行为,又称多人行为、协议行为等,是指有两个以上同一目的的意思表示一致而成立的民事法律行为。如合伙合同行为、设立法人的行为、公司董事会的决议等。其特点在于当事人为多数,当事人之间意思表示并非对立,而是并立平行的。第二,章程体现了全体股东共同的意思表示。第三,章程并非法律,因此不构成公司法的渊源。第四,公司章程相当于公司宪章,是公司内部的自治规则。在英国,2006年之前的公司宪章包括备忘录和章程,但在2006年之后,解决外观问题的备忘录已经被排除在解决公司内部问题的公司宪章之外,公司宪章是指公司章程以及所有与修改章程相关的决议和协议。

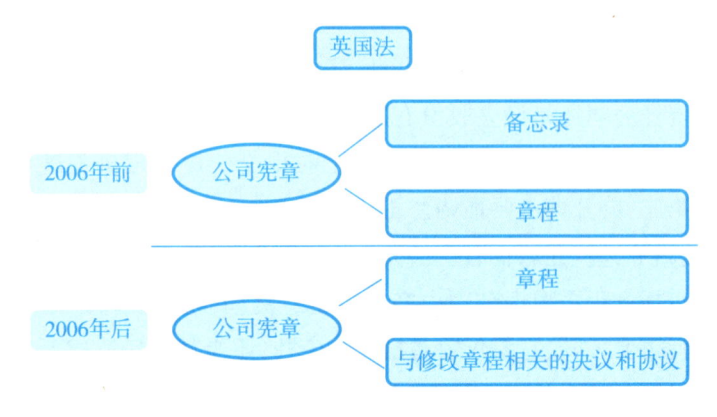

英国法

2006年前 公司宪章 —— 备忘录
　　　　　　　　　　 —— 章程

2006年后 公司宪章 —— 章程
　　　　　　　　　　 —— 与修改章程相关的决议和协议

在德国,公司章程相当于公司合同,由纯粹债法性质的约定和规范性的组织规则构成,具体可以分为非真正的仅形式上的章程组成部分,以及真正的章程组成部分。公司合同的特定条款属于哪种具体类型,可能构成一个解释上的疑难。章程的解释不能完全依据法典或合同解释的规则,而是必须有所区别地进行解释。那些涉及公司组织机构、具有超越个体效力,即对将来加入之股东或对第三人具有效力的章程组成部分应当如同法律规则一样予以客观解释。这些条款的变更适用公司章程变更的规定。相反,单纯债法性质的条款仅对参与合同缔结的设立人具有拘束力,从而必须由事后加入的股东以合同的方式继受。这些条款的变更不以特定形式为要件,但须获得所有合同当事人的许可。

❖ 2.公司章程的记载事项

章程的记载事项包括绝对必要记载事项、相对必要记载事项和任意记载事项。其中,绝对必要记载事项,是指与公司的设立、组织有重大关系的基础性事项,例如公司名称和往所、公司经营范围、公司的注册资本、股东或发起人的姓名或名称、股东或发起人的出资方式以及出资额或认购的股份数、出资时间、公司法定代表人等,如不记载,可导致章程无效。

相对必要记载事项,是指公司法规定的可以记载,也可以不记载于公司章程的事项。如果不记载,法律可以采取补救措施。例如公司章程可以规定董事会其他职权。相对必要记载事项用于填补大量的授权性规定,例如"除本法另有规定的外,由公司章程规定"就是典型的相对必要记载事项内容。

任意记载事项,是指公司法规定的必要记载事项之外的,自愿记载于公司章程的事项,可以记载也可以不记载,是否记载仅取决于当事人的意愿。例如,股东会会议认为需要规定的其他事项(概括授权条款),公司章程另有规定或者全体股东另有约定除外(分散授权条款)。如公司章程有特别规定,则排除该条款内容的适用,如果没有特别规定,则自然适用该条款的内容。

《公司法》关于章程必要记载事项主要规定在第 46 条第 1 款(有限责任公司)以及第 95 条(股份有限公司)。有限责任公司章程必要记载事项包括:(1)公司名称和住所;(2)公司经营范围;(3)公司注册资本;(4)股东的姓名或者名称;(5)股东的出资额、出资方式和出资日期;(6)公司的机构及其产生办法、职权、议事规则;(7)公司法定代表人的产生、变更办法;(8)股东会会议认为需要规定的其他事项。

股份有限公司章程必要记载事项包括:(1)公司名称和住所;(2)公司经营范围;(3)公司设立方式;(4)公司注册资本、已发行的股份数和设立时发行的股份数,面额股的每股金额;(5)发行类别股的,类别股股东的股份数及其权利和义务;(6)发起人的姓名或者名称、认购的股份数、出资方式;(7)董事会的组成、职权和议事规则;(8)公司法定代表人的产生、变更办法;(9)监事会的组成、职权和议事规则;(10)公司利润分配办法;(11)公司的解散事由与清算办法;(12)公司的通知和公告办法;(13)股东会认为需要规定的其他事项。

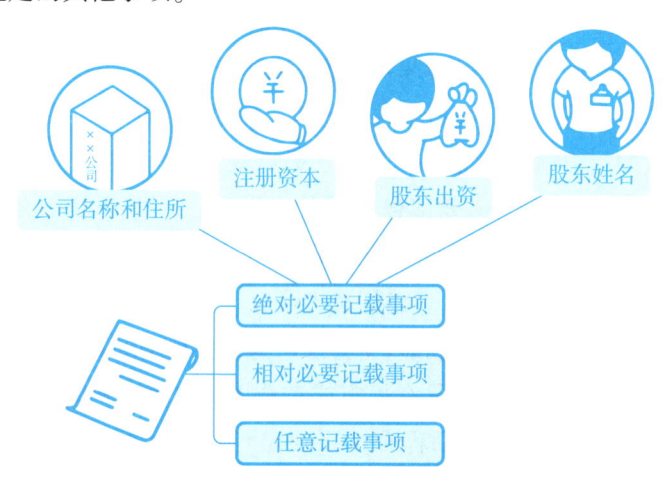

我国对于股份有限公司的绝对必要记载事项相较于有限责任公司更多,后者的公司治理相对封闭,自治的空间较大;而股份有限公司尤其是上市的股份有限公司,公司治理较为开放,涉及各方利益,社会影响较大,受到更加严格的公司法的管理。

《公司法》关于公司章程绝对必要记载事项的规定居多。这与我国对于公司法采取较之于其他国家更为强制的干预政策有密切联系。例如,关于公司的经营范围、公司的资本、公司治理结构及权力的分配、利润分配解散与清算等事项,其法定性都较为显著。而现代公司法逐渐呈现扩大任意记载事项的倾向。以美国为例,除强制性最低条款外,各州公司法允许公司章程记载任意性条款。这些任意性条款包括任何与法律不相冲突的条款。

❖ 3. 公司章程的性质

关于公司章程的性质,主要存在自治规范说和契约说两种学说。

自治规范说认为,公司章程是调整公司内部组织关系和经营行为的自治规则、公司赖以实现自治的具有契约属性的基本规则,公司内部各主体必须遵守公司章程。公司章程依照公司成员的法律行为而成立,对公司内部关系进行规范。有观点认为,公司章程具有决议的属性,因为章程行为符合决议行为之特性,包括公共管理属性、意思表示集合性、严格程序性、拘束力扩展性等。此观点值得商榷。首先,并非所有的章程条款均要通过决议。公司章程包括初始章程和章程修正案。前者为全体股东共同签字确认,而后者才需要股东会决议通过。其次,决议和章程是两类不同性质的文件,决议仅仅是修改公司章程的方式或途径,与公司章程的性质(契约说或自治规范说)并无关联。质言之,公司章程具有完全的自治性法规的性质,是公司顶层设计的体现。由此向下,公司内部制定的所有的日常经营生产管理制度以及相关的议事规则等具备规定性的规则性制度和要求,均不能和公司章程有所抵触。

契约说认为,章程本质上是股东和利益相关人之间的契约,主要是股东和股东之间、股东和公司之间的契约。章程原则上没有在股东(或公司)与第三人之间创设契约。但是在特殊情况下,如果章程的条款包含了要约,而董事的行为构成承诺,此时则有可能在公司和董事之间创设契约。按照公司章程的契约说,将章程条款分为两类,一类是股东身份条款,另一类是非股东身份条款。前者与股东身份有关,涉及股东的权利和义务,因此是有效的。后者与股东身份无关,该条款是无效的。例如,股东和公司之间的交易条款,如果纳入公司章程,此时该股东以第三人身份而不是股东身份出现在章程中,该条款是无效的,并没有在公司和该股东之间(就该交易)创设契约。尽管如此,章程和合同存在根本的不同:第一,订立、变更的要求不同,章程的订立与变更并不完全要求当事人一致同意;第二,效力的范围不同,章程可以约束不赞成章程的股东、不参与订立的管理层、未参与订立的后加入股东、无法参与订立的公司本身四类主体。

> 公司章程本质上就是股东和股东之间、股东和公司之间的契约

> 契约说忽视了章程和合同在订立、变更、效力范围方面的区别 章程是公司的顶层设计 具有自治性法规的性质

关于公司章程的性质,主要有自治规范说和契约说两种学说

在英国,《2006年公司法》第33条第1款关于公司章程的效

力使得章程的合同特性更为明确,公司宪章的条款对公司及其成员具有约束力,如同公司和每个成员之间存在遵守那些条款的契诺;在美国,"charter"可以被正确地视为整个公司的宪章,由公司设立文件及适用的公司法所产生。其构成了公司和股东之间的合同,也可视为公司和政府之间的合同。在德国,有限责任公司章程被称为"公司合同",必须经全体股东签署。契约说将章程视为债法性质的公司合同的变体;而自治规范说认为公司合同并非契约,而属于一种社会法意义上的创设行为。经修正后的自治规范说认为,公司合同是一种组织合同,既设定了股东之间的权利义务,又构成公司的规范性结构。据此,公司合同一方面类似于当事人之间纯粹债法性质的约定,另一方面又包含了规范性的组织规则。换言之,公司合同包含了形式上的章程组成部分(合同)以及真正的章程组成部分(规则)。公司章程条款属于哪个具体类型,必须要有所区别地去进行解释。

❖ 4. 公司章程的效力

关于公司章程的时间效力、对人效力有所争议。时间效力分为生效时间和失效时间,失效时间即为公司终止之时,而生效时间则分为股东签章之时和公司成立之时两类观点,在前者情况下,公司章程调整的是发起人之间关系的内容;在后者情况下,公司章程调整的是尚未发生的内容。公司章程的生效时间,一般是全体股东或发起人在章程上签字或盖章之时,但并非绝对。如果是募集设立的股份有限公司,章程自公司创立大会通过时生效。如果是公司成立之后,对章程条款进行修改或补充的章程修正案,则自修改章程条款的股东会决议通过之时生效。也有观点认为,章程经过登记机关备案才生效,同时产生对外公示的效力。

依据《公司法》第 5 条,公司章程的对人效力体现在"公司章程对公司、股东、董事、监事、高级管理人员具有约束力",该约束力被认为是规则性的约束力而非在合同双方之间设立的约束力,但如果将其理解为规则性约束力,应当将员工也归为受到约束的对象;如果将其理解为合同性约束力,就应当将董事、监事、高级管理人员等外部人员一并排除。因此该条规定不尽合理,应当严格区分规则性约束力和合同性约束力。

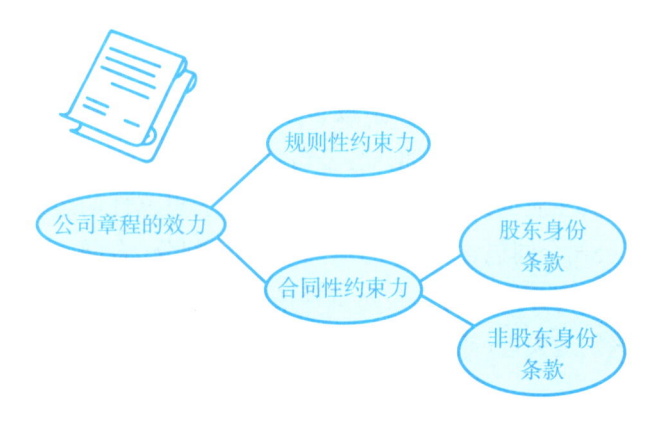

```
公司章程的效力 ─┬─ 规则性约束力
                └─ 合同性约束力 ─┬─ 股东身份条款
                                  └─ 非股东身份条款
```

公司章程的效力可以分为与《公司法》对比的效力、与股东协议对比的效力和与股东会决议对比的效力三种。当公司章程与《公司法》条款不一致时,由于公司章程是公司内部契约,是股东就公司重大事项的预想,并根据实际情况通过多轮反复协商达成的,其应当得到充分的尊重。章程具有自治性和法定性的双重特性;章程如果违反了《公司法》的强制性规定,应为无效;章程如果违反了《公司法》的管理性强制规范,并不归于无效;章程如果仅仅变通了《公司法》的任意性规定,则不应否定其效力,甚至具有优先适用的效力。

如果股东协议与公司章程条款不一致,效力上何者优先?首先,如果全体股东无意修改章程条款,那么无论该协议是否向公司披露、是否为公司所知晓,都不会产生修改章程条款的后果。股东的意图可以在协议条款中予以明确体现。其次,即使该协议为公司所知晓,且全体股东也有意修改章程条款,该协议能否实现修改章程条款之后果,取决于该协议是否满足了修改章程条款的一般原则(如公司权益标准或正当目的标准)。最后,如果该协议最终修改了章程条款,那么应当遵循备案或公示的程序。至于股东会决议,有可能导致对于公司章程的修改,也有可能是对章程的补充。如果章程事先有规定,后续发生的股东会决议对同一事项的修改,应当视为变更了章程条款。如果章程事先没有规定,那么股东会决议不会产生修改章程的效力。

❖ 5.股东协议的含义

股东协议是股东之间对涉及自身权利义务、股东之间关系或者公司内部治理等事项达成的协议,通常是指封闭式有限责任公司的股东之间或股东与公司之间就公司内部权力的分配和行使、公司事务的管理方式、股东之间的关系等事项所订立的协议。它通过自行创设股东的权利与义务,以达到排除公司法或公司章程规定适用的目的从而成为有限责任公司治理的重要手段。股东协议具有构建私人治理的秩序、保护公司少数股东的功能,是股东实现对公司控制的一种手段。对小股东来说,无疑增强了他们的权力。有学者建议,要认真对待该类协议,签订时应包括以下内容:当事人、董事和高管的选择;业务的管理和行为;董事和股东的责任(免责);财务安排;争议解决和救济;附加条款。

股东协议是全体股东之间签订的合同。有观点认为,股东协议应受到《民法典》合同编的约束。公司设立时,股东之间通常会签订股东投资协议、发起人协议、合作协议或者联合投资协议等,载明了发起人设立公司的目的以及发起人之间的权利义务,其内容可以分为两个部分:一部分是调整公司设立完成(即公司成立)

之前的事务,另一部分是调整公司设立完成之后的事务。

　　股东协议的生效需满足《民法典》关于合同生效的条件的规定。合同成立即生效,如有附条件或附期限,则在条件满足或者期限到来时合同生效。作为全体或部分股东之间配置权利义务的方式,股东协议仅在作为协议当事人的股东之间产生约束力;对于该协议,公司并不知晓,也无须遵守。如果股东协议要对公司发生约束力,应当考虑的因素包括:(1)股东协议的事项是否及于公司,是否与公司治理有关,是否属于股东会职权范围;(2)公司如果作为一方当事人在股东协议上签字或盖章,根据合同相对性原则,该协议依法对公司具有约束力;(3)如果股东协议约定仅仅约束股东之间,那么根据私法自治和契约自由原则,该协议的内容不能约束公司,也不能约束该协议以外的人(包括将来加入公司的股东);(4)股东协议是否载明其内容对公司发生约束力的意图,如果载明该意图,那么当公司收到该协议内容的通知时,即对公司产生约束力,如果载明仅限于股东之间,那么即使内容涉及公司,也不会对公司产生约束力;(5)股东协议是否向公司披露或者为公司所知晓,但是仅仅为公司所知晓不会产生协议内容自动适用于公司的效力;(6)股东协议应当以与股东会决议类似的方式被对待,如置备于公司以供股东查阅。在德国法上,股东协议属于债法性质的附属约定,并不纳入公司章程(公司合同),因为股东协议可以免于公开并且可以灵活、方便地进行变更。典型的附属约定包括:投票权行使的约定(表决权拘束协议)、监事会或专业委员会构成、股权出售时优先购买权的保障等。

第五章 公司章程

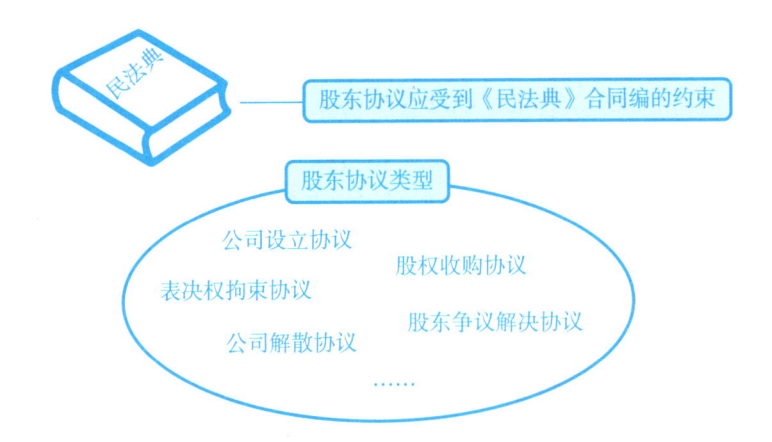

股东协议的类型,除发起人协议或者设立协议之外,还包括表决权拘束协议(是指股东之间达成的就一定事项以某种特定方式行使他们的表决权的协议)、股东会的私人安排(例如关于召开股东会会议的通知期限的变更等)、董事会的私人安排(具体包括股东协议限制董事会的权力、股东协议决定董事的选任方法等情况)、股权收购协议、公司解散协议、股东争议解决协议等。

❖ **6. 股东协议和公司章程之间的关系**

公司章程所约束的范围,从人员和时间上看,都比股东协议更广泛。此外,公司章程和股东协议在含义、作用、生效条件和内容等方面均有所不同。作为公司的自治性文件,章程是公司内部的宪法,涉及公司重要的规章制度以及各方的权利义务。即使没有在章程上签字,后续加入公司的股东及董监高,都应当遵守章程的条款。股东协议是指股东之间缔结的合同。基于相对性原则,股东协议效力范围仅及于在该协议上签字的全体或部分股东,不对公司、董监高等协议外第三人产生约束力。

公司章程的生效时间有两种观点:自全体股东签字或盖章时

生效,或自公司创立大会通过时生效;股东协议则依照《民法典》合同编规则,于协议签订时、条件满足时或者期限到来时生效。公司章程包含必要记载事项和任意记载事项,前者为法律所强制要求,不可或缺,章程的整体内容是相对稳定的;股东协议的内容则非常丰富,可以根据股东之间需商定的事项自由约定,一旦达成即在股东之间产生合同效力。

二者的联系在于,共同目标是公司设立成功,因此诸如注册资本、股东构成、营业范围等内容是一致的。公司章程需要反映和体现公司设立协议的精神,但是股东协议的内容要比章程条款更为详细,还包括商业安排、退出机制、争议解决、通知方式等。这样安排的潜在原因是,股东协议是内部的,而公司章程需要登记或备案,所以对于一些非常敏感的商业信息,放到股东协议中为宜。就纯粹的股东协议而言,全体股东约定仅在股东之间产生约束力。将公司章程与全体股东约定的法效果等同是不合适的,因为全体股东约定背后存在"股东不会发生变化"的假设。一旦发生股权对外转让而导致股东发生变化,有新的股东加入,老的股东离去,那么原来的全体股东约定,就不会对新股东产生约束力,除非全体股东约定被视为一种股东会决议,且该决议修改了公司章程的条款,此时全体股东另有约定,相当于公司章程另有规定。再往前推进一步,公司成立的基础是章程,而不是股东协议(指股东投资协议或发起人协议等)。就有限责任公司的成立而言,股东协议并非必备文件。即使没有股东协议,只要所有发起人股东在章程上签字,也不影响公司的成立。工商登记是公司取得独立人格的必要途径,但是登记是手段,并非基础。如果章程无效,即使公司已登记,也会因其基础的丧失而导致其登记的合法性受到质疑。

	公司章程	股东协议
约束范围	公司、股东、董监高	签署股东
含义作用	公司内部的宪法	股东之间缔结的合同
内容	相对稳定	丰富详细，自由约定
生效时间	股东签章或公司成立时	签订或期限、条件满足时
是否公开	公示文件，需登记或备案	内部协议，一般不对外公开

> 章程和股东协议的共同目标是公司设立成功
> 因此注册资本、股东构成、营业范围等内容是一致的
> 章程是根本性的规章制度，而股东协议的内容比章程
> 条款更为详细

就人合性较强的有限责任公司而言，公司章程本身带有股东协议的性质，本质上是采纳章程形式的股东协议。公司成立后，股东协议可以对公司章程起到补充作用，调节公司内部的权力机构和利益关系。在公司存续期间，两者并存，各自发挥作用。在上海宏胜物业有限公司与陈某某公司决议纠纷上诉案中，法院认为，股东之间签订的投资协议与公司章程为相互平行而非前后承接的法律关系。此类协议可能包括不便载入公司章程的约定内容，其实际承担了公司章程之外的规则性协议的功能。只要没有违反法律的强制性规定或与公司章程的规定相冲突，便对各缔约股东依法具有规范和约束的效力。

第六章

资本制度和股东出资

❖ 1. 资本的含义

"资本"一词具有多元性。从经济学、法学或政治学角度,其都有单独的定义。新中国成立后,"资本"一开始只是作为政治上的一个概念,带有消极甚至被扭曲的含义。"资本"一度被视为站在社会主义对立面的资本主义的特定标志。基于该原因,"资本"一词在社会生活中被"资金"代替。在适用于企业的法规中,其又被称为"注册资金",而并非"注册资本"。随着私有制经济的飞速发展,人们渐渐地认识到了资本的重要性。1979年《中外合作经营企业法》首次采用了"注册资本"的概念,自此之后,"资本"一词才开始出现在法律文件中。但是,"资本"一词在当时仅限于外商投资企业,而国内企业仍然沿用"注册资金"这一用词。直到1993年《公司法》,"注册资本"才最终地、完整地被采纳。

《布莱克法律大词典》给资本下了三种定义:(1)在营业中,被投资的或者为了投资而可得到的货币或资产;(2)用来产生利润的、营业中的所有资产;(3)公司股份的所有数额或价值。根据前两种定义方式,资本指投资于公司、产生利润的所有资产。换言之,广义上的资本包括了股权资本(股本)、债权资本、资本盈余等所有其他形式的投资。如果按照第(3)种方式定义,资本即指股本。股本是股东向公司出资的数额。一旦被向公司支付,出资就变成了公司资产,股东无权再向这些出资主张所有者的权利。相反地,每个股东根据其持有股份的份额可以向公司主张法定权利,例如当公司进入清算程序时有权主张剩余资产,或者当董事会宣布分红计划时要求分红,等等。因此,股本这一概念很好地反映了资本的来源,即资本是从股东那里来的。

资本存在以下特点:第一,资本是公司自有的独立财产;第二,资本是一个抽象的财产金额;第三,资本来源于股东的出资;第四,资本在公司成立时由章程予以规定;第五,资本是一个确定不变的财产数额。

- 是公司自有的独立财产
- 是一个抽象的财产金额
- 来源于股东的出资
- 在公司成立时由章程予以规定
- 是一个确定不变的财产数额

资本

注册资本,是指公司成立时注册登记的资本总额。目前注册资本在各国公司法中并不多见,我国是鲜少对于注册资本作出界定规制的国家。在实缴制下,注册资本反映的是过去的、历史的、静态的信息,并不能反映公司当下真实的财产状况。注册资本的变更需要经过股东会决议特定多数通过。授权资本,是指公司根据其章程授权可以募集的全部资本。在公司成立时,公司因发行一部分股份而募集了一部分资本,剩余资本将来可以由董事会根据股东会或者公司章程的授权,通过发行新的股份的方式而分次募集,但是累计总额不得超过公司章程所规定的授权资本金额。

资产,又称公司实有财产,是公司实际拥有的全部财产,包括有形财产和无形财产。基于财产形态和财产来源,可对资产作出进一步的细化分类:从财产形态上,资产分为流动资产、长期投资、固定资产、无形资产等。从财产来源上,资产主要来源于公司资本、对外负债、资产收益和经营收益等。公司资本和公司资产的联系在于,资本属于资产的组成部分。而公司资本和公司资产的区别在于,资产的外延大于资本,资产是资本、负债、资产收益、经营收益的总和。净资产,又称所有者权益,是会计学上的概念,是指公司全部资产减去全部负债后的余额,包括股本、资本公积金、未分配利润等。

资金,不是法律上的概念,而是会计学和管理学等其他领域中的概念。资金的含义比较宽泛,可以泛指公司拥有的款项或收益,包括来源于发行股份、发行债券或者借款等方式而获得的款项。我国1993年《公司法》颁布之前,曾经使用"注册资金"这一措辞,但是该法颁布之后,统一改为注册资本。

❖ 2. 资本制度的功能

公司资本制度,又称资本制度或者公司法资本制度等,是指围绕公司设立时股东向公司缴纳出资、公司在经营过程中将资本维持在一定水平以及公司向股东作出财产分配等一系列规则组成的总称。

总体上说,资本制度是适用于公司筹集、维持和处置资本的法律制度。资本制度应当至少包括(但并非全部)下列内容:(1)资本形成,例如出资方式、非货币出资的评估、类别股、股东出资义务等;(2)资本维持,例如资本减少等;(3)资本处置,例如对分红的限制、财务资助等。

第六章 资本制度和股东出资

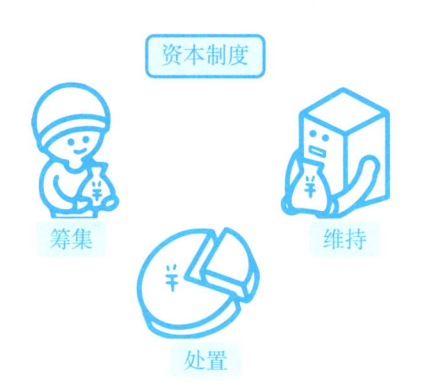

传统上,资本制度被认为具有三个功能。第一,经营功能。资本制度可以确保公司能够从股东处获得一定的财产,从而为公司开展经营活动提供必要的物质基础。第二,警告功能。当公司资本低于一定水平时,能够向外界拉响公司经营陷入困境的警报,此时董事有义务采取措施将公司资本维持在一定水平。第三,保护债权人功能。资本制度被认为向公司债权人提供了保护垫。但是,事实情况并非如此。

实缴制下,注册资本只是个历史的、静态的数字,对于债权人保护没有意义。注册资本虽是公司承担民事责任的最后一道防线,但"只不过是一个美丽的童话"。神化注册资本的结果是,债权人极大程度上依赖资本制度获得保护。在交易中,债权人非常关注注册资本,而不是公司的实际资产。债权人将重点放在了资本的数额上,而不是公司的资产结构和可变现资产的价值上。债权人只相信公司注册文件和营业执照上所反映的资本信息,而忽视了独立的专家报告所作的调查和评估。进一步说,即便债权人有心去关注公司的实际资产,但是他们通常会发现,事实上根本没有办法去了解公司的实际资产情况;公司法以及相关的规定并未给他们及时去调查、掌握公司的实际资产情况提供便利的途径或渠道。公司没有义务向债权人及时提供实际资产情况的信息,相关的政府部门也没有法律上的义务给这些债权人提供查询。

❖ 3. 资本制度的类型

学理上一般将资本制度分为法定资本制和授权资本制。法定资本制,是指在公司设立时,由公司章程明确规定资本总额,并一次性发行股份、全部认缴出资,否则公司不得成立。授权资本制,是指在公司设立时,由公司章程载明公司资本额,股份不必全部发行、出资不必全部认缴,仅需发行部分股份,公司即可成立;其余部分,股东会或者公司章程授权董事会在其认为必要时一次或分次发行。在授权资本制下,公司成立后如需增资,需由董事会自行决定何时发行新股以及发行多少新股,而无须经股东会决议并变更公司章程。

法定资本制的核心,是确保并维持一个固定的数额,以此作为公司存在的依据,并对债权人予以合理保护。授权资本制是法定资本制的对照。授权资本制下,公司资本的筹集、发行的控制权都掌握在董事会手中;而法定资本制下,这些权力集中在股东手中。

目前的认识存在两个问题。第一,纵观英美法文献,只有法定资本和授权资本的界定,而无法定资本制和授权资本制的区分。一些文献提到了法定资本规则,该规则主要体现了以下一个或两个功能:(1)公司在设立时必须有最低数额的资本;(2)限制公司财产向股东的转移,特别是当公司净资产低于某个限额时。显然,规则不同于制度:前者是指规范,而后者含义更广泛,虽然也指共同遵守的规程,但是呈现体系化的特征。此外,授权资本仅是一个概念,文献中并无对应的授权资本规则一说,更谈不上授权资本制。

第二,两分法的合理性值得怀疑。传统的观点认为大陆法采纳法定资本制,而英美法采纳授权资本制。此种认知可能是一个误解,因为英美法文献中同时出现了大量关于法定资本的措辞和论述。因此,法定资本与授权资本不是相互对立的关系,更可能是包容的关系,即授权资本应作为法定资本规则的一部分。简而言之,英美法所称的法定资本,或称名义资本,仅仅是指发行的股份数量乘以每股票面价值的总额;公司可以在需要的时候发行股份,向股东融资,但是每次发行股份而获得的资本总额,其总和不得超过章程所规定的授权资本。法定资本与授权资本并不排斥。例如,章程规定公司的授权资本是1000万元,现在公司发行了100股、每股1元的股份,那么1000万元是授权资本,而100元是法定资本。在商法领域,两分法是僵硬的,缺乏想象力,无法准确描述事物的本质。最好的例子是美国现实主义法学运动的领军人物卡尔·卢埃林教授在起草《统一商法典》时,旗帜鲜明地反对形式主义,废除了由来已久的"伟大的两分法"。

授权资本制		
	授权方式	公司章程或股东会
	行使主体	发行新股的批准权交由董事会
	权力限制	三年内、不超过已发行股份50%

我国《公司法》针对股份有限公司引入授权资本制,主要体现在以下两个条款。

第152条规定,"公司章程或者股东会可以授权董事会在三年内决定发行不超过已发行股份百分之五十的股份。但以非货币财产作价出资的应当经股东会决议。董事会依照前款规定决定发行股份导致公司注册资本、已发行股份数发生变化的,对公司章程该项记载事项的修改不需再由股东会表决"。根据该条规定,第一,

"可以授权"表明授权资本制并非必选项,也可以不授权。第二,授权的方式是"公司章程或者股东会",意味着可由股东授权。原《公司法》将新股发行的批准权给予股东会,而在授权资本制下,该权力被授予给董事会。董事在决定发行新股时不应违反对公司的信义义务。第三,该授权同时受到时间("三年内")和数量("不超过已发行股份百分之五十")的限制。

第153条规定,"公司章程或者股东会授权董事会决定发行新股的,董事会决议应当经全体董事三分之二以上通过"。该条要求发行新股的董事会决议应由特定多数通过。

❖ **4.股东出资的方式**

出资方式,是指股东以何种方式出资入股。各国公司法对于股东出资方式的规定不同,主要包括货币出资和非货币出资。

货币出资,主要有本币、外币、支票等各种形态。 英国《2006年公司法》第583条第3款规定,货币出资包括以下四种形式:"(a)公司收到现金;(b)公司善意地收到支票,董事没有合理的理由可以怀疑该支票得不到兑付;(c)公司免除支付约定款项的责任;(d)在将来日期向公司缴付现金的承诺等。"根据《公司法解释(三)》第7条第2款:"以贪污、受贿、侵占、挪用等违法犯罪所得的货币出资后取得股权的,对违法犯罪行为予以追究、处罚时,应当采取拍卖或者变卖的方式处置其股权。"依此规定,来源不合法的资金同样能够作为出资,但是追赃时不能直接要求公司将这部分款项退回,而是应当采取拍卖或变卖股权的方式进行追赃。这是因为作为出资的货币是不可识别的,一旦进入公司就成为公司财产。

非货币出资,主要包括无形财产、有形财产、有价证券等形态。无形财产,例如知识产权、矿业租赁权、采油租赁权、土地使用权

等;有形财产,例如一般的动产、不动产的其他矿业、铁道的构筑物等。非货币出资必须满足以下四个条件。第一,确定性。标的物必须客观明确。第二,现存的价值物。标的物应当是事实上已经存在的价值物。第三,评价的可能性。标的物必须能以某种合理的方式进行估价。第四,可独立转让性。标的物必须是可以独立于出资人并能够转让的。实践中,法院判决认为商品经销权(不是法定的财产性权利/不具有可转移性)、教育资源(例如教育资本,包括教育理论与理念、教育资源整合与引入、教育经营与管理团队、教育项目的策划与实施)等不得作为出资。

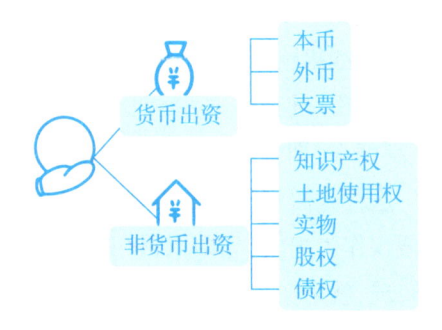

货币出资：本币、外币、支票

非货币出资：知识产权、土地使用权、实物、股权、债权

《公司法》第48条第1款增加了股权和债权这两类出资方式。《市场主体登记管理条例实施细则》(以下简称《实施细则》)第13条第3款规定:"依法以境内公司股权或者债权出资的,应当权属清楚、权能完整,依法可以评估、转让,符合公司章程规定。"

股权出资,是指股东或发起人以其对外投资的股权(即其在股权所在公司中的权益)作价出资。股权出资完成后存在双重持股关系:投资者成为被投资公司的股东,被投资公司成为股权所在公司的股东。《公司法解释(三)》第11条规定,股权投资必须满足以下四个条件:第一,出资的股权由出资人合法持有并依法可以转让;第二,出资的股权无权利瑕疵或者权利负担;第三,出资人已履行关于股权转让的法定手续;第四,出资的股权已依法进行了价值评估。

债权出资,包括债权人以其对公司的债权出资以及债权人以其对第三人的债权出资。目前我国所适用的是第一种情形,即债权人将其对公司的已到期债权转为股权,第二种情形尚未采纳。在此场合,判断出资是否到位,关键并不在于债权交付手续的办理,而在于债权是否已经实现。如果债权人将其对第三人的债权用作出资后,第三人不向公司履行其债务的话,如何解决?可能存在两种相应的解决方法。第一种方法是债权人将债权作为出资,但并不立即取得股份,在一定的时间内,债权人按照债权实现的数额而取得相应的股份,如果债权无法全部或部分实现,就未实现的部分,债权人不享有股份。但是,这种方法在授权资本制下才有可能实行,因为在该制度下,即便债权人没有缴清出资,公司同样可以事先发行股份。这种方法将债权的实现视为出资到位。第二种方法是债权人将债权作为出资,立即取得相应的股份,如果债权无法全部或者部分实现,就未实现的部分,公司可以取消债权人的股份。根据这种方法,一旦债权人通过认购合同将债权转让给公司,那么视为债权人的出资已经到位,这与法定资本制要求公司设立时必须收到出资的规定相吻合。如果债权无法实现,公司有权取消已发行给债权人的股份。

❖ 5.认缴制和实缴制

资本缴纳制度可分为认缴制和实缴制两种形式。

认缴制,是指股东或发起人根据公司章程规定的资本总额或股本总额自行认购各自的份额或股份,认购完毕后根据公司章程的规定缴纳即可。仅需凭借股东将来向公司缴纳出资的承诺,即可成立公司。认缴制充分尊重公司意思自治,排除了法律对于出资期限的强行干预,有利于刺激投资、加速资金流通、改善营商环境。我国2013年《公司法》修订,放弃要求股东必须在2年或5年内缴清出资的实缴制,改为缴纳出资期限可以在章程中自由约定、法律不予强制规定的认缴制。

对于认缴制的探讨,可以以各方当事人之间的关系为切入点加以讨论。第一重关系是股东与公司之间的关系。一方面,未缴纳股权可视为股东对公司所负的债务。未缴纳股权与瑕疵股权存在区别:未缴纳股权是缴纳出资期限尚未到来的股权,而瑕疵股权是存在瑕疵出资的股权。典型的瑕疵出资包括以下情形:一是虚假出资,即表面上已出资、实际上未出资;二是出资不实,即虽已缴纳出资,但缴纳部分的价值低于票面价值(水份股);三是已经缴清但又抽逃出资的股权。另一方面,就股权的未缴纳部分,股东可以以自己或第三人的财产向公司提供担保(以下简称出资担保)。出资担保不等于股东担保,后者是公司发生债务时,公司债权人要求股东对该债务提供担保,一定程度上突破了股东有限责任的保护。第二重关系是股东、公司以及公司债权人之间的关系。这重关系涉及股东出资义务加速到期问题。

实缴制,是指股东或发起人自公司成立之日起,在法律所规定的特定期限内必须足额缴纳公司章程中所规定的资本总额或股本总额。实缴制的优势在于能够充分体现资本确定原则,确保公司章程所规定的资本总额或股本总额由股东缴足,从而能够更好地保障债权人利益,并直观反映公司规模与实力。但实缴制的缺点在于,一方面,国家公权力对资本市场强制干预,可能不利于改善营商环境;另一方面,股东或发起人在公司设立时即须具备相应充足资金,这无疑为公司设立增加负担。

认缴和实缴,两者并非对立关系,而是前后承接关系。先有认缴,再有实缴。认缴制和实缴制的二元区分是简单粗暴的。认缴制导致缴纳期限延长,缴纳出资变得不确定或不稳定,因为股东资信能力随时发生变化。因此认缴制对于缴纳期限的延长其实不科学、不合理。

《公司法》第47条第1款被视为从认缴制向实缴制的回归。根据该款,有限责任公司全体股东认缴的出资额由股东按照公司章程的规定自公司成立之日起5年内缴足。

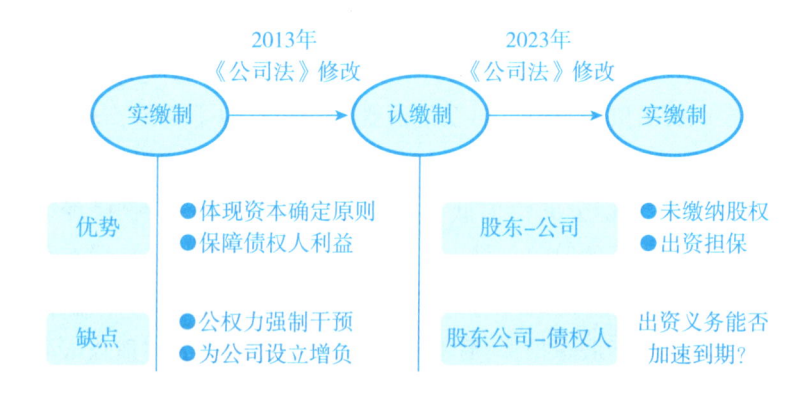

```
        2013年              2023年
      《公司法》修改        《公司法》修改

      实缴制  ──────→  认缴制  ──────→  实缴制

优势   ● 体现资本确定原则     股东-公司      ● 未缴纳股权
       ● 保障债权人利益                     ● 出资担保

缺点   ● 公权力强制干预      股东公司-债权人   出资义务能否
       ● 为公司设立增负                     加速到期?
```

为了做好回归的制度衔接,《公司法》增加了第266条第2款,"本法施行前已登记设立的公司,出资期限超过本法规定的期限的,除法律、行政法规或者国务院另有规定外,应当逐步调整至本法规定的期限以内;对于出资期限、出资额明显异常的,公司登记机关可以依法要求其及时调整。具体实施办法由国务院规定"。

此外,《国务院关于实施〈中华人民共和国公司法〉注册资本登记管理制度的规定(征求意见稿)》明确对《公司法》施行前设立的存量公司设置3年过渡期。过渡期自2024年7月1日起至2027年6月30日止。有限责任公司可以在过渡期内将出资期限调至5年以内,2032年6月30日前完成出资即符合要求。同时,明确有限责任公司自2027年7月1日起剩余认缴出资期限不足5年的,不需要调整出资期限。此外,股份有限公司可以在2027年6

月 30 日前缴足认购股份的股款。

为合理界定出资期限、出资数额明显异常的公司,征求意见稿将出资期限 30 年以上、出资数额 10 亿元的公司纳入是否属于异常的研判范围,公司登记机关可以组织专业机构进行评估,或者会同相关部门进行综合研判,经省级市场监管部门同意,要求其 6 个月内进行调整,出资期限、出资数额应当调整至合理范围。

同时,明确公司不适用 5 年出资规定的具体情形包括以下几类:承担国家重大战略任务、关系国计民生或者涉及国家安全、重大公共利益的民营、外资、国资等公司,经国务院主管部门或者省级以上人民政府同意,可以按原有出资期限出资。

征求意见稿明确要求公司应当及时在国家企业信用信息公示系统上公示认缴和实缴的出资额、出资方式、出资日期,发起人认购的股份数等信息,并上传股东名册、财务报表等股东实缴相关说明材料。

❖ 6. 出资义务加速到期

出资义务加速到期,是指为了保护公司债权人的利益,即便公司章程规定的股东缴纳出资的期限尚未到期,法律也将其视为到期,从而使得债权人可以适用《公司法解释(三)》第 13 条下的诉讼架构,有权要求股东在未缴纳出资的本息范围内向债权人承担补充赔偿责任。

2015 年 12 月 24 日最高人民法院《关于当前商事审判工作中的若干具体问题》提出,应当用破产的思路解决加速到期问题,即为了保护全体债权人的利益,债权人应当申请公司破产,进入破产程序后按照《企业破产法》使得股东出资义务加速到期。司法实务中,非破产情形不得加速到期主要包括下列理由:加速到期只有在破产程序中才可以实施;加速到期与法定的股东认缴期限利益相冲突;加速到期与认缴制初衷相违背;加速到期不利于保护全体债权人利益,等等。

但是,梳理2016年和2017年的案例可知,一些地区中级人民法院的判决非破产情形下可以加速到期,其主要理由包括:公司股东的出资义务只是暂缓履行,而不是永久免除,在公司经营发生重大变化时,债权人应有权要求股东缴纳出资;符合平衡保护公司债权人和公司股东利益的立法目的;公司的责任财产(全部财产)不仅应理解为包括公司现有的实际财产,也当然包括认缴制下股东承诺在将来的出资(也可将其理解为公司对股东的债权);认缴期限是股东对社会公众包括债权人所作出的出资承诺,此承诺对股东是一种约束,对相对人如债权人则是一种预期;等等。

《九民纪要》第6条规定,原则上不允许非破产情形下加速到期,但是两种情况除外,其中之一是"公司作为被执行人的案件,人民法院穷尽执行措施无财产可供执行,已具备破产原因,但不申请破产的"。该情形事实上间接允许非破产情形下加速到期,只不过从审理阶段挪到了执行阶段。

这些股东应该在未出资本息范围内承担补充赔偿责任

我们有认缴期限利益

违背认缴制初衷

公司尚未破产

债权人　　股东

《公司法》修订前,原则上不允许非破产情形下加速到期,但有例外;2023年《公司法》修订后,不清偿债务,加速到期

基于学理考察,应当允许股东出资义务加速到期,理由简述如

下。第一,在认缴制下,股东有可能因缴纳期限尚未到来而无须即刻缴纳注册资本,因此加速到期制度不可避免地为公司债权人提供了一种实实在在的保护。认缴可以视作股东将来向公司缴纳出资的承诺。这种承诺构成了对公司债权人的担保。即便因股东偿付能力发生变化可能要求减少已承诺但未实际缴纳的出资数额,也必须满足债权人保护程序。第二,注册资本的核心在于资本真实,即要求股东按其所认缴的数额,实际向公司缴纳出资。至于是一次性缴纳,还是分期缴纳,二者区别仅仅在于缴纳方式或期限的不同,而并没有改变股东应当实际、足额缴纳的义务。股东在章程中约定缴纳出资的期限,可以视为是股东和股东之间、股东和公司之间达成的协议。这是一种内部关系,在公司正常经营过程中可以有效约束股东及公司。但是当公司不能清偿债务,且公司债权人介入之时,这已经变成了一种外部关系,股东不能以彼此之间的约束来对抗债权人。对债权人来说,股东所承诺缴纳的出资,无论何时缴纳,都构成了责任财产。第三,不能加速到期的理由之一是要保护全体债权人,因此只有进入破产才能加速到期。但是,如果公司有数个股东,只有一个股东因缴纳期限未到而没有出资,其余股东都已出资,现在公司不能清偿债务,如果该股东加速到期、履行出资义务,则公司即可向债权人偿还债务,得以继续经营;但是,如果否认加速到期制度的存在,就意味着公司是否进入破产的选择权将被掌握在未出资股东手中。若其余股东均希望公司存续,但是该股东希望公司破产,坚持不加速到期,而法律站在该股东这一边的话,其结果一方面对其他股东不公平,另一方面增加了司法成本和交易成本。

《公司法》第54条规定,公司不能清偿到期债务的,公司或者已到期债权的债权人有权要求已认缴出资但未届出资期限的股东提前缴纳出资。由此可见,修订后的《公司法》允许非破产情形下加速到期的存在,且其适用条件比破产更宽松,即不必达到破产的程度,只要公司不能清偿债务,即可适用加速到期。

❖ 7. 股东出资责任的体系化

及时足额向公司缴纳出资,是股东的基本义务。《公司法》对于股东出资责任进行了较大幅度的调整,并呈现层次化和体系化的特征。

第一,出资违约责任(不再由《公司法》调整)。所谓出资违约责任,是指如果公司设立时的股东或者发起人没有按期足额缴纳出资,应当向已按期足额缴纳出资的股东承担违约责任。主要体现在 2018 年《公司法》的两个条款。2018 年《公司法》第 28 条第 2 款规定,"股东不按照前款规定缴纳出资的,除应当向公司足额缴纳外,还应当向已按期足额缴纳出资的股东承担违约责任"。2018 年《公司法》第 83 条第 2 款规定:"发起人不依照前款规定缴纳出资的,应当按照发起人协议承担违约责任。"

问题在于,依据什么承担违约责任?2018 年《公司法》第 28 条第 2 款有说明,但是 2018 年《公司法》第 83 条第 2 款认为是发起人协议。对有限责任公司来说,设立协议是可选事项而非必需事项,例如 2023 年《公司法》第 43 条规定,"有限责任公司设立时的股东可以签订设立协议,明确各自在公司设立过程中的权利和义务"。对股份有限公司来说,发起人协议则是公司设立的必备文件。2018 年《公司法》第 79 条和 2023 年《公司法》第 93 条规定,"股份有限公司发起人承担公司筹办事务。发起人应当签订发起人协议,明确各自在公司设立过程中的权利和义务"。《登记管理条例》在第 16 条第 1 款所规定的关于申请办理市场主体登记应当提交的材料中,也没有提到设立协议、发起人协议、投资合同或合资合同等。

对于有限责任公司,三审稿第 50 条已删除出资违约责任,新《公司法》第 50 条保持删除。对于股份有限公司,三审稿第 99 条仍然保留出资违约责任,但是新《公司法》第 99 条删除。新《公司法》不再规定出资违约责任,是合理的,因为出资违约责任属于合同上的约定事项,应该交由《民法典》予以调整。如果股东之间没有约定,那么不会产生该责任。法律不能代替股东去强制性规定一个违约责任。需要考虑的是,在没有设立协议的情况下,章程或股东会决议是否可以规定出资违约责任。

第二,出资连带责任(针对设立时的其他股东或其他发起人而言的)。原来的出资连带责任是指未按期足额缴纳出资或者非货币财产的实际价额限制低于所认缴的出资额的股东,要补足差额,公司设立时的其他股东承担连带责任。经修改后的<u>出资连带责任,是指设立时的其他股东与该股东在出资不足的范围内承担连带责任。</u>

换言之,原《公司法》项下是"补足责任+连带责任"(原《公司法》第 30 条和第 93 条均出现补足其差额、补缴等字样),而新《公司法》直接代之以出资连带责任。虽然新《公司法》全文没有出现"补足""差额"等字样,但是仍然保留出资补足责任(或称资本充实责任),可以参见新《公司法》第 49 条第 3 款。

修改以后,有限责任公司(新《公司法》第 50 条)和股份有限公司(新《公司法》第 99 条)规定一致,体系衔接。

首先,新《公司法》第 50 条规定:"有限责任公司设立时,股东未按照公司章程规定实际缴纳出资,或者实际出资的非货币财产的实际价额显著低于所认缴的出资额的,设立时的其他股东与该股东在出资不足的范围内承担连带责任。"

本条来源于原《公司法》第 28 条第 2 款("足额缴纳+违约责任"),以及原《公司法》第 30 条("补足差额+连带责任")。一审稿第 45 条(股东未按期足额缴纳出资或者作为出资的非货币财产的实际价额显著低于所认缴的出资额的)规定违约责任。二审稿第 50 条沿袭一审稿第 45 条规定违约责任。三审稿第 50 条改为"补足差额+连带责任"。新《公司法》法第 50 条(未按照公司章程规定实际缴纳出资,或者实际出资的非货币财产的实际价额显著低于所认缴的出资额的)改为出资不足的范围内承担连带责任。

其次,新《公司法》第 99 条规定:"发起人不按照其认购的股份缴纳股款,或者作为出资的非货币财产的实际价额显著低于所认购的股份的,其他发起人与该发起人在出资不足的范围内承担连带责任。"

本条来源于原《公司法》第 83 条第 2 款(发起人不依照前款规定缴纳出资的,应当按照发起人协议承担违约责任)。一审稿第 101 条(发起人不按照其认购的股份缴纳股款或者作为出资的非货币财产的实际价额显著低于所认购的股份的)规定违约责任。二审稿第 99 条规定违约责任。三审稿第 99 条规定违约责任。新《公司法》第 99 条(其他发起人与该发起人在出资不足的范围内承担连带责任)改为出资不足的范围内承担连带责任。

有权主张连带责任的,应当是公司。因为公司是债权人,负有缴纳出资义务或担保出资义务的股东是债务人。如果公司没有提起,已足额缴纳出资的股东是否有权要求其他股东与该股东在出资不足的范围内承担连带责任?此时如果以诉讼方式主张,是否是派生诉讼?

最后,还有一种连带责任的情形,与股权转让有关。新《公司法》第 88 条第 2 款规定:"未按照公司章程规定的出资日期缴纳出资或者作为出资的非货币财产的实际价额显著低于所认缴的出资额的股东转让股权的,转让人与受让人在出资不足的范围内承担连带责任;受让人不知道且不应当知道存在上述情形的,由转让人承担责任。"

本条来源于《公司法解释(三)》第 18 条。一审稿第 89 条第 2 款(股东未按期足额缴纳出资或者作为出资的非货币财产的实际价额显著低于所认缴的出资额,即转让股权的,受让人知道或者应当知道存在上述情形的,在出资不足的范围内与该股东承担连带责任)规定出资不足的范围内与该股东承担连带责任。二审稿第 88 条第 2 款保持不变。三审稿第 88 条第 2 款保持不变。

新《公司法》第 88 条第 2 款改为:"未按照公司章程规定的出资日期缴纳出资或者作为出资的非货币财产的实际价额显著低于所认缴的出资额的股东转让股权的,转让人与受让人在出资不足的范围内承担连带责任;受让人不知道且不应当知道存在上述情形的,由转让人承担责任。"

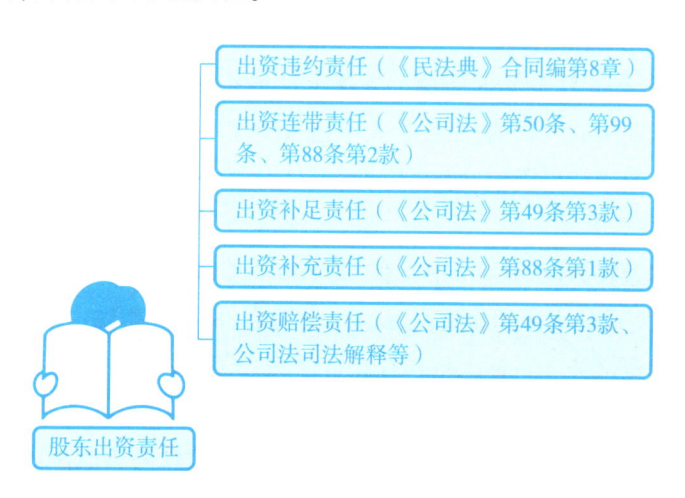

股东出资责任
- 出资违约责任(《民法典》合同编第8章)
- 出资连带责任(《公司法》第50条、第99条、第88条第2款)
- 出资补足责任(《公司法》第49条第3款)
- 出资补充责任(《公司法》第88条第1款)
- 出资赔偿责任(《公司法》第49条第3款、公司法司法解释等)

第三,出资补足责任(针对未按期足额缴纳出资的股东而言:"足额缴纳+赔偿责任")。关于出资补足责任(或称资本充实责任)的表述予以修改,删除补足差额、补缴等字样,仅保留新《公司法》第 49 条第 3 款"股东未按期足额缴纳出资的,除应当向公司足额缴纳外,还应当对给公司造成的损失承担赔偿责任"的规定。所谓出资补足责任,又称资本充实责任,是指股东应当确保公司实收资本与章程所定资本相一致,如果股东未按期足额缴纳出资,应当向公司足额缴纳。同时,新增加出资赔偿责任。因此,新《公司法》第49条第3款的框架是:"出资补足责任(足额缴纳)+出资赔偿责任。"

第四,出资补充责任(针对股权转让中的转让人/转让已认缴出资但未届出资期限的股权)。属于此次修改新增的内容。出资补充责任,主要是指转让人对公司的出资补充,条件有两个:一个是转让已认缴但未届出资期限的股权,另一个是受让人未按期足额缴纳出资。换言之,公司应当首先要求受让人缴纳出资,只有在受让人未按期足额缴纳时,对于尚未缴纳的部分,才可以让转让人承担补充责任。

新《公司法》第88条第1款规定:"股东转让已认缴出资但未届出资期限的股权的,由受让人承担缴纳该出资的义务;受让人未按期足额缴纳出资的,转让人对受让人未按期缴纳的出资承担补充责任。"

本条在原《公司法》中没有,属于新增条款。一审稿第89条第1款规定受让人承担出资义务。二审稿第88第1款规定"受让人承担出资义务+转让人承担补充责任"。三审稿第88条第1款保持不变。新《公司法》第88条第1款保持不变。

第五,出资赔偿责任。广义上,出资赔偿责任是指股东因履行出资义务而对某些对象承担赔偿责任。狭义上,仅指对公司的赔偿责任。

(1)对公司的赔偿责任

新《公司法》第49条第3款规定:"股东未按期足额缴纳出资的,除应当向公司足额缴纳外,还应当对给公司造成的损失承担赔偿责任。"

本条来源于原《公司法》第28条第2款("足额缴纳+违约责任")。一审稿第45条规定违约责任。二审稿第51条第4款规定出资赔偿责任(股东未按期足额缴纳出资,给公司造成损失的,应当承担赔偿责任)。三审稿第49条第3款出资赔偿责任。新《公司法》第49条第3款改为"足额缴纳+出资赔偿责任"。

此外,《公司法解释(三)》第6条规定:"股份有限公司的认股人未按期缴纳所认股份的股款,经公司发起人催缴后在合理期间内仍未缴纳,公司发起人对该股份另行募集的,人民法院应当认定该募集行为有效。认股人延期缴纳股款给公司造成损失,公司请求该认股人承担赔偿责任的,人民法院应予支持。"

(2)对公司债权人的赔偿责任

《公司法解释(三)》第13条第2款规定:"公司债权人请求未履行或者未全面履行出资义务的股东在未出资本息范围内对公司债务不能清偿的部分承担补充赔偿责任的,人民法院应予支持;未履行或者未全面履行出资义务的股东已经承担上述责任,其他债权人提出相同请求的,人民法院不予支持。"

《公司法解释(三)》第14条第2款规定:"公司债权人请求抽逃出资的股东在抽逃出资本息范围内对公司债务不能清偿的部分承担补充赔偿责任、协助抽逃出资的其他股东、董事、高级管理人员或者实际控制人对此承担连带责任的,人民法院应予支持;抽逃出资的股东已经承担上述责任,其他债权人提出相同请求的,人民法院不予支持。"

《公司法解释(三)》第19条第2款规定:"公司债权人的债权未过诉讼时效期间,其依照本规定第十三条第二款、第十四条第二款的规定请求未履行或者未全面履行出资义务或者抽逃出资的股东承担赔偿责任,被告股东以出资义务或者返还出资义务超过诉讼时效期间为由进行抗辩的,人民法院不予支持。"

《公司法解释(三)》第26条第1款规定:"公司债权人以登记于公司登记机关的股东未履行出资义务为由,请求其对公司债务不能清偿的部分在未出资本息范围内承担补充赔偿责任,股东以其仅为名义股东而非实际出资人为由进行抗辩的,人民法院不予支持。"

(3)对他人的赔偿责任(因履行公司设立职责)

《公司法解释(三)》第5条第1款规定:"发起人因履行公司设立职责造成他人损害,公司成立后受害人请求公司承担侵权赔偿责任的,人民法院应予支持;公司未成立,受害人请求全体发起人承担连带赔偿责任的,人民法院应予支持。"

(4)其他情形

《公司法解释(三)》第25条第2款规定:"名义股东处分股权造成实际出资人损失,实际出资人请求名义股东承担赔偿责任的,人民法院应予支持。"

《公司法解释(三)》第27条第2款规定:"原股东处分股权造成受让股东损失,受让股东请求原股东承担赔偿责任、对于未及时办理变更登记有过错的董事、高级管理人员或者实际控制人承担相应责任的,人民法院应予支持;受让股东对于未及时办理变更登记也有过错的,可以适当减轻上述董事、高级管理人员或者实际控制人的责任。"

《公司法解释(三)》第28条规定:"冒用他人名义出资并将该他人作为股东在公司登记机关登记的,冒名登记行为人应当承担相应责任;公司、其他股东或者公司债权人以未履行出资义务为由,请求被冒名登记为股东的承担补足出资责任或者对公司债务不能清偿部分的赔偿责任的,人民法院不予支持。"

❖ 8. 股东失权

股东失权,是指如果股东迟延履行出资义务,且经过公司催缴后仍未履行,那么该股东将失去其持有的股权。结合域外法,"失权"中的"权",存在两种解释。第一,"权"是指权利。例如,根据日本《公司法》第208条(出资的履行),如果认购人不履行出资义务,丧失的是"因履行该出资成为募集股份股东的权利"。第二,"权"是指股权、股份、出资份额或营业份额等财产。例如,德国《有限责任公司法》第21条(宣布失权)。

与股东失权比较接近的概念是股东除名。股东除名,是指当满足一定条件时,以股东会决议的方式将某个股东排除在外,剥夺其股东资格。除名规则通常适用于人合性较强的合伙或者准合伙的公司。股东除名需要满足被除名股东发生重大事由以及形成除名判决等条件。其重大事由通常包括两类情形:第一,股东自身存在之重大事由,例如由于生理因素无法参与公司经营,或者丧失公司章程所规定的股东须具备的特定资格或身份;第二,股东行为存在之重大事由,例如股东严重违反忠实义务,对公司造成严重侵害。

股东除名和股东失权相比,二者共同点包括以下内容:在适用条件上,股东失权涉及的迟延履行出资义务,可以视为股东除名中的重大事由之一;在法律后果上,相关股东最终都失去了股东资格。与此同时,两者的不同点也很明显。其一,目的不同。股东除名的目的在于将已经或将要损害公司利益的股东排除在外,修补人合性因素的裂痕。股东失权的目的在于督促股东及时向公司足额缴纳其所认缴的出资,确保公司资本的真实。其二,条件不同。股东除名所适用的条件是存在重大事由。股东失权所适用的条件仅限于股东不合理地迟延履行出资义务。其三,程序不同。股东除名必须以股东会决议的方式作出。股东失权则根据法律规定由董事会代表公司,或者经由章程授权董事会完成,即董事会向股东发出催缴通知,如果催缴无果,公司则将该股东的股权或股份没收。其四,后果不同。在股东除名中,被除名股东可以要求对其予以补偿。但是在股东失权中,被没收股权或股份的股东不仅全部丧失了其所持有的股权或股份,而且被要求向公司继续支付相当于已承诺但尚未缴纳的那部分出资数额的金额。

《公司法解释(三)》第17条是关于有限责任公司股东资格解除的条款,实践中又被称为除名条款。但是,该条款事实上将股东除名与股东失权这两项不同的制度混淆在一起:条件是股东失权,程序是股东除名,而后果则两者都不是。

《公司法》引入股东失权,主要体现在以下两个条款。

第51条规定,"有限责任公司成立后,董事会应当对股东的出资情况进行核查,发现股东未按期足额缴纳公司章程规定的出资的,应当由公司向该股东发出书面催缴书,催缴出资。未及时履行前款规定的义务,给公司造成损失的,负有责任的董事应当承担赔偿责任"。

第52条规定,"股东未按照公司章程规定的出资日期缴纳出资,公司依照前条第一款规定发出书面催缴书催缴出资的,可以载明缴纳出资的宽限期;宽限期自公司发出催缴书之日起,不得少于六十日。宽限期届满,股东仍未履行出资义务的,公司经董事会决议可以向该股东发出失权通知,通知应当以书面形式发出。自通知发出之日起,该股东丧失其未缴纳出资的股权。依照前款规定丧失的股权应当依法转让,或者相应减少注册资本并注销该股权;六个月内未转让或者注销的,由公司其他股东按照其出资比例足额缴纳相应出资。股东对失权有异议的,应当自接到失权通知之日起三十日内,向人民法院提起诉讼"。

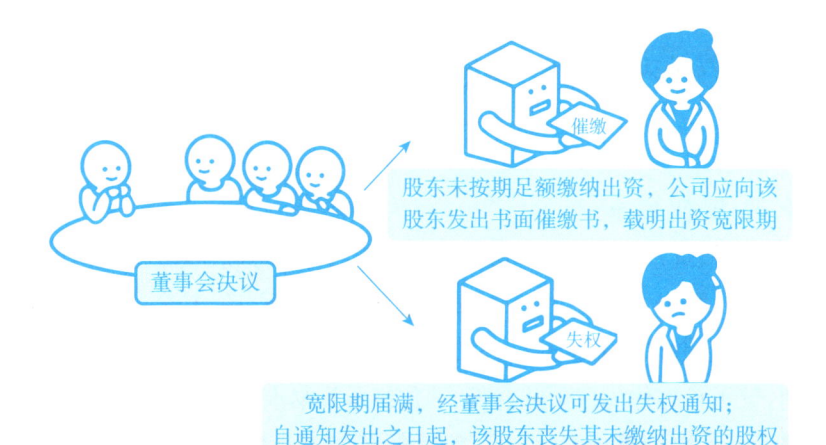

股东未按期足额缴纳出资，公司应向该股东发出书面催缴书，载明出资宽限期

董事会决议

宽限期届满，经董事会决议可发出失权通知；自通知发出之日起，该股东丧失其未缴纳出资的股权

将第 51 条和第 52 条结合起来，对此理解有三个方面需要注意。第一，"应当（发出催缴书）—可以（发出失权通知书）"模式，可能赋予董事会过大的权力，从而与股东平等原则相悖。

第二，"该股东丧失未缴纳部分的股权"，涉及蛋糕是竖着切还是横着切的问题，涉及股权和股份概念的理解。如果都是竖着切蛋糕，那么该股东丧失的应该是全部的股权，这些股权都是部分缴纳股权或者未缴纳股权。股权和股份，是一个需要商法学界和立法者统一认识的重要的基础性概念。股权究竟是股东权利义务的浓缩、股东权利的简称、权利束，还是全部或部分的份额的集合、一种动产，抑或一种权利所指向的对象、一种权利的客体等，对此认知有待达成共识。

第三，失权的后果在第 52 条中没有体现。德国法与英国法类似，丧失股权的股东应当继续向公司缴清其认缴但未缴纳部分的金额，这相当于对公司的普通债务（不是出资义务）。可能存在这样的疑问，如果被丧失的股权再次转让（即重新发行），是否意味着公司对同一笔股权收到两笔出资？答案并非如此，对丧失股权的股东来说,其在持股期间,尽管没有缴纳出资,但已获得例如表决权等权利,却没有为此支付对价,所以应当理解为一种补交的对价。

❖ 9.股权继承

股权继承,是指自然人股东去世后,其持有的股权依法发生的继承。根据《公司法》第90条,自然人股东死亡后,其合法继承人可以继承股东资格;但是,公司章程另有规定的除外。在罗马法时期,继承权客体完成了从身份、地位继承到财产继承的转变。近代法沿袭了财产概括继承主义,继承权客体为财产上的权利和义务,其中包括不以被继承人地位、身份和人格为基础的财产法上的法律地位(如股东资格)。

在股权继承的场合,通常继承人委托遗嘱执行人、遗产管理人办理具体的继承事务。自然人股东死亡后,直至继承人将股权等财产分割完毕且将其姓名记载于股东名册之前,存在一段时间的权利真空状态。这段时间的长短取决于财产分割的难度(例如被继承人财产的复杂性以及继承人之间矛盾的激烈性)、公司对股权继承的态度(例如控制公司的大股东或管理层是否同意继承人作为股东加入公司)以及公司章程的规定(例如章程条款是否对股权继承作出限制)。

在这段时间内,虽然继承人的姓名没有记载于股东名册,但是在法律上赋予继承人以股东地位和权利,是非常有必要的。有学者建议,首先,在自然人股东死亡后,如果公司章程没有相反的规定,其继承人可以马上向公司申请办理股东变更手续,法律应该规定公司必须在一段合理的时间内办理该手续。如果公司未在合理期限内办理手续的,推定死亡股东的继承人取得股东资格。其次,在股东变更手续办理完结之前,公司应该尽量避免召开股东会会议。如果公司召开股东会会议,那么死亡股东的继承人有权参加会议并表决。最后,如果公司章程规定是否允许死亡股东的继承人取得股东资格,应由股东会讨论决定,则死亡股东的继承人有权参加此次股东会并对是否允许其取得股东资格进行表决。

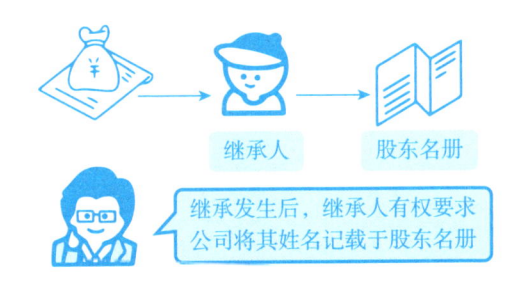

继承人 股东名册

继承发生后,继承人有权要求公司将其姓名记载于股东名册

上述前两点建议较为合理,但是最后一点建议值得商榷,在自然人股东死亡之前,章程就应当已经对股权继承有所限制。如果此前没有规定,那么在自然人股东死亡后,股东会会议不得对是否允许死亡股东的继承人取得股东资格予以讨论,否则,很容易为其他股东侵犯继承人的股东权益预留空间。换言之,继承人取得股东资格的权利应由法律予以规定,而不能以事后的股东会决议的方式予以剥夺。

尽管如此,如果将股东资格与股东名册联系在一起则会产生一个问题,即继承人继承的并非股东资格,而是股权(实为出资份额或股份)。正是因为继承人获得了股权,因而具备有权要求公司将其名称记载于股东名册的权利,而一旦其名称被记载于股东名册,该继承人就获得了股东资格。由此可见,首先,在自然人股东去世后,股权即已转移至继承人,只是还没有分割。虽然尚未记载于股东名册,但是继承人作为实际股东的权利应该得到保障。其次,继承人在这段时间内的股东权利应该是完整的股东权利。具体执行上的架构有进一步探讨的空间。在存在多个继承下,他们可以委托遗嘱执行人/遗产管理人行使股东的权利。在具体分割之前,可以看成数个继承人共同持有股权,参考股权或股份的共有规则处理。最后,遗嘱执行人、遗产管理人对继承人所负有的义务是受信义务,信托法原理应当予以适用。

第七章 股权交易规范

1. 股权的含义

出资,是指股东向公司缴纳的财产,作为其获取份额或股份的对价。股东资格,是指一个人作为股东而具有的身份或地位。股东权利,又称股东权,是指一个人成为股东后所享有的权利,包括分红权、经营管理权和剩余财产分配权等。

在我国公司法理论界和实务界,"股权"概念不清、混淆使用,至少具有四个面向:(1)份额或股份;(2)份额或股份的所有权;(3)依附于份额或股份的广义上的类别权利;(4)股东权利。《民法典》中多次出现"股权"一词。《公司法》则刻意区分"股权"和"股份",将"股权"与有限责任公司联系在一起,而"股份"一词与股份有限公司联系在一起。在不同的语境下,应当对股权作出不同的解读。

关于股权的含义,存在以下三种不同的定义。

一是股权是股东权利的简称。股权是股东享有的权利,股权法律关系实质上是股东基于其地位而与公司之间形成的法律关系。不同类型的公司中的股东,或者同一公司中的不同类型的股东,其股权的内容及其表现形式有所差异。(赵旭东,2015 年)股权是股东权利的简称。我国《公司法》第 4 条第 2 款规定,公司股东对公司依法享有资产收益、参与重大决策和选择管理者等权利。

由此规定,我们可以将股权定义为,股东基于其股东身份和地位而享有从公司获取经济利益并参与公司经营管理的权利。(施天涛,2018年)股权,股东权利的简称,即指股东基于股东身份在法律上对公司享有的权利总称。(李建伟,2022年)二是股权是一种自成一体的独立的权利类型。例如,股权只能是一种自成一体的独立权利类型。股权是作为股东转让出资财产所有权的对价的民事权利。股权是目的权利和手段权利的有机结合。股权是团体性权利和个体性权利的辩证统一。股权兼有请求性和支配性。股权具有资本性和流转性。(江平、孔祥俊,1994年)股权是一种相对于公司权利、以追求投资收益为宗旨、兼具间接性支配权、请求权(含诉权)以及人身权属性的新型私法权利。(王平,2010年)三是股权是份额或股份上的所有权。例如,股东对股份这个特定物享有的所有权就是股权,股权可以行使所有权的各种权能。(李文涛、龙翼飞,2010年)

所有权解决的是归属问题,先解决所有者是谁,再讨论份额或者股份上的权利——股权的内容既包含股东对份额或股份上的权利,具体包括分红权、经营事务权、剩余财产分配权,又在广义上包含股东对公司的请求权。

根据不同的标准,股东权可以分为不同的类型。

第一,**自益权和共益权**(以其行使目的为准划分)。前者是股东为维护自身利益而行使的权利(股东的财产权,是股东出资的目的所在),后者是股东为维护包括自己利益在内的公司利益和全体股东利益而行使的权利(包括对公司事务的参与管理权和对公司机关行为的监督权)。共益权是实现自益权的途径和保障。自益权是共益权行使的目的和动力。

第二,**固有权和非固有权**(以其重要程度为准划分)。前者又称法定股东权,是指未经股东同意,不得以章程或公司决议剥夺或限制的权利。后者又称非法定股东权,是指可由章程或公司决议剥夺或限制的权利。

第三,单独股东权和少数股东权(以其行使方法为准划分)。前者是指不问股东的持股数额多寡,仅持有 1 股的股东也可单独行使的权利,例如股利分配请求权、剩余财产分配请求权、新股优先认购权等。后者是指持有股份占公司已发行股份总数一定比例的股东才能行使的权利。

第四,一般股东权和特别股东权(以其行使主体为准划分)。前者是指公司的普通股东即可行使的权利。后者是指专属于股东中特定人的权利,例如公司发起人或类别股(优先股等)股东所享有的权利。

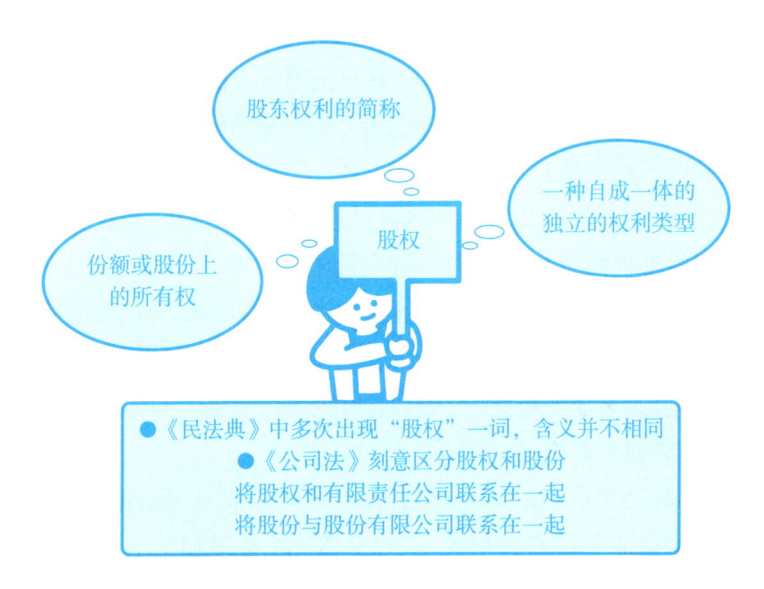

```
股权
 ├─ 股东权利的简称
 ├─ 一种自成一体的独立的权利类型
 └─ 份额或股份上的所有权

● 《民法典》中多次出现"股权"一词,含义并不相同
● 《公司法》刻意区分股权和股份
   将股权和有限责任公司联系在一起
   将股份与股份有限公司联系在一起
```

❖ **2. 股权转让和股权变动**

首先,股权转让。股权转让与出资转让、资产转让不同。出资

转让这一概念本身有误,因为出资一旦脱离股东就变为公司财产,不存在出资转让的情形,股东可以转让的只有作为对价获取的份额。资产转让主要是公司内部财产的转让,不涉及股东结构的变化,只涉及公司内部财产的增减。股权转让是指转让人将所持公司股权转让给其他股东或第三人,涉及公司股东人员及股权结构比例的变化。此外,股权转让属于概括性转让,在股权转让的同时,也将其股东地位资格、权利义务一并转让给受让人,受让人成为新的股东。简而言之,股权一旦转让,属于股东的权利和义务就一概由受让人继受。

就股权转让的效力而言,存在内部效力和外部效力之分。内部效力即公司内部登记生效主义,公司内部的股权登记变动之时即为股权变动之时。外部效力即公司外部登记对抗主义,在公司登记机关的股权变更登记行为具有对抗第三人的效力。

其次,股权变动。在股权转让中,股权变动模式是一个颇具争议的问题。股权转让不同于股权变动。股权转让与作为转让标的的股权、转让价款及其支付等问题有关,而股权变动与受让人何时取得股权及何时成为公司股东等问题有关。针对股权变动模式,存在以下四种不同观点:一是纯粹意思主义,即股权转让合同生效时,股权发生变动;二是将转让事实书面通知公司时,股权发生变动;三是股东名册变更之时,股权发生变动;四是工商办理变更登记之时,股权发生变动。

根据《公司法》第56条第2款,"记载于股东名册的股东,可以依股东名册主张行使股东权利"。第86条增加了书面通知程序,共有2款。第1款规定,"股东转让股权的,应当书面通知公司,请求变更股东名册;需要办理变更登记的,并请求公司向公司登记机关办理变更登记。公司拒绝或者在合理期限内不予答复的,转让人、受让人可以依法向人民法院提起诉讼"。第2款则规定,"股权转让的,受让人自记载于股东名册时起可以向公司主张行使股东权利"。由此可见,我国公司法对股东资格认定以形式标准为主,以股东名册记载作为判断股东是否已经取得股权、能否主张行使股东权利的标准。

事实上,"股权变动"的说法比较模糊,既可能是指出资份额或股份变动,也可能是指股东资格变动或者股东权利变动,因为股权本身即具有多重含义。因此,有必要识别股权变动在不同场景下的不同含义。股权交易规范的完善,应当围绕股权基础理论及其在不同场景下的运用,形成一个完整的体系。

根据《九民纪要》第8条,"当事人之间转让有限责任公司股权,受让人以其姓名或者名称已记载于股东名册为由主张其已经取得股权的,人民法院依法予以支持,但法律、行政法规规定应当办理批准手续生效的股权转让除外。未向公司登记机关办理股权变更登记的,不得对抗善意相对人"。该条不能视为以股东名册记载作为取得股权(实则出资份额或股份)的判断标准。对此,合理的解释是:(1)如果股东名册已有记载,则可以推定受让人取得股权;(2)但是这并不意味着如果股东名册尚未记载,受让人就一定没有取得股权;(3)在取得股权时即获得该股权上的财产性权益,即使尚未记载于股东名册。股东名册记载不是取得股权的条件,而是取得股权的后果(取得股权之后要求予以记载)。

同理,《公司法》第56条第2款以及第86条第2款是否将股东名册记载作为股权变动的依据,也需要进一步讨论。

股权变动的意思主义模式对于保护受让人利益最为有利,即股权依据转让人和受让人的合意而变动,可以减少或避免因未办理股权变更登记而带来的法律关系的不确定以及交易后果的不稳定。在该模式下,受让人获得的利益较为复杂。对公司来说,受让人已取得股权的物权性利益,有权向公司主张财产性权益。对转

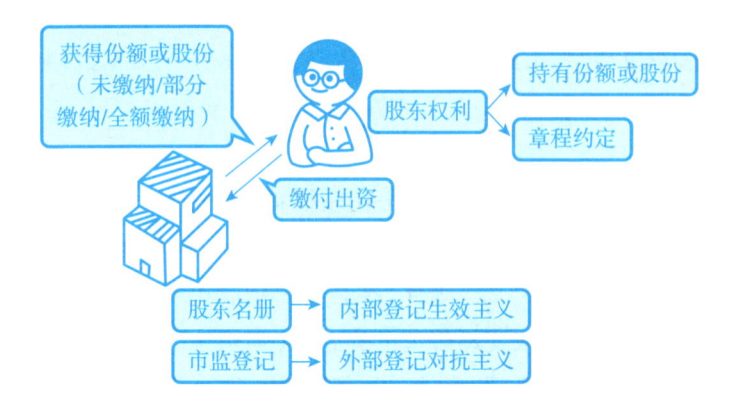

让人来说,如果转让人违约,"表面上"继续持有股权,那么受让人可以对转让人主张股权的受益性利益。理由在于,转让人不得从其违约中获益,不得利用其控制公司的权力以拖延或拒绝办理股权变更登记。转让人处于一种类似信托受托人的地位,对受让人负有受信义务,即转让人应当为了受让人的利益而"表面上"继续持有该股权。

❖ **3.股权转让中的优先购买权**

股权对外转让涉及优先购买权的问题,对内转让则不涉及优先购买权。优先购买权,是指当股东对外转让其股权时,其他股东享有的以同等条件优先于第三人购买该股权的权利。

优先购买权旨在维系公司人合性,就其性质而言,存在不同学说。第一,绝对形成权说,认为权利人依单方意思表示,形成与转让人将股权出卖给第三人的以相同条件为内容的合同,而无须转让人的同意或承诺。第二,附条件的形成权说,认为该形成权附有停止条件,即只有在转让人将其股权出卖给第三人时,优先权人才得行使其优先购买权。第三,期待权说,认为转让人没有出卖股权的时候,优先权人的权利还没有现实化,只处于期待权状态;但如果出卖,优先权人可行使其权利,期待权即可获得实现。第四,请求权说,认为优先购买是权利人对转让人(出卖人)享有的买卖合同订立请求权;在权利人行使优先购买权时,买卖合同的成立尚须转让人的承诺。第五,附双重条件的买卖合同说,认为一个条件是转让人和第三人缔结转让合同,另一个条件是优先购买权人表决行使权利。

就其效力而言,优先购买权的对内效力即转让人股东与优先权股东之间,其他股东主张行使优先购买权时,转让人股东能否终止转让。优先购买权的对外效力即转让人股东与非股东第三人之间,股东行使优先购买权时,如何认定转让人股东与非股东第三人之间(已经签订的)股权转让合同的效力。我国《关于适用〈中华人民共和国公司法〉若干问题的规定(四)》[以下简称《公司法解释(四)》]第17条至第21条分别对转让人股东的通知义务、"同等条件"的判断标准、优先购买权的行使期限、股东放弃转让、损害救济等内容作出细化规定。

根据原《公司法》第71条(优先购买权条款),可以分为两个阶段。在第一个阶段中,转让股东对外转让股权,要经过其他股东半数以上同意。假设数个其他股东中,股东A希望自己购买股权,心理价位是P_1,但是无法确定该价格是高是低。于是股东A同意转让股东对外转让股权。获得半数以上同意后,进入第二个阶段,即转让股东与外部第三人展开协议谈判,产生交易价格P_2。此时,转让股东应当将该交易价格通知其他股东,其他股东在同等条件下可以行使优先购买权。于是,股东A便获得一个机会,将其心理价位P_1和交易价格P_2进行比较。如果P_2大于P_1,股东A不行使优先购买权;如果P_2小于P_1,股东A则在同等条件下,行使优先购买权。

由上可见,对于原《公司法》第71条,可以得出数个结论。第一,该优先购买权条款,已沦为一种有限责任公司的股权定价机制。第二,优先购买权条款允许其他股东出尔反尔,破坏了转让股东和第三人的信任和善意,违背诚实信用原则,且因行使优先购买权,导致转让股东与第三人之间的协商成本无端增加。第三,理应享受优先购买权的的主体,应当是第一个阶段对股权对外转让便持有异议的其他股东(但因其人微言轻,无法阻止股权对外转让)。第四,转让股东与第三人有可能虚构一个高价,借此阻却其他股东行使优先购买权。

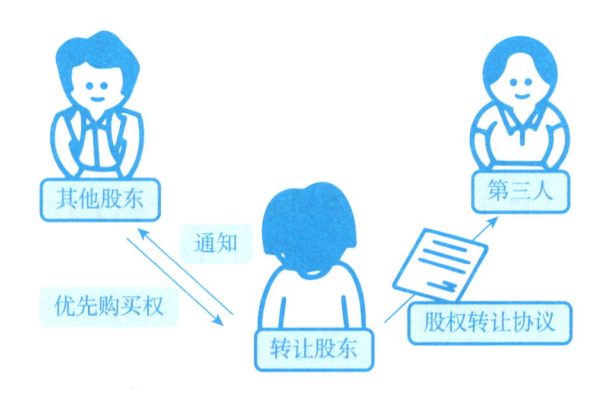

修订后的《公司法》对股权转让及优先购买权进行了较大幅度的修改。根据第 84 条第 2 款,"**股东向股东以外的人转让股权的,应当将股权转让的数量、价格、支付方式和期限等事项书面通知其他股东,其他股东在同等条件下有优先购买权。股东自接到书面通知之日起三十日内未答复的,视为放弃优先购买权。两个以上股东行使优先购买权的,协商确定各自的购买比例;协商不成的,按照转让时各自的出资比例行使优先购买权**"。该款废除第一阶段但是保留第二阶段。

❖ 4. 特殊情形下的股权转让

《公司法》第 88 条一共有两款,涉及两类标的股权。第 1 款规定,"股东转让已认缴出资但未届出资期限的股权的,由受让人承担缴纳该出资的义务;受让人未按期足额缴纳出资的,转让人对受让人未按期缴纳的出资承担补充责任"。第 2 款规定,"未按照公司章程规定的出资日期缴纳出资或者作为出资的非货币财产的实际价额显著低于所认缴的出资额的股东转让股权的,转让人与受让人在出资不足的范围内承担连带责任;受让人不知道且不应当知道存在上述情形的,由转让人承担责任"。

第 1 款项下的标的股权是"已认缴出资但未届出资期限的股权",又分为两个阶段。

第一阶段是,转让人将该股权转让给受让人,且出资期限尚未到来。此时,从表面上看,由受让人承担缴纳该出资的义务。因为出资义务依附于股权,股权转让是一种权利义务的概括性转让,依附于该股权的权利和义务整体上都转让给了受让人,受让人自然要承担出资义务。

第二阶段是,转让人将该股权转让给受让人,且出资期限已经到来。此时,如果受让人未按期足额缴纳出资,转让人(补充责任人)对受让人(主责任人)未按期缴纳的出资承担补充责任。补充责任是相对于主责任而言的概念,是指因同一债务,在应承担清偿责任的主责任人财产不足给付时,由补充责任人基于与主责任人的某种特定法律关系或因为存在某种与债务相关的过错而承担补充清偿的民事责任。补充责任属于多个责任主体的民事责任承担方式,责任人为多数是这类责任承担方式的共性。补充责任中的债务是由主责任人产生的,在对外责任上先由主责任人独立承担责任,当主责任人的财产不足以承担应负的责任时,再由补充责任人对不足部分进行补充性清偿。补充责任人清偿后,可向主责任人追偿。

值得注意的是,在第一阶段,如果触发《公司法》第54条,受让人的出资义务被要求加速到期时,转让人是否也应当按照第二阶段的规定向受让人未按期缴纳的出资承担补充责任,这是一个问题。换言之,所谓的"未按期",是否应扩及由于出资义务的加速到期而提前到来的出资期限?第二阶段转让人之所以要承担补充责任,是因为法律对转让人施加了缴纳出资的担保责任,避免转让人因股权转让而逃脱其对公司所负有的出资义务。因此,即使出资义务加速到期,该原理也应当适用,转让人仍然负有补充责任。

出资期限尚未到来 —— 受让人承担缴纳出资义务

出资期限已经到来 —— 如受让人未按期足额缴纳转让人承担补充责任

如果受让人触发出资义务加速到期,转让人缴纳出资的担保责任不变,仍然负有补充责任

第2款下的标的股权均为缴纳期限已经到来之后的股权,分为两类,一类是"未按照公司章程规定的出资日期缴纳出资的股权",另一类是"作为出资的非货币财产的实际价额显著低于所认缴的出资额"。该款来源于《公司法解释(三)》第18条。

《公司法解释(三)》第18条所适用的场景是"有限责任公司的股东未履行或者未全面履行出资义务即转让股权",对公司或公司债权人承担责任的方式是"受让人对此知道或者应当知道,该股东履行出资义务、受让人对此承担连带责任"。

需要说明的是,一审稿至三审稿所适用的场景是"股东未按期足额缴纳出资或者作为出资的非货币财产的实际价额显著低于所认缴的出资额",即转让股权。承担责任的方式是"受让人知道或者应当知道存在上述情形的,在出资不足的范围内与该股东承担连带责任"。

但是,最终稿所适用的场景是"未按照公司章程规定的出资日期缴纳出资或者作为出资的非货币财产的实际价额显著低于所认缴的出资额的股东转让股权的"。措辞进行了调整,将"未按期足额"进一步明确为"未按照章程规定的出资日期"。责任形式是"转让人与受让人在出资不足的范围内承担连带责任;受让人不知道且不应当知道存在上述情形的,由转让人承担责任"。

《公司法解释(三)》第18条项下的逻辑是转让人负有出资义务、受让人承担连带责任,而这与出资义务依附于股权、股权转让属于概括性转让这个原理是相违背的。最终稿扭转了悖论,构建转让人和受让人承担连带责任、例外情形由转让人担责的框架,符合股权性质及交易原理,更加规范合理。

❖ 5. 股份回购

股份回购,是指公司依法从公司股东手中买回自己股份的行为。 究其本质,也是一种股份转让行为,转让人是股东,受让人是公司,只不过转让的标的股份具有特殊性,为本公司的股份。而回购的依据是双方之间签订的协议或者公司章程的规定。

原则上公司不得回购本公司股份,这与资本维持原则有关。 资本维持原则是公司法运行、管辖资本运营的基本原则之一。就传统意义而言,资本维持原则包括了两方面的内容:一是公司的资本只能用来满足其经营目的;二是未经法院的同意或者其他特定情况,资本不能返还给股东。这样规定的理由似乎比较明确:公司募集的资本用来确保公司的正常经营,任何违法地向股东返还资本都可能会直接侵害到公司债权人的利益。公司回购股份将会减少公司本身的净资产,导致公司不能及时、完整地偿还债务的风险加大,债权人的利益可能受到影响。

但是公司在经营过程中,有时候需要回购其股份。一方面,如果市场对公司股份处以消极态度,例如公司的股份对外部投资者来说不具有吸引力,抑或投资者对公司的前景不看好,在这种情况下,公司回购股份能够体现公司管理层对公司的经营充满信心,股份降价的风险减少,而公司会发现更易于在市场上筹到资金。对现行的公司股东来说,低迷的市场把他们的投资困住了,他们无法行使"退出"功能,而公司回购股份正好能够消除股东的顾虑,这是股东解除被困投资的好机会,尽管不可避免地存在损失。

另一方面,如果市场对公司股份处以积极态度,那么回购股份是一种公司将多余的资金分配给股东的方式。这是一种比较好的利用多余资金的方法,并将影响公司的部分资产比率,而这些比率的提高最终将提升股价。有时,公司出于改变资本结构的目的而需要回购股份。例如,公司希望注销某一类别的股份,而代之以其他类别股或者普通股,或者公司希望减少资本而增加借贷,公司持股比例也随之发生变化。此外,允许公司回购股份有助于股份的发行,虽然在积极的市场中投资者通常不用担心股份的转让,但是股份回购能够增强他们的信心。

《公司法》第 162 条对股份有限公司规定了股份回购及例外,主要包括以下内容。

第一,法定事由。根据第 1 款,公司不得收购本公司股份。但是,有下列情形之一的除外:(1)减少公司注册资本;(2)与持有本公司股份的其他公司合并;(3)将股份用于员工持股计划或者股权激励;(4)股东因对股东会作出的公司合并、分立决议持异议,要求公司收购其股份;(5)将股份用于转换公司发行的可转换为股票的公司债券;(6)上市公司为维护公司价值及股东权益所必需。

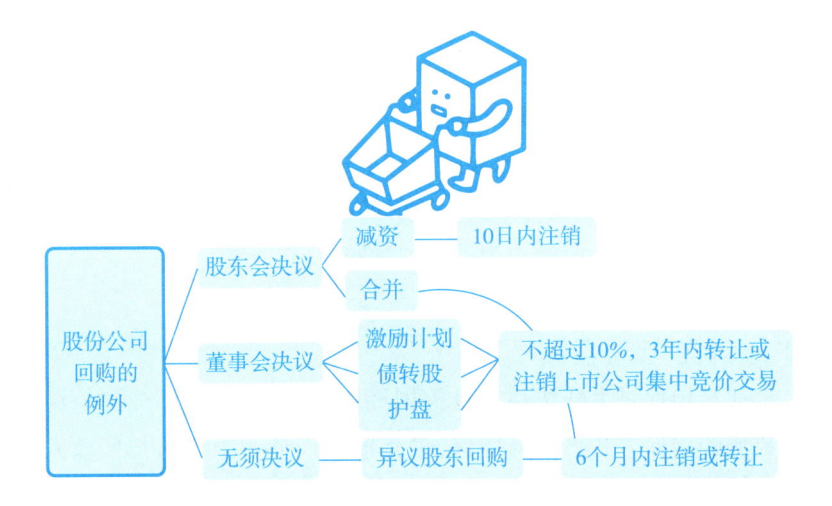

```
股份公司回购的例外
├─ 股东会决议 ─┬─ 减资 ── 10日内注销
│              └─ 合并
├─ 董事会决议 ── 激励计划/债转股/护盘 ── 不超过10%,3年内转让或注销 上市公司集中竞价交易
└─ 无须决议 ── 异议股东回购 ── 6个月内注销或转让
```

第二,法定程序。根据第2款,公司因减少公司注册资本、与持有本公司股份的其他公司合并而收购本公司股份的,应当经股东会决议。公司因将股份用于员工持股计划或者股权激励、将股份用于转换公司发行的可转换为股票的公司债券、上市公司为维护公司价值及股东权益所必需而收购本公司股份的,可以按照公司章程或者股东会的授权,经2/3以上董事出席的董事会会议决议。

第三,回购股份的处理。根据第3款,公司收购本公司股份后,属于减少公司注册资本的,应当自收购之日起10日内注销。属于与持有本公司股份的其他公司合并、股东因对股东会作出的公司合并或分立决议持异议而要求公司收购其股份的,应当在6个月内转让或者注销。属于将股份用于员工持股计划或者股权激励、将股份用于转换公司发行的可转换为股票的公司债券、上市公司为维护公司价值及股东权益所必需的,公司合计持有的本公司股份数不得超过本公司已发行股份总数的10%,并应当在3年内转让或者注销。

第四,上市公司回购股份。根据第4款,上市公司收购本公司股份的,应当依照《中华人民共和国证券法》的规定履行信息披露义务。上市公司因本条第1款第3项、第5项、第6项规定的情形收购本公司股份的,应当通过公开的集中交易方式进行。

第五,公司不得成为本公司股份的质权人。根据第5款,公司不得接受本公司的股份作为质权的标的。

❖ **6. 股权让与担保**

让与担保是大陆法系德日等国经由判例、学说所形成的一种非典型的担保方式。让与担保,是指债务人或者第三人与债权人订立合同,约定将财产形式上转让至债权人名下,债务人到期清偿债务,债权人将该财产返还给债务人或第三人,债务人到期没有清偿债务,债权人可以对财产拍卖、变卖、折价偿还债权。股权让与担保是让与担保的一种,是指债务人或者第三人为担保债务的履行,将其股权转移至债权人名下并完成变更登记,当债务人不履行到期债务时,债权人可就股权折价后的价款受偿的一种担保。

实践中,股权让与担保的合同表述,一般为:"双方签订的股权转让协议的目的是以股权转让的形式保证乙方(即债权人)债权的实现,督促甲方(即债务人)按本协议的约定偿还乙方的借款。"在股权让与担保中,债权人没有实质持有债务人股权的意愿,其目的是保证债权人的安全。股权让与担保的一般操作,通常分为三个阶段。首先,债务人或第三人(让与人或担保人)与债权人(受让人或担保权人)签订股权转让合同,约定担保人将目标公司的股权转让给担保权人,作为对债务履行的担保。担保权人无须支付股权转让对价,或者为配合工商登记虚构股权转让对价。其次,办理股权变更登记手续,包括内部登记和工商登记。前者是指目标公司的股东名册发生变更,担保权人取代担保人,记载为公司股东;后者是指在工商部门进行变更登记,并予以公示。从外表上看,外部人完全察觉不到这是一个担保。最后,在债务人清偿债务后,担保权人按照事先的约定,将股权回转给担保人,或者担保人无偿或以事先约定的价格,将目标公司的股权回购。

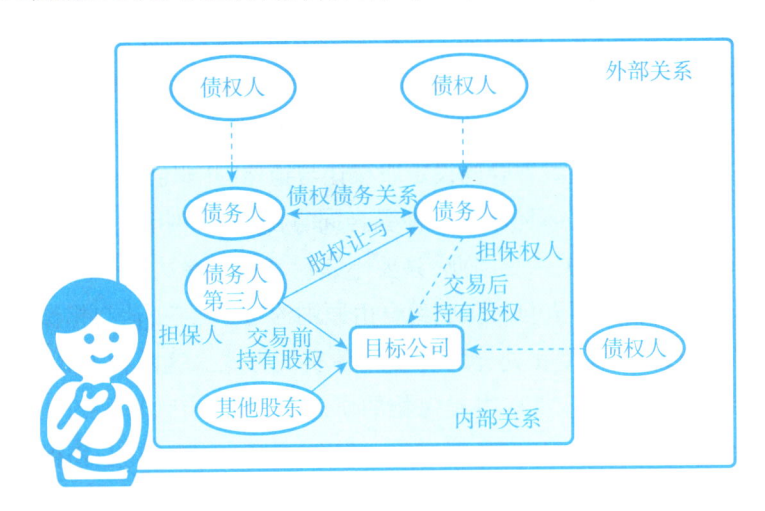

股权让与担保主要有以下四个特征。第一,债务人或第三人出于履行担保债务的目的,实质上是提供担保。第二,这是一种权利转移型担保。完成变更登记之后,债权人在形式上成为公司股东。第三,债务人是否及时履行债务,决定了公司股权的去向。如果不能及时履行,债权人有权对股权拍卖、变卖优先受偿;如果债务人及时清偿债务,有权及时归还股权。第四,从实现方式上,让与担保有归属清算型和处分清算型两种。归属清算型,是指让与担保权人将标的物予以公正估价,标的物估价如果超过担保债权数额的,超过部分的价额应交还给让与担保设定人,标的物所有权由让与担保权人取得;处分清算型,是指让与担保权人将标的物予以拍卖、变卖,以卖得价金用以清偿债务,如有余额则返还给债务人。具体采取何种实现方式,依照当事人的一致意思表示进行选择。在让与担保的设定中,被担保债权不以已经存在的现实债权为必要,将来变动中的不特定债权,亦可成为担保对象。

让与担保合同的效力,受到三方因素的影响而通常认定为有效。第一,股权让与担保存在两层法律关系,隐藏在背后的担保(当事人之间真正的意思表示,效力规则用一般规则加以认定)的意图,是当事人之间的真实意思表示,只要不违反强制性规定,应当认定有效。第二,股权让与担保并不抵触物权法定主义的立法意旨,当事人通过签署合同设定股权让与担保,并非创设一种单独的让与担保物权,而是建立一种受合同自由原则和担保目的双重规范的债权担保关系。因此,只要不违反法律的效力性强制规定和公序良俗,当事人自可依契约自由原则约定。第三,让与担保可以分为归属清算型和处分清算型两种实现方式。这两种方式,都没有直接让担保权人取得担保物的所有权,可以有效地平衡债权人的担保权以及债务人的财产权之间的关系。因此,让与担保一般不存在违反流质(或流押)条款的问题。

❖ 7.股权质押

股权质押,是指为担保债权的实现,股东以其持有的股权出质,当债务人不履行债务时,债权人有权将该股权予以拍卖或变卖,将所得价金优先受偿。

股权具有一定的价值,将股权用作担保的方式,归入权利质押的范畴。根据《民法典》第440条,债务人或者第三人有权处分的股权,可以出质。根据《民法典》第443条,股权出质的,质权自办理出质登记时设立。股权出质后,不得转让,但是出质人与质权人协商同意的除外。出质人转让股权所得的价款,应当向质权人提前清偿债务或者提存。

《公司法》关于股权质押的规定,主要体现在两个条款。

一是第 160 条第 3 款规定,"股份在法律、行政法规规定的限制转让期限内出质的,质权人不得在限制转让期限内行使质权"。该款为此次修订新增的条款,对限售股质权人在限售期届满前的质权行使进行限制,旨在避免因质权实现导致的限售股权属变动结果与限售规范间的冲突。

对上市公司股份转让进行限制,其实质在于平衡证券市场上自由流通原则与公众利益保护之间的关系。从上市公司股份的性质来看,可转让性应为原则,转让限制为原则之例外,限制措施的正当性和必要性来自转让行为对公众利益的潜在危害,限制措施的范围和强度取决于潜在危害发生的现实性和紧迫性。限售制度的规范目标并非旨在消除股权变动现象,而是震慑利用股权转让获取不法私益的有害动机,因此在判断某种股权变动情形是否应纳入限售规范效力范围时,应依据目的性解释、合理性标准和手段比例原则进行类型化区分。司法执行过程中的限售股变价,一方面已在最大程度上排除了公司内部持股人不当套利的可能性,另

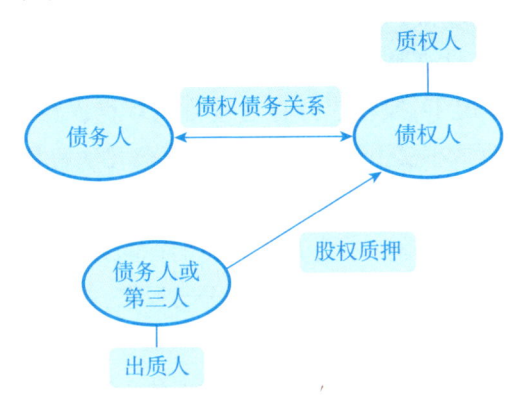

一方面上市公司和其他股东的利益可通过其他替代救济方法或使买受人继受限售负担得到保护,其与限售制度之间并不构成规范目的或制度价值上的冲突。

二是第 162 条第 5 款规定,"公司不得接受本公司的股份作为质权的标的"。该款背后的理念是,如果公司接受本公司的股份作为质权的标的,相当于公司用自己的财产担保自己的债权。当该股权因债务人不履行债务而被拍卖或变卖,但是又无人购买该股权时,公司将成为该股权的所有人,这违背了公司不得持有本公司股权的原则。

❖ 8.股权代持

股权代持有广义和狭义之分。广义上的股权代持,是指因各种情形发生的、无论是主动还是被动的,股东名册所记载的股东,与实际享有出资份额或股份上收益的人,发生了"表面上的"分离。狭义上的股权代持,是指实际出资人与名义股东之间通过合同约定或达成合意,由实际出资人出资,名义股东代实际出资人在股东名册上显名的一种安排。

股权代持主要有以下特征。第一,主体的分离性。股权的受让人/受益人、实际出资人以及名义股东之间或将并非同一人。第二,方式的隐蔽性,即被代持人的信息完全不向其他股东和公司公开。在部分情况下,股权代持将通过公司章程、与其他股东签订《知情同意书》或事实上予以公开。我国《公司法解释(三)》第 24 条第 3 款以及《九民纪要》第 28 条对实际出资人显名的条件作出规定。第三,标的的特殊性。股权代持的标的并非股权,而是出资额或股份,因此取得公司股权与成为公司股东,应分属于两个不同的问题。

有关股权代持的性质,存在不同的说法。有观点认为,股权代持一般分为委托持股、信托持股、持股会持股三种模式。然而,一方面,股权代持仅是一种对事实状况的描述,而非定性,即没有揭示代持的本质或性质。另一方面,委托持股,是指以委托代理的方式代为持股。委托代理的规则,无法解释股权代持出现的问题。因此,有关股权代持的性质,应当用信托原理来架构。《公司法解释(三)》第24条存在一个困境,如果实际出资人要求显名没有取得其他股东过半数以上同意,那么该实际出资人享有投资权益的归属,而股权继续归名义股东。此时,将名义股东视为基于信托,为了实际出资人的利益而持有股权,逻辑上较为合理。采用信托关系解释股权代持,具有如下优点:第一,受托人(名义股东)对受益人(实际出资人)负有受信义务,受托人必须为了受益人利益最大化而持有股权;第二,该股权成为信托财产,具有独立性,区别于受托人(名义股东)的固有财产;第三,股权登记在名义股东的名下,符合信托的特征。从公司法的角度看,名义股东是该股权完整意义上的权利人。

我是股东

名义股东 实际股东 我才是股东

应当用信托原理解释股权代持的性质
股权登记在名义股东名下
但名义股东为了实际出资人的利益而持有股权
对实际出资人负有受信义务
股权具有独立性
区别于名义股东的固有财产

股权代持关系的认定需要注意以下内容。第一，双方之间必须存在代持的合意，即代持人与被代持人之间，或者名义股东与实际出资人之间，应当形成关于代持的一致意见。首先，股权代持的合意，一般以协议或合同的形式予以呈现。其次，合意是一种双方法律行为，即双方具有建立代持关系的共同意思表示。第二，应当区分对内关系与对外关系、股权代持关系与股权转让关系、股权归属关系与委托投资关系这三组关系。首先，就对内关系和对外关系而言，对内要根据双方协议确定，对外要根据公示内容认定股权由名义股东享有，债权人有权实现这笔股权。其次，就股权代持关系与股权转让关系而言，股权代持不同于股权转让——前者以代持为目的，虽然名义股东记载为股东，但是其目的并非真正成为股权的受益人，仅仅是挂名而已；后者以合同或协议为载体，双方的目的在于将股权进行转让，受让人以最终取得股权并以其名称记载于股东名册为目的。虽然两者存在根本差异，但是又有一定的关联。最后，就股权归属关系与委托投资关系而言，股权归属关系，涉及登记在名义股东名下的股权，到底归谁所有的问题。委托投资关系，反映了双方的真实意图：股权代持是表面的手段，委托投资是背后的目的。

股权代持协议的效力受到协议主体、协议内容和协议形式三重因素的影响。首先，协议主体不得受到效力性强制性规范的限制，根据《公司法解释（三）》第 24 条的规定，原则上应认定其有效。其次，协议内容必须合法。再次，协议在形式上必须满足生效的要件，例如要求有签字或盖章，或者满足生效的附带条件等。最后，在认定股权代持协议的效力时，必须考虑到不同的公司形式。就金融类公司而言，股权代持协议是否有效，需要考虑法律对股东资格有无限制。如果对股东资格有限制，股权代持之目的是规避效力性强制性规范，要么该代持是无效的；如果对股东资格无限制,那么即使是金融类公司,股权代持也是有效的。对于上市公司的股权代持,原则上认定为无效。

❖ 9. 名义股东和实际股东

股权利益,是指有限责任公司股权(实则出资份额)所生的或者与之相关的利益,与此相对应的是股份有限公司的股份利益。为表述之便,将两者统称为股权利益。利益是权利的基础和核心,权利是合乎规范之利益的体现。股东以及股东之外的人对股权享有各种层次的利益,体现于其各自所主张的不同性质的权利。

在公司法中,主要有三类人对股权享有利益。第一类人是名义股东,即法律上的股东,因其被视为持有股权且具有股东身份或地位,故对股权享有法定的、表面的利益。第二类人是实际股东,是指希望成为公司股东或者希望行使全部或部分股东权利或者实际上以股东身份行事,其名称并未记载于股东名册且在工商部门登记、但依据合同约定或法律实施有权向名义股东或公司主张权利,且对股权享有受益性或物权性利益的那些人。受益性利益来源于信义关系,是实际股东针对登记在名义股东名下的股权所享有的利益,包括因持有该股权而生成的经济利益以及该股权的最终归属;物权性利益则是实际股东因法律实施而事实上已取得股权所享有的利益。第三类人是股权利益分享人,具体包括名义股东的配偶、名义股东的代理人、名义股东为未成年人时其监护人、名义股东为法人时其控制人或监护人、名义股东为股份有限公司或上市公司时签订协议取得股份利益的人。这些人基于一般的合同关系或身份关系间接地享有与该股权相关的契约性或身份性利益。

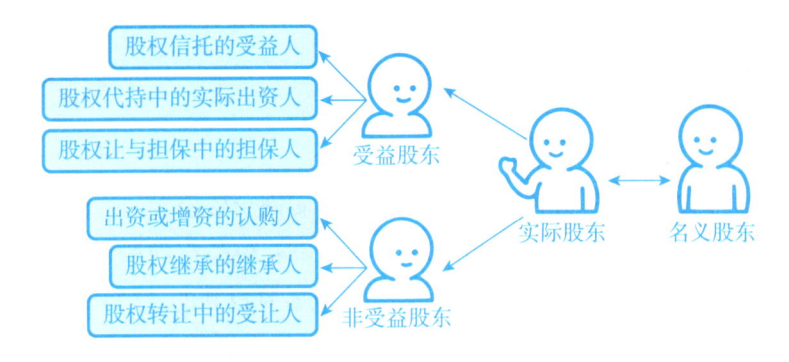

```
股权信托的受益人 ─→ ┐
股权代持中的实际出资人 ─→ 受益股东
股权让与担保中的担保人 ─→ ┘

出资或增资的认购人 ─→ ┐
股权继承的继承人 ─→ 非受益股东
股权转让中的受让人 ─→ ┘

实际股东 ←→ 名义股东
```

区分名义股东和实际股东具有重要意义。首先,对公司而言,只有其名称记载于股东名册且同意成为公司股东的人才视为股东。从成本角度考虑,该规则简单、易行,合理性显而易见。如果突破必须记载于公司名册的要求,那么公司必须调查每一个人是否实际出资、参与公司管理以及获得利润分配,即是否具备股东资格,这将耗费精力,并对经营产生不利影响。

其次,识别名义股东和实际股东是最终确定投资收益及股权归属的基本依据。实际出资人和名义股东签订合同,对于代持股权等事项进行约定,其希望成为股东或者保留股东地位的"意图"是非常明确且重要的。如果一个人与名义股东签订合同,谋求取得股权利益,但是并不希望成为股东,也没有任何保留股东地位或行使股东权利的愿望,那么即使实际缴纳出资,也不能视为实际股东,而是仅可主张合同上的权利。

再次,公司章程、股东会决议或股东协议均是名义股东之间进行磋商并达成合意的方式或结果,不涉及实际股东。名义股东与实际股东之间的合同具有相对性,虽可有效约束名义股东但不能约束公司。然而这并非绝对。实际股东的"实际",是指客观存在的、实在或具体的、合乎事实的。如果一个人已被所有股东及公司视为股东,并已在事实上行使股东权利,那么即使尚未显名,其参与签订的股东协议、参加的股东会表决以及参与的股东分红都应当视为以法律上的股东身份行事。

最后,<u>无论是在私权层面还是在监管层面,虽然认定实际股东的方法并无二致,但是二者的目的各有侧重</u>。就私权而言,认定实际股东是为了划清权利边界、明确主体、确定权属,从而定分止争。"名义/实际"之安排,是当事人私法上的权利,理应得到尊重。只要不违背法律的强制性规定,出于各种动机而安排或出现的"名义/实际"结构,都应当得到法律的支持。一个人在放弃自己显名的同时,有权保留自己作为股东而享有的某种权利,尽管会面临组织法上的障碍。公司不予承认实际股东的地位亦有其正当理由。此时,如何保护实际股东的权利便是法律的应有之义。就监管层面而言,认定实际股东是为了运用穿透思维,找寻责任主体,保护金融秩序。

第八章

公司融资和分配

❖ 1. 类别股

类别股,又称类别股份或种类股份,是指在同一个公司的股权或者股份设置中,针对不同类别、不同权利的股份,主要在财产权和控制权等内容方面存在明显差别。类别股的分类中,优先股、普通股和递延股,以及一般表决权股、无表决权股、限制表决权股和超级表决权股等,为大家所熟悉。

与类别股相关的一个重要概念是类别权,或称类别权利。英国法虽然规定了类别权利和类别股份,但是没有明确指出两者的含义和范围。"类别股份"被定义为"具有相同权利的股份","类别权利"被描述为"依附于股份的权利"。股份需要依附于其权利来确定类别,而权利又需以其所附的股份来确定类别。这事实上是一个循环定义,二者的内涵和外延均未有权威定论。

类别权利的特征包括以下内容。第一,类别权利不同于自益权、共益权。与其说类别权利介乎自益权和共益权之间,还不如说类别权利与这两个概念没有很大的交集。有些自益权,如果扩展到某几个股东所持有的股份,那么可能构成类别权利。而有些共益权,即使没有扩展到所有的股东,仅仅涉及一部分股东,也可能构成类别权利。第二,类别权利不同于股东个人的权利。某些权利如果专属于某一个股东,此时要看该权利是依附于该股东个人,还是依附于该股东所持有的股份。从其本质上看,类别权利是依附于股份的一种权利,并非依附于股东个人。第三,类别权利可以变动或废除。只要享有该类别权利的股东通过特定的程序作出有效的决定,就可以对他们自己享有的权利进行变更或放弃。这个特定的程序必须由法律作出规定。

关注类别权利的意义在于,一旦某项权利被认定为类别权利,那么该权利的任何变动,就必须经过该类别股东的同意。这个规则,对于保护小股东的重要性不言而喻。如果某项权利构成小股东的类别权利,那么没有取得小股东的同意,大股东不能通过控制股东大会的表决结果来否认、撤销小股东的该权利。

对类别权的解释,本质上取决于对小股东利益的保护程度,即对类别权的解释越宽泛,对小股东的保护就越多;而对类别权的解释越狭窄,对大股东的保护就越多。类别股份本质上是一种保护小股东利益的机制,其是建立在资本多数决和一股一权的基础上,大股东与小股东在章程上进行协商谈判、利益博弈的过程和结果。界定类别权利和类别股份,从某种程度上说,主要取决于大股东和小股东之间的利益平衡。

设置类别股主要基于以下理由:一是股东平等原则的要求,只有相关因素相同的时候股东才应该平等对待,相关因素不同的时候自然应该不同对待;二是保护小股东,一方面小股东可以通过特定的类别股获得更多的话语权,另一方面类别权利的任何变动必须经过该类别股东同意的规则也有利于保护小股东;三是确保对公司的有效控制,有的股东需要长期对公司进行控制,为了向这些发起人提供控制权,所以就在股份和表决权分配上作出调整;四是不同的类别股,能够折射不同股东的投资意图;五是类别股为我国公司法借鉴更多的制度扫清障碍。

- 优先股
- 普通股
- 递延股

- 一般表决权股
- 无表决权股
- 限制表决权股
- 超级表决权股

《公司法》对类别股作出较为完善的规定，主要体现在以下条款。

第143条规定，"股份的发行，实行公平、公正的原则，同类别的每一股份应当具有同等权利。同次发行的同类别股份，每股的发行条件和价格应当相同；认购人所认购的股份，每股应当支付相同价额"。

第144条规定，"公司可以按照公司章程的规定发行下列与普通股权利不同的类别股：（一）优先或者劣后分配利润或者剩余财产的股份；（二）每一股的表决权数多于或者少于普通股的股份；（三）转让须经公司同意等转让受限的股份；（四）国务院规定的其他类别股。公开发行股份的公司不得发行前款第二项、第三项规定的类别股；公开发行前已发行的除外。公司发行本条第一款第二项规定的类别股的，对于监事或者审计委员会成员的选举和更换，类别股与普通股每一股的表决权数相同"。

第145条规定，"发行类别股的公司，应当在公司章程中载明以下事项：（一）类别股分配利润或者剩余财产的顺序；（二）类别股的表决权数；（三）类别股的转让限制；（四）保护中小股东权益的措施;(五)股东会认为需要规定的其他事项"。

第146条规定,"发行类别股的公司,有本法第一百一十六条第三款规定的事项等可能影响类别股股东权利的,除应当依照第一百一十六条第三款的规定经股东会决议外,还应当经出席类别股股东会议的股东所持表决权的三分之二以上通过。公司章程可以对需经类别股股东会议决议的其他事项作出规定"。

对于上述关于类别股的条款,有三个方面值得关注。

第一,类别股和普通股之间的关系如何?类别股是否包括普通股?从第144条"下列与普通股权利不同的类别股"的措辞看,类别股和普通股似乎是两类不同的股份,普通股以外的股份都可以成为类别股。

第二,第144条所规定的"普通股权利"是一个什么概念?类别股制度来源于英国法,与类别股、类别股份相关的一个重要概念是类别权利,即依附于类别股份上的权利。而类别权利不同于类别股股东的权利。类别股股东的权利,除因持有类别股而享有类别权利之外,还享有法律或章程赋予该股东的个人权利。普通股权利,究竟是指依附于普通股上的权利,还是指普通股股东的权利?此概念尚不明确。

第三,第146条"可能影响类别股股东权利的"。"影响"来源于2004年12月7日证监会《关于加强社会公众股股东权益保护的若干规定》(已失效)中所规定的"在上市公司发展中对社会公众股股东利益有重大影响的相关事项"。类别股份和类别权利的一个重要规则是,类别权利的任何变动,都需要该类别股股东的同意。"变动"有狭义和广义之分。狭义的变动,仅指权利本身的变动;而广义的变动,除权利本身的变动以外,还包括权利的行使受到影响。第146条所称的"影响"类似"变动",应当作广义理解,包括直接影响和间接影响。对该条需要进一步思考,一是"类别股股东权利"与"类别股权利"或"类别权利"等概念之间是否存在区别,二是第116条第3款规定的事项是否不一定影响类别股股东权利,而可能影响类别股股东权利的事项,除第116条第3款以外,是否还存在其他情形。

❖ 2.资本变更

资本变更,又称资本变动,是指公司资本的增加或者减少。资本增加,主要包括外部增资和内部增资两种途径。外部增资是指增加新的股东、投入、出资。内部增资主要包括增加股东的出资数额,以及将法定公积金或未分配利润转为资本两种方式。

资本增加需要与优先认购权相配套,从而防止现行股东权利被稀释。对于公司增资时的优先认购权,有限责任公司股东原则上享有,而股份有限公司股东原则上不享有。根据《公司法》第227条,"有限责任公司增加注册资本时,股东在同等条件下有权优先按照实缴的出资比例认缴出资。但是,全体股东约定不按照出资比例优先认缴出资的除外。股份有限公司为增加注册资本发行新股时,股东不享有优先认购权,公司章程另有规定或者股东会决议决定股东享有优先认购权的除外"。

资本减少,包括经营良好时的减资和经营不善时的减资。第一,公司的资金超过了公司经营的需要。公司为了把精力集中到一些主要的业务上面,会出售多余的财产,并将出售所得的资金返还给股东,从而实现了公司资本的减少。换言之,减资相当于分配,把资金返还给股东。第二,由于经营不善或遭受市场冲击,公司的账面已经不能真实地反映公司的资金情况,公司需要减少资本,压缩规模,弥补损失,从而能够继续向股东分红。

资本减少存在三种情形:一是已发行资本的减少;二是授权资本制下,未发行资本的减少,即公司章程所授权的、尚未发行的资本数额的减少;三是认缴制下,已发行、已认缴但还未到缴纳期限的资本数额的减少。此外,资本减少有三种主要方式。第一种是同比减资和不同比减资。同比减资,是指按照同样的比例进行减资,股东权利几乎不发生变化;不同比减资,是指按照不同比例进行减资,将会引发股东权利的变化,典型的如对赌协议中采取股权回购的形式减资。第二种是返还出资的减资、免除出资义务的减资和注销股权或股份的减资。第三种是减少股份数额和减少股份金额。

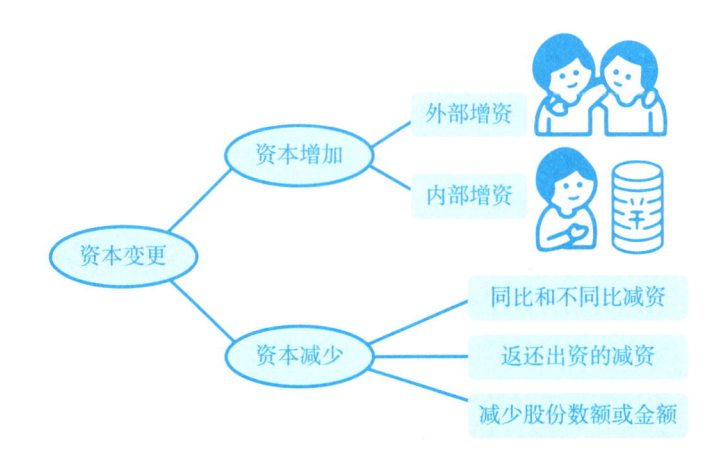

```
资本变更 ── 资本增加 ── 外部增资
                  └─ 内部增资
         └─ 资本减少 ── 同比和不同比减资
                  ├─ 返还出资的减资
                  └─ 减少股份数额或金额
```

《公司法》关于减资,主要体现在以下条款。

第224条规定,"公司减少注册资本,应当编制资产负债表及财产清单。公司应当自股东会作出减少注册资本决议之日起十日内通知债权人,并于三十日内在报纸上或者国家企业信用信息公示系统公告。债权人自接到通知之日起三十日内,未接到通知的自公告之日起四十五日内,有权要求公司清偿债务或者提供相应的担保。公司减少注册资本,应当按照股东出资或者持有股份的比例相应减少出资额或者股份,法律另有规定、有限责任公司全体股东另有约定或者股份有限公司章程另有规定的除外"。该条规定较之以往《公司法》的减资规定,存在下列不同:第一,除在报纸上公告外,增加了"国家企业信用信息公示系统公告"这一减资方式;第二,增加了同比例减资及其例外。同比例减资是为了防止借助减资(尤其是定向减资)突破公司设立时的股权分配情况,以多数决形式改变公司设立时经发起人一致决所形成的股权架构,从而对一部分股东产生不公平。但是,在对赌协议中,涉及股东和目标公司之间的股权回购时,法院通常以目标公司完成减资程序作为股权回购的前提。此时,会发生不同比减资,该种情形属于同比例减资的例外情形。

第225条规定,"公司依照本法第二百一十四条第二款的规定弥补亏损后,仍有亏损的,可以减少注册资本弥补亏损。减少注册资本弥补亏损的,公司不得向股东分配,也不得免除股东缴纳出资或者股款的义务。依照前款规定减少注册资本的,不适用前条第二款的规定,但应当自股东会作出减少注册资本决议之日起三十日内在报纸上或者国家企业信用信息公示系统公告。公司依照前两款的规定减少注册资本后,在法定公积金和任意公积金累计额达到公司注册资本百分之五十前,不得分配利润"。该条规定了简易减资制度,是此次《公司法》修订新增加的内容。如果公司经营不善,由于减资仅是形式上的,而不涉及向股东的财产分配,因此不需要债权人保护程序。但需要强调的是,简易减资仍然应当依法公告。

第226条规定,"违反本法规定减少注册资本的,股东应当退还其收到的资金,减免股东出资的应当恢复原状;给公司造成损失的,股东及负有责任的董事、监事、高级管理人员应当承担赔偿责任"。该条规定了违法减资的后果,不仅对股东提出了要求(退还资金或者恢复出资义务),而且规定了董监高的赔偿责任。

❖ 3. 对赌协议

对赌协议,又称估值调整协议,发端于 2002 年至 2004 年大摩等境外基金投资蒙牛时的一项依业绩调整股权比例的安排,于 2004 年在香港联交所上市的招股说明书有所描述。按照中等口径的解读,对赌协议包括初始投资作价补偿条款以及投资者退出时的股份或股份的回购条款,通常发生在被投资企业未能成功实现上市的情形下。

对赌协议涉及融资合同三大核心问题:第一,不确定性、价值评估不易,投资方不是这一领域的专家,不知道投高投低;第二,信息不对称,投资方不参与运作,对情况并不了解;第三,代理成本与激励经营者。

在美国,一般采用分期融资机制。在该机制下,投资人的投资分成若干轮次,每一轮次都确定企业应达到的目标(称为"里程碑事件"),可能是特定财务指标,也可能是某一状态(如取得专利)。投资人是否提供下一轮资金取决于前期目标的实现情况。分期融资机制相当于授予投资人一个有价值的期权,他能够以较小的成本抛弃不成功的项目或提前清算项目;也可以继续下一步注资。此时,由于有了前期的完成情况,投资人对项目有更深入的了解,对估值及其相应的投入就能作出更准确的判断。美国的投资方会根据每一阶段目标的达成来决定下一轮要不要投资。

关于对赌协议的性质,主要有两类观点。一是射幸合同,即合同成立时,当事人的给付义务内容不能确定,必须根据将来不确定事实的发生与否来确定的合同。对赌协议属于射幸合同的范畴的原因:(1)标的不确定性(企业的业绩受到多种因素的影响,将来某个时间点的企业业绩是未知的);(2)收支不对等性。二是附条件的合同/法律行为,即当事人在法律行为中特别规定一定的条件，以条件是否成就来决定法律行为效力的发生或消灭的法律行为。附条件合同和对赌协议的相似之处在于：附条件合同主要是对合同成立的条件进行约定，仅有满足一系列条件的合同方可成立，条件不具有成就的可能性或无法确定能否成立/能否符合法律要求，这是具有不确定性和未来性的。附条件合同和对赌协议的区别在于：附条件合同在合同订立的时候就已经成立，条件达成才生效，但是对赌协议在合同订立的时候已经生效了，后续是否达到企业业绩的目标已经是合同履行的板块，因此附条件合同和对赌协议存在根本区别。

在司法实务中，对赌协议的裁判规则存在一个演变的过程。最早在海富案中（最高人民法院2012年），法院区分了投资方和股东之间的对赌（并判定其有效）、投资方与目标公司之间的对赌（并判定其无效）。在瀚霖案中（最高人民法院2018年），被投资公司为股东和投资人的对赌协议承担连带保证责任的约定有效。在华工案中（江苏省高级人民法院2019年），投资方与目标公司之间的对赌有效、履行合同应具备法律上及事实上的履行可能、投资方具有债权人的地位。

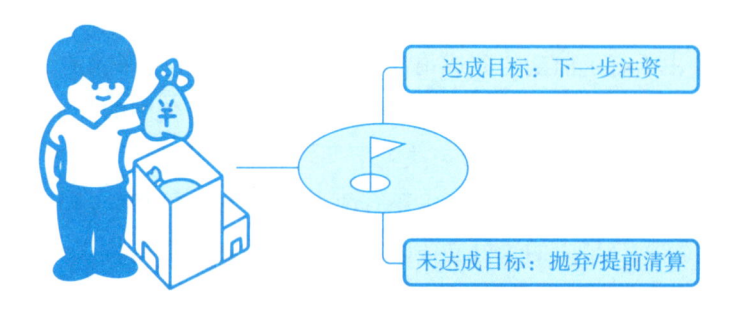

达成目标：下一步注资

未达成目标：抛弃/提前清算

《九民纪要》认可对赌协议的效力，包括投资方与目标公司的股东或者实际控制人"对赌"、投资方与目标公司"对赌"、投资方与目标公司及其股东"对赌"等形式。一方面要坚持鼓励投资方对实体企业特别是科技创新企业投资原则,从而在一定程度上缓解企业融资难问题;另一方面又要贯彻资本维持原则和保护债权人合法权益原则,依法平衡投资方、公司债权人、公司之间的利益。

据此可见,投资方与目标公司的对赌也是有效的,但是要区分两种情况。第一,投资方要求目标公司回购股权。一般要先减资,再回购,从而保护债权人的利益。如果程序不规范,则可能会被驳回。一部分案例有条件支持,即先给一个限期召开股东会会议的机会,完成债权人保护的程序,然后再予以支持。第二,投资方要求目标公司承担金钱补偿义务,此时需要满足利润分配的强制性规定。如果目标公司没有利润或者虽有利润但不足以补偿投资方的,一般会驳回或者部分支持其诉讼请求。今后目标公司有利润时,投资方还可以依据该事实另行提起诉讼。还有一种很少见的补偿情况,相当于股东定向增资:投资方一开始就以过高金额投资,那么公司就用更多股份来补偿投资方。

❖ 4. 禁止财务资助

财务资助,是指第三人在购买公司股份时,由公司为该三人提供任何形式的财务上的资助。英国公司法明文禁止财务资助,这主要是为了保证有意购买公司股份的人用其自身的财力而不是用公司的财力来购买。否则,"购买人可以简单地用过桥贷款来控制公司,然后使公司用其自身的财产还贷或者减轻贷款人贷款项下的责任。在这些情形中,公司财产可能被减少,以至于侵害到小股东和债权人的利益"。对于财务资助的禁止通常基于以下理由。一是防止市场操纵,强调必须用自身财产而非公司财产购买。二是防止管理层的违法行为或者不正当行使权力。三是维持资本,防止通过不正当的途径来影响公司的资本。

财务资助主要有以下几种形式。第一,以赠与形式提供的财

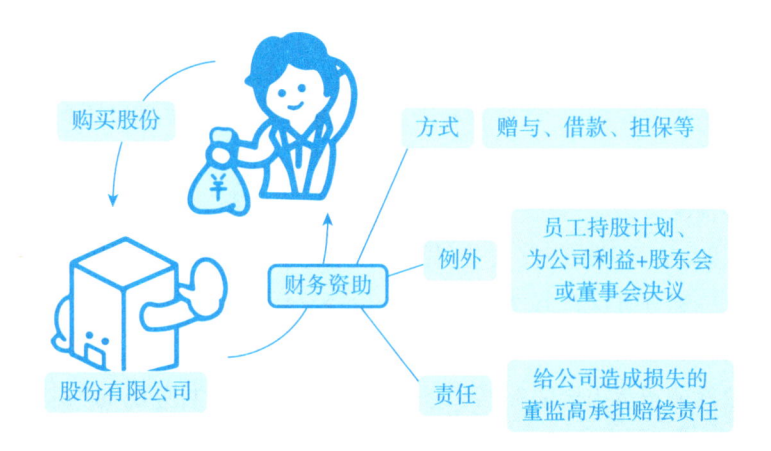

务资助。赠与通常指财产所有权的免费转让。如果对方提供了任何形式的对价,不管其价值多少,一般不会被视为赠与。在认定是否属于赠与的问题上,法院一般注重交易的实质而非形式,例如透支就被视为赠与。

第二,除因自身的过失或过错的赔偿以外,以保证、担保或赔偿的形式,或者以免除或放弃债务的形式提供的财务资助。保证和担保包括以下几种情形:一是公司为被资助人为购买其股份而向他人的借款提供保证;二是公司用其财产为此类借款提供担保;三是公司为其资助被资助人而发生的对他人的债务提供担保;等等。赔偿指一方如果受到损失,另一方赔偿其损失,主要有以下几种情形:一是公司承诺,如果购买该公司股份的投资者因违反财务资助的规定而遭受损失,由公司赔偿其损失;二是公司承诺,投资者根据承销协议购买股份,承销期满如果遭受损失,由公司赔偿等。

第三,以借款或任何其他协议,该协议项下提供财务资助一方的义务即将履行完毕而同时该协议项下另一方的义务仍未履行,或者以变更或转让因借款或任何其他协议而产生权利的形式提供的财务资助。例如,在承诺还款的基础上,公司向有意购买其股份的投资者提供贷款,帮助其购买公司股份。

第四,作为兜底条款,公司提供的任何其他形式的财务资助,因此造成公司的净资产实质性减少或没有净资产。"净资产"指公司的总资产减去公司的总负债。净资产实质性减少有两种情况:一是提供财务资助的公司有净资产,由于提供了资助而使得净资产实质性减少;二是由于提供了资助而使得公司没有资产。实质性减少有两种解释:一是看减少量的百分比,二是看减少的总数额。

在满足下列两个条件的情形下,禁止财务资助的原则不再适用。第一,公司提供财务资助的主要目的不是取得股份,或者提供财务资助是公司更大目的的附带部分;公司提供资助的主要目的也不是减少或免除个人为取得该公司或其控股公司的股份而发生的任何债务,或者减少或免除任何此类债务是公司某种更大目的的附带部分。第二,资助是为了公司的利益而善意地提供的。

修订后的《公司法》对股份有限公司引入禁止财务资助制度。根据《公司法》第163条规定,"公司不得为他人取得本公司或者其母公司的股份提供赠与、借款、担保以及其他财务资助,公司实施员工持股计划的除外。为公司利益,经股东会决议,或者董事会按照公司章程或者股东会的授权作出决议,公司可以为他人取得本公司或者其母公司的股份提供财务资助,但财务资助的累计总额不得超过已发行股本总额的百分之十。董事会作出决议应当经全体董事的三分之二以上通过。违反前两款规定,给公司造成损失的,负有责任的董事、监事、高级管理人员应当承担赔偿责任"。

对于上述条款,有三个方面值得注意。第一,"公司不得",这一描述似乎指向该制度适用于所有股份有限公司。英国法关于财务资助的规定,仅适用于公众公司,而私人公司允许提供财务资助。我国《公司法》股份有限公司分为发起设立和募集设立两类，区分了非公开发行股份以及公开发行股份，前者相当于私人公司（或有限责任公司）。但是，上述条款并未区分股份有限公司的类型，是否应当有所区别，需要进一步讨论。第二，第163条第3款将"给公司造成损失的"作为董监高承担赔偿责任的前提，这容易使人理解为：如果财务资助没有给公司造成损失，公司可以提供财务资助。然而，这可能与本条的立法宗旨相悖。是否对公司造成损失，不应作为判断能否提供财务资助的条件。即使财务资助对公司有利，也不得提供，否则董监高可能违反义务。第三，上述条款虽然规定了例外情形，例如员工持股计划、为公司利益且经股东会或者董事会决议等，但是总体上例外情形偏少，并且没有确立一个适用例外情形的普遍性原则。

❖ **5. 股利分配**

股东分红权，又称股利分配请求权，是指股东基于其公司股东的资格和地位所享有的请求公司向自己分红的权利。股利，是指公司依法定条件和程序从其可资分配的利润中向股东所支付的财产利益。股利包括股息和红利，前者是相对固定的收益，而后者是不确定的收益。

股东期望的投资回报主要存在两种形式：一是股利形式的收入；二是资本盈余。股利有可能是现金，也可能是股份。投资者所期盼的股利水平有赖于公司的性质、业务发展阶段和其所从事的业务种类。

股利具有信息功能。健康的、稳固的股利向拥有其股份的投资者暗示着管理层对公司业务和发展前景充满信心。股利的水平反映了管理层对公司前景的看法。股利相当于是在管理者和投资者之间信息不对称的平衡物。如果管理者选择增加股利，这不仅是过去公司经营盈利的反映,而且显示了将来更多分红的支付能力。如果他们选择减少股利,这更可能是长期问题的信号,而并非由于盈利危机或者清算导致。管理者对日益增长的分红政策采取保守和谨慎的态度。这一过程被称为"股利平滑"。

《公司法》第210条第4款规定:"公司弥补亏损和提取公积金后所余税后利润,有限责任公司按照股东实缴的出资比例分配利润,全体股东约定不按照出资比例分配利润的除外;股份有限公司按照股东所持有的股份比例分配利润,公司章程另有规定的除外。"

由此可见,股东原则上需按照实缴的出资比例分取红利,且只能从公司可分配利润中分红。可分配利润的计算过程如下。首先,税后利润要弥补公司亏损。其次,需要从剩余部分中提取法定公积金。法定公积金,是指公司法规定必须从税后利润中提取的公积金。对于法定公积金,公司既不得以章程或股东会决议予以取消,也不得削减其法定比例。法定公积金主要用以弥补亏损、扩大公司生产经营、增加公司注册资本。再次,需要从剩余部分中提取任意公积金。任意公积金,是指公司在法定公积金以外,依照章程或股东会决议而从税后利润中提取的公积金。其用途比较广泛,具体由章程或股东会作出明确规定。最后,如还有剩余则为可分配利润,可以在股东之间进行分配。

我国《公司法解释(四)》第13条至第15条对股利分配作出进一步规定。第一,是否分配和如何分配公司利润,原则上属于商业判断和公司自治的范畴。该司法解释明确规定,股东请求公司分配利润的,应当提交载明具体分配方案的股东会或者股东大会决议;未提交的,人民法院原则上应当不予支持。

第二,近年来,公司大股东违反同股同权原则和股东权利不得滥用原则,排挤、压榨小股东,导致公司不分配利润,损害小股东利

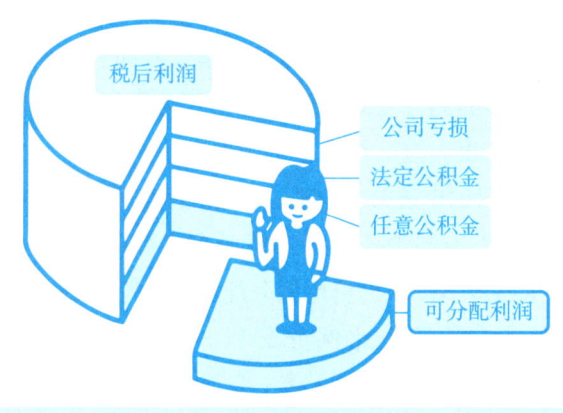

税后利润
公司亏损
法定公积金
任意公积金
可分配利润

可分配利润=税后利润−公司亏损−法定公积金−任意公积金

润分配权的现象时有发生,例如公司不分配利润,但董事、高级管理人员领取过高薪酬,或者由控股股东操纵公司购买与经营无关的财物或者服务,用于其自身使用或者消费,或者隐瞒或者转移利润等。该司法解释积极探索完善对股东利润分配权的司法救济,规定在没有具体分配方案时,如果公司股东滥用权利,导致公司不分配利润给其他股东造成损失的,司法可以适当干预,以实现对公司自治失灵的矫正。学者总结,"滥用股东权利"的具体情形包括:过高薪酬侵蚀可分利润;剥夺少数股东的任职、取得薪酬机会;变相分配利润、转移利润;为了不分配而隐瞒利润;无法召开、故意不召开股东会会议;长期不分配利润;等等。

此外,《公司法》第211条还规定了违法分配利润的返还及责任承担。根据该条,公司违反本法规定向股东分配利润的,股东应当将违反规定分配的利润退还公司;给公司造成损失的,股东及负有责任的董事、监事、高级管理人员应当承担赔偿责任。

❖ 6. 公司债券

《公司法》第九章对公司债券作出规定,共有13个条款。

根据第 194 条第 1 款,公司债券,是指公司发行的约定按期还本付息的有价证券。公司债券是公司债的表现形式,类似于股票和股份之间的关系。

公司债券具有以下特点。

第一,公司债券是一种有价证券,具有价值性。有价证券,是指标有票面金额,用于证明持有人或该证券指定的特定主体对特定财产拥有所有权或债权的凭证。按照有价证券所设定的财产权利的性质不同,有价证券可以分为以下情形:(1)设定等额权利的有价证券,如股票;(2)设定一定物权的有价证券,如提单、仓单;(3)设定一定债权的有价证券,如债券、汇票、本票、支票等。

第二,公司债券是一种债权证券,属于广义的公债的一种。广义的公债除了公司债,还包括其他企业、金融机构甚至政府或国家发行的债券,如企业债券、金融债券、政府债券等。

第三,公司债券是一种证权证券,用来表彰已经发生的公司债。因此,公司债券不是设权证券,公司债的发生不以交付债券为必要条件。

第四,公司债券是一种要式证券,必须记载一定事项。根据《公司法》第 196 条,公司以纸面形式发行公司债券的,应当在债券上载明公司名称、债券票面金额、利率、偿还期限等事项,并由法定代表人签名,公司盖章。

第五,公司债券具有可转让性。根据《公司法》第 200 条,公司债券可以转让,转让价格由转让人与受让人约定。公司债券的转让应当符合法律、行政法规的规定。根据《公司法》第 201 条,公司债券由债券持有人以背书方式或者法律、行政法规规定的其他方式转让;转让后由公司将受让人的姓名或者名称及住所记载于公司债券持有人名册。

```
①持有人的姓名
  名称及住所
②取得债券的
  日期及编号
③债券总额、票面金额
  利率、还本付息
④发行日期
```

公司债券持有人名册

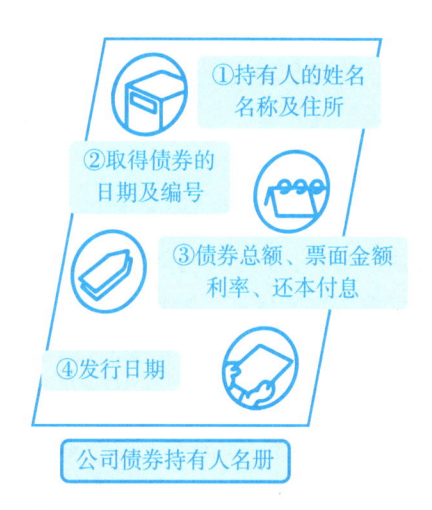

根据不同标准，公司债券有不同的分类。

第一，按照公司债券的发行方式不同，可以分为公开发行的债券和不公开发行的债券。根据《公司法》第195条，公开发行公司债券，应当经国务院证券监督管理机构注册，公告公司债券募集办法。公司债券募集办法应当载明下列主要事项：(1)公司名称；(2)债券募集资金的用途；(3)债券总额和债券的票面金额；(4)债券利率的确定方式；(5)还本付息的期限和方式；(6)债券担保情况；(7)债券的发行价格、发行的起止日期；(8)公司净资产额；(9)已发行的尚未到期的公司债券总额；(10)公司债券的承销机构。

第二，按照公司债券是否记载持有人的姓名，可以分为记名债券和无记名债券。根据《公司法》第197条，我国公司债券应当为记名债券。

第三，按照公司债券是否附有担保，可以分为附担保公司债券和无担保公司债券。附担保公司债券，是指以公司财产的全部或部分作为偿还本息的担保而发行的债券。在英国法下，又可分将其为固定抵押债券和浮动抵押债券。区分固定和浮动的标准是,抵押设立之后,不经过抵押权人的同意,抵押人是否有权自由处分抵押物。无担保公司债券,是指仅以公司自身的信用(以自身的责任财产为信用基础)而发行的债券。

第四,按照公司债券是否可以转换为股票,可以分为转换公司债券和不可转换公司债券。对于可转换公司债券,公司债券持有人可以选择是否将其转换为公司股票。根据《公司法》第202条,股份有限公司经股东会决议,或者经公司章程、股东会授权由董事会决议,可以发行可转换为股票的公司债券,并规定具体的转换办法。上市公司发行可转换为股票的公司债券,应当经国务院证券监督管理机构注册。发行可转换为股票的公司债券,应当在债券上标明可转换公司债券字样,并在公司债券持有人名册上载明可转换公司债券的数额。根据《公司法》第203条:"发行可转换为股票的公司债券的,公司应当按照其转换办法向债券持有人换发股票,但债券持有人对转换股票或者不转换股票有选择权。法律、行政法规另有规定的除外。"

关于公司债券的发行条件和程序,主要规定在《证券法》。《公司法》数个条款与此相关,例如,对发行公司债券作出决议,属于股东会的职权(第59条第1款第6项),但是股东会可以授权董事会对发行公司债券作出决议(第59条第2款)。制订发行公司债券的方案,属于董事会的职权(第67条第2款第5项)。债券持有人名册应当置备于本公司(第109条)。将股份用于转换公司发行的可转换为股票的公司债券,属于公司不得收购本公司股份的例外情形(第162条第1款第5项)。

关于公司债券的登记结算,根据第199条,公司债券的登记结算机构应当建立债券登记、存管、付息、兑付等相关制度。

公司债券持有人是公司债的债权人。公司债券持有人对公司享有的是债权,公司股东对公司享有的是股权。两类权利的性质不同,获得保护的手段也不相同。债权人通常依靠债法获得保护,但是这不足以保护公司债券持有人,《公司法》从组织法的角度提供了更多的保护。《公司法》要求置备公司债券持有人名册,公开发行债券的应当设立债券持有人会议,通过会议的形式集体行权。

根据《公司法》第198条,公司发行公司债券应当置备公司债券持有人名册。发行公司债券的,应当在公司债券持有人名册上载明下列事项:(1)债券持有人的姓名或者名称及住所;(2)债券持有人取得债券的日期及债券的编号;(3)债券总额,债券的票面金额、利率、还本付息的期限和方式;(4)债券的发行日期。

根据《公司法》第204条,公开发行公司债券的,应当为同期债券持有人设立债券持有人会议,并在债券募集办法中对债券持有人会议的召集程序、会议规则和其他重要事项作出规定。债券持有人会议可以对与债券持有人有利害关系的事项作出决议。除公司债券募集办法另有约定外,债券持有人会议决议对同期全体债券持有人发生效力。

对于公司发行公司债券的,《公司法》还要求聘请债券受托管理人,并规定了债券受托管理人的责任。根据《公司法》第205条,公开发行公司债券的,发行人应当为债券持有人聘请债券受托管理人,由其为债券持有人办理受领清偿、债权保全、与债券相关的诉讼以及参与债务人破产程序等事项。根据《公司法》第206条,债券受托管理人应当勤勉尽责,公正履行受托管理职责,不得损害债券持有人利益。受托管理人与债券持有人存在利益冲突可能损害债券持有人利益的,债券持有人会议可以决议变更债券受托管理人。债券受托管理人违反法律、行政法规或者债券持有人会议决议,损害债券持有人利益的,应当承担赔偿责任。

第九章

公司治理概述

❖ 1. 公司治理的含义

公司治理,传统上是指公司的内部结构以及股东、董事、监事、高管和其他利害关系人权力和职责的配置。现在的公司治理更关注公司管理层的行为,核心是如何确保管理层胜任职务,公正、合法地履行职责。

日本的神田秀树教授认为,以 20 世纪 90 年代末为界限,之前的讨论集中于"防止丑闻",之后的讨论集中于"如何构建可以提高公司业绩、促进公司发展的公司意思决定机制"。前者与外部治理有关,后者与内部治理有关。据此,公司治理的目的是实现"车的两轮理论",即外部治理和内部治理相结合。

公司类型不同,公司治理重点也不相同。就股权比较集中、股东人数较少的私人公司、封闭型公司、有限责任公司而言,股东通常在公司内部任职,代理成本不高,公司治理问题不突出,主要涉及控股股东、实际控制人的问题。但就股权非常分散、股东人数众多的公众公司、开放型公司、股份有限公司而言,股东不在公司内部任职,代理成本很高,公司治理的问题很突出,主要涉及公司管理层控制公司并滥用权力从而侵犯到股东利益等问题。简而言之,公司治理即为在公司中如何建立经营制约机制。

公司治理的内涵,可以从制度功能和制度构成两个角度、广义和狭义两个方面进行理解。从制度功能的角度,狭义上的公司治理主要解决因所有权和控制权两权分离而产生的治理问题,调整股东和管理层之间的委托代理问题;广义上的公司治理解决公司各利益相关者之间的利益冲突,调整股东、管理层、债权人、雇员相互之间的利益关系。从制度构成的角度,狭义上的公司治理是一种内部治理,即公司内部组织机构的制度安排;广义上的公司治理除包括内部治理之外,还包括外部治理,外部治理主要涉及投资者通过外部市场对管理层进行控制,从而确保投资者利益的一种非正式安排,其中外部市场包括产品要素市场、经理市场、资本金融市场、并购控制权市场等。

2023年《公司法》
- 优化公司治理,引进单层董事会模式
- 加强股东权利保护,允许双重派生诉讼
- 强化控股股东、实控人、董监高的责任

此次《公司法》对公司治理结构的修订,主要体现在三个方面。第一,优化公司治理。允许公司只设董事会、不设监事会,公司只设董事会的,应当在董事会中设置审计委员会行使监事会职权。简化公司组织机构设置。保障职工参与公司民主管理。规定董事会审计委员会的议事方式和表决程序。第二,加强股东权利保护。强化股东知情权。完善股份有限公司股东请求召集临时股东会会议的程序,完善股东临时提案权规定。对于公司的控股股东滥用股东权利,严重损害公司或者其他股东利益的,规定其他股东有权请求公司按照合理的价格收购其股权。规定同比例减资及其例外。允许股东双重派生诉讼。第三,强化控股股东、实际控制人和董事、监事、高管的责任。完善忠实和勤勉义务的具体内容。

增加关联交易等的报告义务和回避表决规则。强化董事、监事、高管维护公司资本充实的责任。规定董事、高管对第三人的责任。规定事实董事和影子董事。

❖ 2.股东会和董事会的职权划分

股东和董事之间存在权力划分,即所有权和经营权分离。通常而言,董事享有一般经营权,股东享有一般监管权,即股东如果对董事的决定不满意,不能直接推翻董事的决定,而只能通过撤换董事的方式来实现对董事会的控制。

就权力配置模式而言,主要分为股东会中心主义和董事会中心主义。根据剩余权力标准股东会中心主义是指法律和公司章程未规定的问题交由股东会解决,而董事会中心主义则是指公司剩余的职权归属于董事会。我国《公司法》采取股东会中心主义,股东会是最高权力机关。

股东会
- 选举和更换董事、监事,决定有关董事、监事的报酬事项
- 审议批准董事会的报告
- 审议批准监事会的报告
- 审议批准公司的利润分配方案和弥补亏损方案
- 对公司增加或者减少注册资本作出决议
- 对发行公司债券作出决议
- 对公司合并、分立、解散、清算或者变更公司形式作出决议
- 修改公司章程
- 公司章程规定的其他职权

董事会
- 召集股东会会议,并向股东会报告工作
- 执行股东会的决议
- 决定公司的经营计划和投资方案
- 制订公司的利润分配方案和弥补亏损方案
- 制订公司增加或者减少注册资本以及发行公司债券的方案
- 制订公司合并、分立、解散或者变更公司形式的方案
- 决定公司内部管理机构的设置
- 决定聘任或者解聘公司经理及其报酬事项,并根据经理的提名决定聘任或者解聘公司副经理、财务负责人及其报酬事项
- 制定公司的基本管理制度
- 公司章程规定或者股东会授予的其他职权

《民法典》第 80 条规定,"营利法人应当设权力机构。权力机构行使修改法人章程,选举或者更换执行机构、监督机构成员,以及法人章程规定的其他职权"。根据《公司法》第 58 条,"有限责任公司股东会由全体股东组成。股东会是公司的权力机构,依照本法行使职权"。第 59 条则对股东会职权进行了列举,与修订之前相比,删除了"决定公司的经营方针和投资计划"和"审议批准公司的年度财务预算方案、决算方案"这两项。

在修订过程中,一审稿第 62 条规定,"有限责任公司设董事会。董事会是公司的执行机构,行使本法和公司章程规定属于股东会职权之外的职权"。剩余权力归属董事会,这是从股东会中心主义转向董事会中心主义的重要标志。但二审稿之后(直至通过修订)重新对股东会和董事会的职权作出清晰界定,删除剩余权力属于董事会的表述,与 2018 年《公司法》保持一致,回归股东会中心主义。

股东、董事和管理层之间的权力划分,是公司治理的基本问题。权力划分的原则,被称为"所有权和控制权的分立"。这一原则对一些公众公司影响较大,而对大部分私人公司来说,因为股东和董事是相同的人,所以权力划分并不具有实际意义。原则上,权力划分是公司章程的功能。

现代公司法关于股东和董事之间权力划分的原则,可以具体描述如下:"公司是区别于其股东与董事的实体。根据其章程,公司的某些权力可由董事行使,某些其他权力则可以保留于股东会会议。如果经营权归于董事,他们并仅由他们可以行使这些权力。股东可以控制章程授予董事之权力的行使的唯一方法,是修改章程,或者如果章程之下的机会产生,拒绝重新选择他们所不同意的董事。股东不能夺取通过章程而归于董事的权力,如同董事不能夺取通过章程而归于股东的权力。"

董事和股东的权力划分可以归纳为三类。第一,有些权力是董事专有或独享的,如出售或保留公司财产、以公司名义提起诉讼,对于这些事项如果股东会决议与董事会决议不一致,那么股东会决议是无效的。第二,有些权力是董事和股东可以共享的,例如董事为弥补董事会的空缺而任命董事、决定执行董事的薪酬,如果章程没有规定这些权力被董事会专有或独享,那么股东会决议可以取代董事会决议。但是,在任命董事、弥补空缺的时候,如果董事会在股东会会议之前已经任命了董事,那么该任命是有效的,股东会决议不能推翻董事会决议,在此情况下,股东会会议只能为弥补董事会的其他空缺(如果尚有空缺的话)而任命董事。第三,有些权力是股东专有或独享的,例如必须以特殊决议批准的事项,包括但不限于修改公司章程、减少股本、公司重新登记、授权董事配售股份、批准与董事的重大财产交易、批准从公司资本中赎回或购买自己股份、决议公司自愿清算等。

❖ 3. 公司机构设置

公司机构设置主要存在三种不同模式,分别是单层制、双层制、三角制。英美国家采取单层制,股东会选举产生董事会,董事会内部设立各委员会,如提名委员会、薪酬委员会、审计委员会,其中薪酬委员会和审计委员会等委员会的成员要求由一定比例以上的独立董事担任。双层制以德国为代表,股东会选举产生监事会,监事会选举产生董事会,监事会权力大于董事会权力,监事会的主要作用是提名选举董事会成员、决定董事薪酬等,其成员主要由股东和职工代表组成,故又被称为"共决机制"。

我国采取传统的三角制,即股东会选举产生董事会和监事会,监事会对董事会的工作进行监督,董事会负责聘请经理层。《民法典》第80条规定,"营利法人应当设权力机构。权力机构行使修改法人章程,选举或者更换执行机构、监督机构成员,以及法人章程规定的其他职权"。第 81 条规定,"营利法人应当设执行机构。执行机构行使召集权力机构会议,决定法人的经营计划和投资方案,决定法人内部管理机构的设置,以及法人章程规定的其他职权。执行机构为董事会或者执行董事的,董事长、执行董事或者经理按照法人章程的规定担任法定代表人;未设董事会或者执行董事的,法人章程规定的主要负责人为其执行机构和法定代表人"。第 82 条规定,"营利法人设监事会或者监事等监督机构的,监督机构依法行使检查法人财务,监督执行机构成员、高级管理人员执行法人职务的行为,以及法人章程规定的其他职权"。

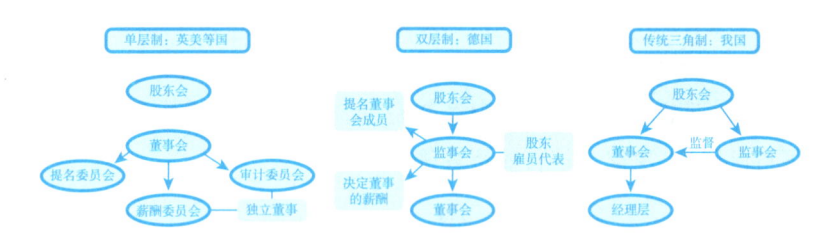

日本 2005 年《公司法》具体涉及 19 种公司内部治理模式,总体上可以归入三大类组织机构。一是传统的三角制,股东会选举产生董事会,同时股东会选举产生监事会,监事会对董事会,特别是代表董事和业务执行董事进行监督。监事的业务监查仅涉及监查董事职务执行是否遵守法律或章程,而不涉及经营判断,换言之,监事仅进行合法性监查而不进行妥当性监查。二是学习英美法引入单层制,股东会选举产生董事会,董事会内部分设各委员会,该模式下董事会以监督职能为中心,监查委员会的业务监查不仅包括合法性监查还包括妥当性监查。三是中间模式,股东会选举产生董事会,董事会必须设立监查委员会,其他委员会是否设立由各公司自行决定。东京证券交易所的上市公司中,采取传统三角制模式者最多,中间模式次之,单层制模式最少。

《公司法》在修订过程中,一审稿第64条规定"有限责任公司可以按照公司章程的规定,在董事会中设置由董事组成的审计委员会,负责对公司财务、会计进行监督,并行使公司章程规定的其他职权。在董事会中设审计委员会的有限责任公司,可以不设监事会或者监事",这标志着单层制的引入。修订后的《公司法》第69条规定"有限责任公司可以按照公司章程的规定在董事会中设置审计委员会,行使本法规定的监事会的职权,不设监事会或者监事",表述从"可以不设"转变为"不设",进一步明确了单层制模式,如果审计委员会和监事会同时存在,二者在功能上不可避免地会发生重叠,进而导致互相推诿的现象,无法正常发挥作用。有关股份有限公司的规定与上述条款基本一致,不再赘述。

❖ 4.股东会

关于股东会的含义。根据《公司法》第58条和第111条,股东会由全体股东组成,是公司的权力机构。股东会是公司的必设机构,但是只有一个股东的有限责任公司或股份有限公司以及国有独资公司不设股东会(第60条、第112条第2款以及第172条)。

> 股东会由全体股东组成,是公司的权力机构
> 股东会是公司的必设机构
> 但是只有一个股东的有限责任公司
> 或股份有限公司以及国有独资公司不设股东会

对"会议"的理解,判例法有一个演进的过程,结合科技的发

展,其含义范围变得越来越广:最早期,强调在同一个房间里,至少有两个人面对面;后来,可以在不同场所,但是要求每个人可以看到或听到发生的事情,并参与其中(视听设备连接);再后来,没有可视设备的电话会议也被认可;现在,只要处在一个能和参会的所有人员沟通的位置上,有权说话和表决,就构成会议(如微信群开会)。修订后的《公司法》允许会议采取电子化方式召开会议并表决。根据第24条,公司股东会、董事会、监事会召开会议和表决可以采用电子通信方式,公司章程另有规定的除外。

关于股东会的职权。根据《公司法》第59条第1、2款以及第112条第1款,股东会行使下列职权:(1)选举和更换董事、监事,决定有关董事、监事的报酬事项;(2)审议批准董事会的报告;(3)审议批准监事会的报告;(4)审议批准公司的利润分配方案和弥补亏损方案;(5)对公司增加或者减少注册资本作出决议;(6)对发行公司债券作出决议;(7)对公司合并、分立、解散、清算或者变更公司形式作出决议;(8)修改公司章程;(9)公司章程规定的其他职权。股东会可以授权董事会对发行公司债券作出决议。

关于股东会会议。公司的控制形态,可以划分为法律为基础的控制和法律外的控制。法律为基础的控制又可以分为全部控制、多数控制和通过法律方式的控制。全部控制,是指经营者拥有公司全部或者几乎全部的股份,公司的所有权和控制权集中在同一个人手中。多数控制,是指经营者拥有公司过半数的股权,并据此控制公司,这种形态是所有权与经营权相分离的第一步。通过法律方式的控制,是指虽然经营者未拥有过半数股权,但通过某种法律方式的设计来控制过半数表决权,从而控制公司经营,上述法律方式主要包括表决权代理、表决权信托等,此时所有权和控制权已经产生相当的分离。

法律外的控制包括少数控制和经营者控制。少数控制,是指个人或少数人集团持有充分的股票权益,据此控制公司。经营者控制,是指虽然经营者持有的股权微不足道,但由于公司股权极为分散,没有任何人或集团拥有足够的股份可以控制公司或者给予经营者有力的威胁,经营者由此获得对公司的控制。表决权的重要意义在于成为公司所有与公司控制之间的连接点。表决权采取集体行使原则,通过召开股东会会议的方式实现。

《公司法》对首次股东会会议、定期会议和临时会议作出规定。

对于有限责任公司,首次股东会会议由出资最多的股东召集和主持(第61条)。股东会会议分为定期会议和临时会议。定期会议应当按照公司章程的规定按时召开。代表1/10以上表决权的股东、1/3以上的董事或者监事会提议召开临时会议的,应当召开临时会议。(第62条)

对于股份有限公司,股东会应当每年召开一次年会。有下列情形之一的,应当在2个月内召开临时股东会会议:(1)董事人数不足本法规定人数或者公司章程所定人数的2/3时;(2)公司未弥补的亏损达股本总额1/3时;(3)单独或者合计持有公司10%以上股份的股东请求时;(4)董事会认为必要时;(5)监事会提议召开时;(6)公司章程规定的其他情形。(第113条)

关于股东会会议的召开。股东会会议的召集人主要是董事会或者股东,有些国家将法院也视为召集人。如果董事会没有召集股东会会议,个别董事无权召集股东会或股东大会会议,否则容易造成董事权力的滥用。此外,会议通知应当采取书面形式,在会议召开前的一定期限内作出,记载会议召开的时间、地点和持续期间以及要讨论的事项;会议通知应当对所有股东作出,无论股东是否享有表决权,即使是无表决权股,股东也有权收到会议通知并参加会议,除非章程另有规定。关于出席会议的法定人数,世界各国采取不同的立法例：一是公司章程优于公司法；二是公司章程要求法定人数，公司法未作特殊要求；三是法律规定了法定人数，公司章程可以另行规定，但只能增加不能减少；四是公司章程可以另行规定，但不能违反法律要求。

《公司法》对股东会会议的召集人以及会议通知作出了规定。

对于有限责任公司，股东会会议由董事会召集，董事长主持；董事长不能履行职务或者不履行职务的，由副董事长主持；副董事长不能履行职务或者不履行职务的，由过半数的董事共同推举1名董事主持。董事会不能履行或者不履行召集股东会会议职责的，由监事会召集和主持；监事会不召集和主持的，代表1/10以上表决权的股东可以自行召集和主持。（第63条）

召开股东会会议，应当于会议召开15日前通知全体股东；但是，公司章程另有规定或者全体股东另有约定的除外。股东会应当对所议事项的决定作成会议记录，出席会议的股东应当在会议记录上签名或者盖章。（第64条）

对于股份有限公司，股东会会议由董事会召集，董事长主持；董事长不能履行职务或者不履行职务的，由副董事长主持；副董事长不能履行职务或者不履行职务的，由过半数的董事共同推举1名董事主持。董事会不能履行或者不履行召集股东会会议职责的，监事会应当及时召集和主持；监事会不召集和主持的，连续90日以上单独或者合计持有公司10%以上股份的股东可以自行召集和主持。单独或者合计持有公司10%以上股份的股东请求召开临时股东会会议的，董事会、监事会应当在收到请求之日起10日内作出是否召开临时股东会会议的决定，并书面答复股东。（第114条）

召开股东会会议，应当将会议召开的时间、地点和审议的事项于会议召开20日前通知各股东；临时股东会会议应当于会议召开

15日前通知各股东。单独或者合计持有公司1%以上股份的股东,可以在股东会会议召开10日前提出临时提案并书面提交董事会。临时提案应当有明确议题和具体决议事项。董事会应当在收到提案后2日内通知其他股东,并将该临时提案提交股东会审议;但临时提案违反法律、行政法规或者公司章程的规定,或者不属于股东会职权范围的除外。公司不得提高提出临时提案股东的持股比例。公开发行股份的公司,应当以公告方式作出前两款规定的通知。股东会不得对通知中未列明的事项作出决议。(第115条)

关于股东会决议。股东会决议可以分为普通决议和特别决议两种。二者对表决权数的要求不同,普通决议要求简单多数通过,特别决议则具有更高的要求,通常要求2/3甚至更高。会议决议是否有效,不仅要满足表决权数的要求,还需要满足出席会议法定人数的前提要求。如果股东对表决事项不满而中途离场,且导致会议法定人数不足,此种情形下作出的决议应当认定为有效,因为行使表决权是股东的一项权利,离开应视为放弃权利,不影响会议继续和决议有效。与此不同,董事如果中途退出会议而影响出席会议的法定人数,由于行使表决权不仅是董事的权利,而且是其所必须履行的义务,可能会被追究董事责任。

股东表决权集体行使原则软化的表现是股东的书面同意,这是一种书面决定,即不召开股东会会议,通过传阅的方式也能通过有效的股东会决议。书面决定的适用条件较为严格,必须符合一致决原则,要求全体股东同意,符合一定的程序要求,且以书面决定通过的交易,必须为了公司的利益。

《公司法》对表决以及股东会决议作出了规定。

对于有限责任公司,股东会会议由股东按照出资比例行使表决权;但是,公司章程另有规定的除外。(第65条)

股东会的议事方式和表决程序,除本法有规定的外,由公司章程规定。股东会作出决议,应当经代表过半数表决权的股东通过。股东会作出修改公司章程、增加或者减少注册资本的决议,以及公司合并、分立、解散或者变更公司形式的决议,应当经代表 2/3 以上表决权的股东通过。(第 66 条)

对于股份有限公司,股东出席股东会会议,所持每一股份有一表决权,类别股股东除外。公司持有的本公司股份没有表决权。股东会作出决议,应当经出席会议的股东所持表决权过半数通过。股东会作出修改公司章程、增加或者减少注册资本的决议,以及公司合并、分立、解散或者变更公司形式的决议,应当经出席会议的股东所持表决权的 2/3 以上通过。(第 116 条)

❖ 5. 董事会

关于董事会的含义。董事会,是指依照法定程序产生的,代表公司行使经营决策权、执行权和监督权的公司常设机关。董事会或董事是必设机构。

> 董事会是指依照法定程序产生的
> 代表公司行使经营决策权、执行权和监督权的公司常设机关
> 董事会或董事是必设机构

对于有限责任公司,根据第 67 条第 1 款以及第 75 条,有限责任公司设董事会。规模较小或者股东人数较少的有限责任公司,可以不设董事会,设 1 名董事。根据第 68 条,有限责任公司董事

会成员为3人以上,其成员中可以有公司职工代表。职工人数300人以上的有限责任公司,除依法设监事会并有公司职工代表的外,其董事会成员中应当有公司职工代表。董事会中的职工代表由公司职工通过职工代表大会、职工大会或者其他形式民主选举产生。董事会设董事长1人,可以设副董事长。董事长、副董事长的产生办法由公司章程规定。

对于股份有限公司,根据第120条以及第128条,股份有限公司设董事会。规模较小或者股东人数较少的股份有限公司,可以不设董事会,设1名董事。

关于董事会的职权。董事会是集体行权的机构,对董事会职权的行使不能以董事个人名义,而只能以会议方式。根据《公司法》第67条第2、3款以及第120条第2款,董事会行使下列职权:(1)召集股东会会议,并向股东会报告工作;(2)执行股东会的决议;(3)决定公司的经营计划和投资方案;(4)制订公司的利润分配方案和弥补亏损方案;(5)制订公司增加或者减少注册资本以及发行公司债券的方案;(6)制订公司合并、分立、解散或者变更公司形式的方案;(7)决定公司内部管理机构的设置;(8)决定聘任或者解聘公司经理及其报酬事项,并根据经理的提名决定聘任或者解聘公司副经理、财务负责人及其报酬事项;(9)制定公司的基本管理制度;(10)公司章程规定或者股东会授予的其他职权。公司章程对董事会职权的限制不得对抗善意相对人。

关于董事会的会议和表决。根据《公司法》第73条第1、3款以及第124条第2款,董事会的议事方式和表决程序,由法律法规、公司章程来进行规定。董事会决议的表决,应当一人一票;董事会全体成员地位平等,董事长、副董事长、董事均只有一票的投票权。

董事会会议包含定期会议和临时会议,这主要是针对股份有限公司而言的。根据第123条,"董事会每年度至少召开两次会议,每次会议应当于会议召开十日前通知全体董事和监事。代表十分之一以上表决权的股东、三分之一以上董事或者监事会,可以提议召开临时董事会会议。董事长应当自接到提议后十日内,召集和主持董事会会议。董事会召开临时会议,可以另定召集董事会的通知方式和通知时限"。定期会议是由法律和公司章程确定的每年度定期召开的董事会会议,一般每年度至少召开2次,分别在上下两个半年度各1次。临时会议是指在两次定期会议之间于必要时召开的、不定期的董事会会议,没有固定的时间和次数。

关于董事会会议的召开,《公司法》对有限责任公司和股份有限公司分别进行了规定。

对于有限责任公司的董事会会议,《公司法》第72条规定,"董事会会议由董事长召集和主持;董事长不能履行职务或者不履行职务的,由副董事长召集和主持;副董事长不能履行职务或者不履行职务的,由过半数的董事共同推举一名董事召集和主持"。

对于股份有限公司的董事会会议,《公司法》第122条规定,"董事会设董事长一人,可以设副董事长。董事长和副董事长由董事会以全体董事的过半数选举产生。董事长召集和主持董事会会议,检查董事会决议的实施情况。副董事长协助董事长工作,董事长不能履行职务或者不履行职务的,由副董事长履行职务;副董事长不能履行职务或者不履行职务的,由过半数的董事共同推举一名董事履行职务"。

关于董事会会议决议的形成,有限责任公司和股份有限公司的规定是相同的。根据《公司法》第73条第2、4款以及第124条第1、3款,"董事会会议应当有过半数的董事出席方可举行。董事会作出决议,应当经全体董事的过半数通过","董事会应当对所议事项的决定作成会议记录,出席会议的董事应当在会议记录上签名"。

董事会决议也存在无效、可撤销和不成立的三分法,主要规定在《公司法》第 25 条、第 26 条和第 27 条。

❖ 6.监事会

<u>监事会,是指对公司的财务及业务进行监督的公司监督机构。该机构的监督包括财务监督和业务监督,采取合议与独任并行的方式。</u>

根据《公司法》第 76 条,一般而言,有限责任公司设监事会。监事会成员为 3 人以上。监事会成员应当包括股东代表和适当比例的公司职工代表,其中职工代表的比例不得低于 1/3,具体比例由公司章程规定。监事会中的职工代表由公司职工通过职工代表大会、职工大会或者其他形式民主选举产生。监事会设主席 1 人,由全体监事过半数选举产生。监事会主席召集和主持监事会会议;监事会主席不能履行职务或者不履行职务的,由过半数的监事共同推举 1 名监事召集和主持监事会会议。董事、高级管理人员不得兼任监事。

但是,在三种情况下,有限责任公司可以不设监事会。第一,有限责任公司可以按照公司章程的规定在董事会中设置由董事组成的审计委员会,行使监事会职权,不设监事会或者监事。公司董事会成员中的职工代表可以成为审计委员会成员(第 69 条)。第二,规模较小或者股东人数较少的有限责任公司,可以不设监事会,设 1 名监事,行使监事会的职权(第 83 条)。第三,经全体股东一致同意,也可以不设监事(第 83 条)。

根据《公司法》第 78 条,<u>监事会行使下列职权:(1)检查公司财务;(2)对董事、高级管理人员执行职务的行为进行监督,对违反法律、行政法规、公司章程或者股东会决议的董事、高级管理人</u>

员提出解任的建议;(3)当董事、高级管理人员的行为损害公司的利益时,要求董事、高级管理人员予以纠正;(4)提议召开临时股东会会议,在董事会不履行本法规定的召集和主持股东会会议职责时召集和主持股东会会议;(5)向股东会会议提出提案;(6)依照本法第189条的规定,对董事、高级管理人员提起诉讼;(7)公司章程规定的其他职权。

《公司法》亦赋予监事一系列监督手段,保障其职责的实现,包括:第一,监事可以列席董事会会议,并对董事会决议事项提出质询或者建议(第79条第1款)。第二,监事会发现公司经营情况异常,可以进行调查;必要时,可以聘请会计师事务所等协助其工作,费用由公司承担(第79条第2款)。第三,监事会可以要求董事、高级管理人员提交执行职务的报告。董事、高级管理人员应当如实向监事会提供有关情况和资料,不得妨碍监事会或者监事行使职权(第80条)。第四,监事会行使职权所必需的费用,由公司承担(第82条)。

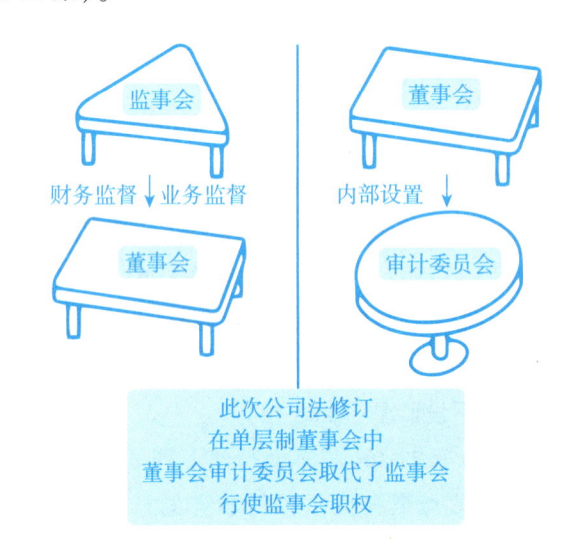

监事会　　　　　　董事会

财务监督↓业务监督　　内部设置↓

董事会　　　　　　审计委员会

此次公司法修订
在单层制董事会中
董事会审计委员会取代了监事会
行使监事会职权

根据《公司法》第130条,对于股份有限公司,原则上也设监事会。监事会成员为3人以上。监事会成员应当包括股东代表和适当比例的公司职工代表,其中职工代表的比例不得低于1/3,具体比例由公司章程规定。监事会中的职工代表由公司职工通过职工代表大会、职工大会或者其他形式民主选举产生。监事会设主席1人,可以设副主席。监事会主席和副主席由全体监事过半数选举产生。监事会主席召集和主持监事会会议;监事会主席不能履行职务或者不履行职务的,由监事会副主席召集和主持监事会会议;监事会副主席不能履行职务或者不履行职务的,由过半数的监事共同推举1名监事召集和主持监事会会议。董事、高级管理人员不得兼任监事。

但是,在两种情况下,股份有限公司可以不设监事会。第一,股份有限公司可以按照公司章程的规定在董事会中设置由董事组成的审计委员会,行使本法规定的监事会的职权,不设监事会或者监事(第121条第1款)。第二,规模较小或者股东人数较少的股份有限公司,可以不设监事会,设一名监事,行使监事会职权(第133条)。

监事会或者监事是行使公司内部管理和控制权利的公司治理机构。但在实践中,存在监事会会失效的问题,具体体现在:监事会独立性难以保障,因为其依附于大股东及董事会、经理的安排;立法上,监事会职权缺乏实质内容,行权机制缺失;大多数监事不具有财务管理知识,无法胜任工作;监事会和董事会、经理之间存在信息差,监事会得到的信息是筛选后的信息,无法形成有效监管等。此次《公司法》修订,在单层制董事会中,董事会审计委员会取代了监事会。如何平衡监事会、独立董事和董事会审计委员会之间的关系,如何使得监事制度发挥《公司法》立法本意所期望的监督、检查等功能,还需要理论与实践继续探索。

❖ 7. 公司经理

商事代理,是指委托人委托受托人代为实施商行为,其行为与后果归于委托人。此处的委托人是特定的商人,受托人大多是商业组织内部的营业辅助人员和代理商。因此,商事代理可以分为商业辅助人的代理和辅助商人的代理。

辅助商人的代理,即代理商的商事代理,主要有四个特征:(1)主体的商人性:代理商是独立的商人;(2)目的的营利性:委托人和代理商订立合同是为了共同的经济利益;(3)行为的职业性:代理商是固定的、经常性的职业代理人,民事代理则具有临时性;(4)地位的独立性:代理商自己有自己的商号、经营场所、账户等。

商业辅助人的代理,包括法定代表人、经理和销售人员等的职务代理。故此,经理的职务代理,属于商事代理中商业辅助人的代理。经理和代理商之间的区别主要体现在:(1)代理商是独立的商人,但是经理不是商人,而是企业的商业辅助人或商业使用人,和企业之间是雇佣关系;(2)代理商有自己的独立的营业场所,但是经理是在企业的营业场所工作;(3)代理商可以同时为几个主体服务,经理仅仅为自己的企业服务;(4)代理商收取佣金,经理收固定工资;(5)代理商自己承担因商事代理发生的各种费用,经理的费用由雇主承担。

经理是公司选任的从事经营的人,负责组织公司日常经营管理活动。经理享有经理权。经理权,是指被授与从事各种诉讼、非诉讼活动和在商事经营过程中进行法律活动的权利。经理权包括对内和对外两个部分:对内有经营管理公司之权;对外在董事会的授权下有代表公司从事营业有关行为之权;有代理公司为诉讼行为之权。经理未经公司书面授权,不得以公司名义实施向其他公司投资、为他人提供担保以及转让公司不动产等行为。经理以公司名义实施商事行为须签名时,应表明该其经理的身份,经理签名时未表明其经理身份的,第三人有理由相信其签名是代理商事主体的,该签名对商事主体具有约束力。

经理权
- 对内有经营管理公司之权
- 对外在董事会的授权下,有代表公司从事营业有关行为之权
- 有代理公司为诉讼行为之权

对于不同类型的公司,《公司法》对其设置经理的要求并不相同。根据第 74 条和第 126 条,<u>有限责任公司可以设经理,而股份有限公司则必须设经理</u>。无论哪一类公司,经理均由董事会决定聘任或者解聘。经理对董事会负责,根据公司章程的规定或者董事会的授权行使职权。经理列席董事会会议。根据第 127 条,对于股份有限公司,公司董事会可以决定由董事会成员兼任经理。

根据第 75 条和第 128 条,规模较小或者股东人数较少的有限责任公司或者股份有限公司,可以不设董事会,设 1 名董事,行使董事会职权。该董事可以兼任公司经理。

根据第 174 条,国有独资公司必须设经理,由董事会聘任或者解聘。经履行出资人职责的机构同意,董事会成员可以兼任经理。

根据第 265 条第 1 项,高级管理人员,是指公司的经理、副经理、财务负责人,上市公司董事会秘书和公司章程规定的其他人员。因此,经理和副经理属于高级管理人员,其资格和义务,应当满足《公司法》第八章(公司董事、监事、高级管理人员的资格和义务)的规定。

❖ 8. 公司法定代表人

《民法典》第 61 条第 1 款界定了法定代表人的含义,即"依照法律或者法人章程的规定,代表法人从事民事活动的负责人,为法人的法定代表人"。顾名思义,公司法定代表人,是指代表公司开展经营活动的负责人。

《公司法》第 10 条规定:"公司的法定代表人按照公司章程的规定,由代表公司执行公司事务的董事或者经理担任。担任法定代表人的董事或者经理辞任的,视为同时辞去法定代表人。法定代表人辞任的,公司应当在法定代表人辞任之日起三十日内确定新的法定代表人。"

《公司法》第 11 条第 1、2 款规定,"法定代表人以公司名义从事的民事活动,其法律后果由公司承受。公司章程或者股东会对法定代表人职权的限制,不得对抗善意相对人"。此两款来源于《民法典》第 61 条第 2、3 款。

《公司法》第 11 条第 3 款规定,"法定代表人因执行职务造成他人损害的,由公司承担民事责任。公司承担民事责任后,依照法律或者公司章程的规定,可以向有过错的法定代表人追偿"。该款来源于《民法典》第 62 条。

《公司法》还有多个条款涉及法定代表人:(1)法定代表人的姓名,属于公司登记事项,应该通过国家企业信用信息公示系统向社会公示(第 32 条);(2)法定代表人的姓名应当在公司营业执照上载明(第 33 条第 2 款);(3)公司申请变更登记,应当由法定代表人签署变更登记申请书,如果公司变更法定代表人,变更登记申请书则由变更后的法定代表人签署(第 35 条第 1、3 款);(4)法定代表人的产生和变更办法,应当在公司章程中载明(第 46 条第 1 款以及第 95 条);(5)出资证明书由法定代表人签名,并由公司盖章(第 55 条第 2 款);(6)股票采用纸面形式的,还应当载明股票的编号,由法定代表人签名,公司盖章(第 149 条第 3 款);(7)担任因违法被吊销营业执照、责令关闭的公司、企业的法定代表人,并负有个人责任的,自该公司、企业被吊销营业执照、责令关闭之日起未逾 3 年,不得担任公司的董监高(第 178 条第 1 款第 4 项);(8)公司以纸面形式发行公司债券的,应当在债券上载明公司名称、债券票面金额、利率、偿还期限等事项,并由法定代表人签名,公司盖章(第 196 条)。

> 公司法定代表人,是指代表公司开展经营活动的负责人,由代表公司执行公司事务的董事或者经理担任以公司名义从事的民事活动,其法律后果由公司承受

法定代表人

对于公司法定代表人,有三点值得注意。第一,关于法定代表人的选任和辞任。首先,《公司法》第 10 条仅规定公司法定代表人可以根据章程由代理公司执行公司事务的董事或经理担任,但并未规定哪个机关有权来选择法定代表人。如果公司章程对选择机关也无规定,此时应由股东会还是董事会来选择法定代表人,似乎并不明确。其次,《公司法》第 10 条第 2 款仅规定担任法定代表人的董事或者经理辞任的,视为同时辞去法定代表人。如果反过来呢,是否允许仅辞去法定代表人但同时保留董事或者经理职务,似乎也不明确。

第二,关于法定代表人和公司之间的关系。法定代表人享有的是代表权,而能够代表公司的经理或销售人员享有的是代理权。

经理或销售人员,属于商事代理中的商业辅助人或商业使用人。因此,法定代表人的行为可直接视为公司的行为。经理则应当在授权的范围内行事。

第三,关于法定代表人的义务。《公司法》并没有对法定代表人规定诸如董监高那样的信义义务。既然法定代表人由董事或经理担任,那么董事或经理在依职权行事时,自然负有《公司法》规定的董事、高管义务。除一般的董事、高管义务之外,作为法定代表人开展活动时,董事、高管还应当遵守法律法规对法定代表人规定的各类义务。由此可见,法定代表人的义务是包括董事、高管信义义务在内的更为广泛的义务。

❖ 9. 公司对外担保

公司对外担保,是指公司经过法定程序,在其财产上为了第三人的利益而设定担保。法定程序主要是指《公司法》规定的董事会或者股东会决议。第三人既可以是公司股东或者实际控制人,也可以是其他人。担保的方式一般为保证、质押或抵押。

《公司法》第 15 条一共有 3 款。第 1 款规定,公司向其他企业投资或者为他人提供担保,按照公司章程的规定,由董事会或者股东会决议;公司章程对投资或者担保的总额及单项投资或者担保的数额有限额规定的,不得超过规定的限额。第 2 款规定,公司为公司股东或者实际控制人提供担保的,应当经股东会决议。第 3 款规定,前款规定的股东或者受前款规定的实际控制人支配的股东,不得参加前款规定事项的表决。该项表决由出席会议的其他股东所持表决权的过半数通过。

根据最高人民法院《关于适用〈中华人民共和国民法典〉有关担保制度的解释》(以下简称《担保制度司法解释》)第7条,公司法定代表人违反法定程序,超越权限代表公司与相对人订立担保合同,法院应当依照《民法典》第61条和第504条等规定处理。如果相对人善意的,担保合同对公司发生效力;相对人请求公司承担担保责任的,法院应予支持。如果相对人非善意的,担保合同对公司不发生效力;相对人请求公司承担赔偿责任的,参照《担保制度司法解释》第17条的有关规定。此处的善意,是指相对人在订立担保合同时不知道且不应当知道法定代表人超越权限。相对人有证据证明已对公司决议进行了合理审查,法院应当认定其构成善意,但是公司有证据证明相对人知道或者应当知道决议系伪造、变造的除外。

根据《担保制度司法解释》第8条,有下列情形之一,公司以其未依照公司法关于公司对外担保的规定作出决议为由主张不承担担保责任的,人民法院不予支持:(1)金融机构开立保函或者担保公司提供担保;(2)公司为其全资子公司开展经营活动提供担保;(3)担保合同系由单独或者共同持有公司2/3以上对担保事项有表决权的股东签字同意。上市公司对外提供担保,不适用第1项和第2项的规定。

根据《担保制度司法解释》第 9 条,与上市公司有关的担保合同,有三种情况。第一,相对人根据上市公司公开披露的关于担保事项已经董事会或者股东大会决议通过的信息,与上市公司订立担保合同,相对人主张担保合同对上市公司发生效力,并由上市公司承担担保责任的,人民法院应予支持。第二,相对人未根据上市公司公开披露的关于担保事项已经董事会或者股东大会决议通过的信息,与上市公司订立担保合同,上市公司主张担保合同对其不发生效力,且不承担担保责任或者赔偿责任的,法院应予支持。第三,相对人与上市公司已公开披露的控股子公司订立的担保合同,或者相对人与股票在国务院批准的其他全国性证券交易场所交易的公司订立的担保合同,适用前两种情况的规定。

根据《担保制度司法解释》第 10 条,一人有限责任公司为其股东提供担保,公司以违反法定程序为由主张不承担担保责任的,人民法院不予支持。公司因承担担保责任导致无法清偿其他债务,提供担保时的股东不能证明公司财产独立于自己的财产,其他债权人请求该股东承担连带责任的,人民法院应予支持。

根据《担保制度司法解释》第 11 条,与分支机构有关的担保,有三种情况。第一,公司的分支机构未经公司股东会或者董事会决议以自己的名义对外提供担保,相对人请求公司或者其分支机构承担担保责任的,人民法院不予支持,但是相对人不知道且不应当知道分支机构对外提供担保未经公司决议程序的除外。第二,金融机构的分支机构在其营业执照记载的经营范围内开立保函,或者经有权从事担保业务的上级机构授权开立保函,金融机构或者其分支机构以违反法定程序为由主张不承担担保责任的,人民法院不予支持。金融机构的分支机构未经金融机构授权提供保函之外的担保,金融机构或者其分支机构主张不承担担保责任的,人民法院应予支持,但是相对人不知道且不应当知道分支机构对外提供担保未经金融机构授权的除外。第三,担保公司的分支机构未经担保公司授权对外提供担保,担保公司或者其分支机构主张不承担担保责任的,人民法院应予支持,但是相对人不知道且不应当知道分支机构对外提供担保未经担保公司授权的除外。

根据《担保制度司法解释》第17条,主合同有效而第三人提供的担保合同无效,人民法院应当区分不同情形确定担保人的赔偿责任:(1)债权人与担保人均有过错的,担保人承担的赔偿责任不应超过债务人不能清偿部分的1/2;(2)担保人有过错而债权人无过错的,担保人对债务人不能清偿的部分承担赔偿责任;(3)债权人有过错而担保人无过错的,担保人不承担赔偿责任。主合同无效导致第三人提供的担保合同无效,担保人无过错的,不承担赔偿责任;担保人有过错的,其承担的赔偿责任不应超过债务人不能清偿部分的1/3。

❖ 10. 公司意志代表权争夺

股东与公司彼此人格独立。公司意志,不同于股东意志。后者是指作为股东所产生的与公司有关的意志,即股东参与公司治理过程中所表达的意思,一般通过行使表决权来实现。而前者是指公司作为一个独立的主体所具有并展现的意思。只有将单个的股东意志集合起来,遵循一定程序(例如决议),转化为公司意志,才有公司法上的意义。集合的股东意志,为公司意志的形成提供了基础和依据。

公司意志既包括公司参与经营活动的民事法律行为意义上的意思表示行为,也包括对自身管理,参加其他社会活动的意志表达,如对章程的制定、决议的形成及执行,以及参与诉讼等情况下的意志表达等。公司意志代表权争议是公司自治机制失灵、内部矛盾激化在诉讼中的体现。该争议的实质是公司内外各相关主体对各自实体权益的争夺。该争议的背后蕴含着如何认定公司真实意思的问题,对法院诉讼程序的推进、公司意志的认定、案件事实的把握以及最终的裁决都会产生重要影响,因而谁能够代表公司意志是诉讼程序中要解决的问题。

公司股东、高管之间因为利益冲突而争夺公司代表权,均声称只有自己能够代表公司,公司意志代表权形式上的标志包括工商登记载明的法定代表人身份、股东会决议载明的法定代表人身份、持有公司公章等。此类纠纷当事人双方往往情绪对立,法院为调和矛盾推进诉讼,需要对各种形式标志作出辨别认定,以确定真正代表公司的主体。此类纠纷主要有三种类型:人章争夺、人人争夺、章章争夺。

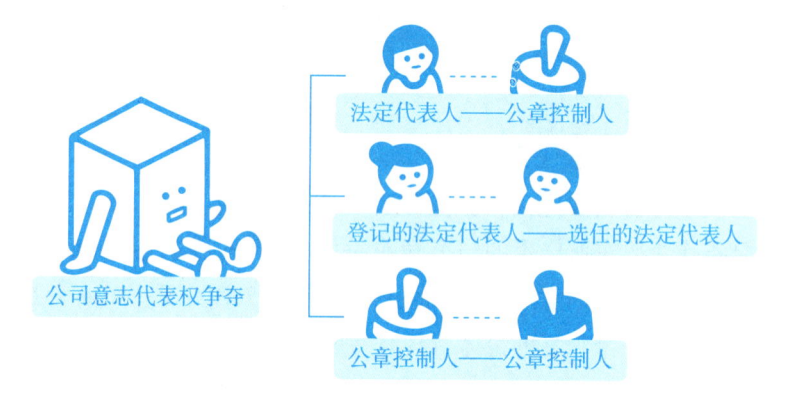

公司意志代表权争夺
- 法定代表人——公章控制人
- 登记的法定代表人——选任的法定代表人
- 公章控制人——公章控制人

第一,人章争夺(法定代表人 vs. 公章控制人)。

人章争夺的情形,是指法定代表人和公章控制人非同一人的情形,二者争夺公司诉讼代表权应如何处理的问题。由于公司意志包括公司参加经营活动、自身管理、参加社会活动的意思表达行为,而意思的表达通常由法定代表人或者相关人员对外表达,所以无论公章是否经工商备案,在发生"人章冲突"的情况下,均应以"人"——法定代表人作为诉讼代表人为准。若仅持有公章,而无证明持章人有公司授权持章代表公司意志的证据的,则持章人无权代表公司行使诉讼权利。需要注意的是,在外部纠纷中,即使确定法定代表人为公司诉讼意志代表,但在实体审理时不影响公章对外签约、履约使用时的证据效力认定,即对外部债权人构成表见代理的,不影响债权成立的认定。

第二,人人争夺(工商登记的法定代表人 vs. 股东会选任的法定代表人)。

法定代表人一般由股东会选任产生后再办理工商登记手续。"人人争夺"的情形,是指发生原法定代表人不认可股东会决议且未配合办理移交手续等原因,而未能及时办理工商变更,以致工商登记与股东会选任的不同法定代表人同时存在,并产生公司代表权争议。在发生"人人冲突"的情况下,应以股东会决议为准,法定代表人的变更属于公司意志的变更,股东会决议新产生的法定代表人是公司诉讼意志代表人。但是,在外部纠纷中,工商登记的法定代表人对外代表公司意志所进行的民事法律行为,不影响作为证据效力的认定。

第三,章章争夺(公章控制人 vs. 公章控制人)。

通常情况下,公司仅有一枚公章在工商部门备案并使用,但有些公司存在两枚或两枚以上公章,这或将造成诉讼混乱和事实认定困难。其中,既有公司管理方面的原因,也有股东内部争斗而自行刻制公章等原因。在此情形下,主要需要思考两个问题:其一,当代表不同利益的人分别持不同的公章要求代表公司参加诉讼,应如何处理?其二,公司以未经工商备案的公章对外所从事的交易行为,能否认定为公司意志?"章章争夺"情形下的公章能否代表公司,认定的关键是审查公章授权的有效性问题。具体可把握以下原则:一是工商备案公章与未备案公章冲突情况下,在无新的有效决议作出相反证明时,备案公章视为公司授权;二是未经工商备案的公章冲突情况下,需有公司有效授权证据作为认定依据。

❖ 11. 控股股东和实际控制人规范

首先,关于控股股东、实际控制人的含义。《公司法》第265条第2项和第3项分别对控股股东和实际控制人作出规定。

控股股东,是指其出资额占有限责任公司资本总额超过50%或者其持有的股份占股份有限公司股本总额超过50%的股东;出资额或者持有股份的比例虽然低于50%,但依其出资额或者持有的股份所享有的表决权已足以对股东会的决议产生重大影响的股东。

实际控制人,是指通过投资关系、协议或者其他安排,能够实际支配公司行为的人。与原《公司法》相比,新《公司法》对实际控制人的定义,删除了"虽不是公司的股东",弥补了原来控股股东和实际控制人之间的裂缝。例如,小股东在公司中持股比例较少,但是通过投资关系、协议或者其他安排,能够实际支配公司行为,按照原法,既不是控制股东(持股比例标准/表决权标准),也不是实际控制人。按照新法,则构成实际控制人。

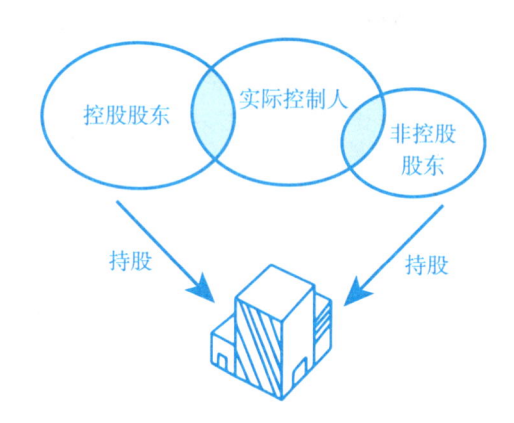

其次,新《公司法》构建了一个控股股东、实际控制人的规范

体系。

"控股股东"一共出现6次。其中单独出现2次,分别是新《公司法》第89条第3款(公司的控股股东滥用股东权利,严重损害公司或者其他股东利益的,其他股东有权请求公司按照合理的价格收购其股权)和第265条第2项(控股股东定义)。

"实际控制人"一共出现9次。单独出现5次,分别是新《公司法》第15条第2款(公司为公司股东或者实际控制人提供担保的,应当经股东会决议)、第15条第3款(前款规定的股东或者受前款规定的实际控制人支配的股东,不得参加前款规定事项的表决)、第140条第1款(上市公司应当依法披露股东、实际控制人的信息,相关信息应当真实、准确、完整。)、第160条第1款(法律、行政法规或者国务院证券监督管理机构对上市公司的股东、实际控制人转让其所持有的本公司股份另有规定的,从其规定)、第265条第3项(实际控制人定义)。

"控股股东"和"实际控制人"两者并列,一共出现4次,分别是新《公司法》第22条第1款(公司的控股股东、实际控制人、董事、监事、高级管理人员不得利用关联关系损害公司利益)、第180条第3款(公司的控股股东、实际控制人不担任公司董事但实际执行公司事务的,适用前两款规定)、第192条(公司的控股股东、实际控制人指示董事、高级管理人员从事损害公司或者股东利益的行为的,与该董事、高级管理人员承担连带责任)、第265条第4项(关联关系定义)。

最后,新《公司法》完善了控股股东、实际控制人的民事责任。

第一,控股股东、实际控制人不得利用关联关系损害公司利益,如果违反,对公司造成损失,应当承担赔偿责任(第22条)。

第二,控股股东、实际控制人如果构成事实董事(第180条第3款),就要承担董事的义务和责任。据此,有可能要对公司(第

188条)或对股东(第190条)承担赔偿责任。

第三,控股股东、实际控制人如果构成影子董事(第192条),那么要与董高承担连带责任。由于董高对公司或股东承担的是赔偿责任,所以控股股东、实际控制人因指示而发生的连带责任,其性质是连带赔偿责任。

新《公司法》并没有规定实际控制人对公司债务要承担连带清偿责任。但是,如果控股股东滥用公司法人独立地位和股东有限责任,逃避债务,严重损害公司债权人利益的,有可能构成第23条项下的公司人格否认,从而要对公司债务承担连带清偿责任。

第十章 股东权利和救济

❖ 1. 股东合意及架构

合意,是指意愿相同或者共同的意愿。"协议"或者"合同"即为此等合意。大陆法学者通常用"意思表示一致"或"合致"的表述加以概括。

股东合意,是指股东之间经过磋商或者通过某种方式,就某些事项达成一致意见,或者意思表示一致。股东合意,强调的是合意的行为或者意思表示的汇集,其结果具有多样性。股东合意可能存在以下三种理解方式:第一,全体股东就某些事项达成一致意见;第二,部分股东让渡权利,承诺即使不同意,也要受到多数股东意思表示的约束;第三,部分股东之间达成一致意见。因此,该措辞具有开放式的含义,既可以指全体股东之间达成合意,也可以指部分股东之间达成合意;合意既可以是全体股东的一致同意,也可以是资本多数决下的合意。但是,在公司法上,股东之间的合意,也对公司产生约束力时,才具有意义。股东合意是公司赖以存在的基础。

合意主体仅限于股东,不包括董监高、公司员工或债权人。《公司法解释(四)》(征求意见稿)曾赋予公司员工或债权人对股东会决议效力的挑战权,变相认可他们拥有参与公司内部治理的权利,引发了学者的讨论和抵制,最终正式稿予以删除。狭义的合意主体仅限于名义股东,但是其可以委托其他人参与合意。广义的合意主体,除名义股东之外,还包括特定情形下的实际股东。例如,已达到显名之要求,正在实际行使股东权利的实际出资人,或者因继承而取得股东资格,但是尚未记载于股东名册的继承人。尽管如此,实际股东鉴于其股东身份的不确定性,原则上不能作为合意主体。

股东与公司彼此人格独立。公司意志,不同于股东意志。后者是指作为股东所产生的与公司有关的意志,即股东参与公司治理过程中所表达的意思,一般通过行使表决权来实现。而前者是指公司作为一个独立的主体所具有并展现的意思。只有将单个的股东意志集合起来,遵循一定程序(例如决议),转化为公司意志,才有公司法上的意义。集合的股东意志,为公司意志的形成提供了基础和依据。

股东意志的集合过程及其结果,即为股东合意。股东合意反映的是股东的共同意志,为公司意志的形成提供了基础和依据,但是公司有其自身的意志,并通过适当的机关对外表达,例如法定代表人基于代表权,或者经理基于商事代理权等。股东意志通过"合意"完成了向公司意志的转化。通常这种转化需要依照法律规定的程序进行。但是,全部或部分股东意志在哪些具体情况下能够约束公司,是否存在更宽松的合理的转化程序,公司法目前在多大程度上能够识别并保障这种转化的顺利进行,在学理上仍有待进一步研究。

合意通常要经过磋商,即合意主体之间的沟通机制,此处强调的是合意主体之间意思表示的交流和互通,但磋商并不是股东合意的必要条件。即使股东之间没有相互磋商,单个股东意志的叠加,也可以达成合意。例如,"其他股东半数以上同意",就其字面而言,不需要通过会议等形式展开相互间的沟通或磋商。具有单向性特点的个别股东意志的表达,汇集起来,达到法律规定的一定比例,即不仅对股东而且对公司也产生了约束力。进一步的问题是,这种合意是否属于一种股东会决议?从形式上看并不属于,理由在于该合意并不需要所有的其他股东获知并参与,只要取得了其他股东半数以上同意,即可认为股权可以对外转让或者实际出资人有权要求显名。而股东会决议要求(无论是否采取会议形式)必须事先通知包括无表决权在内的全体股东。

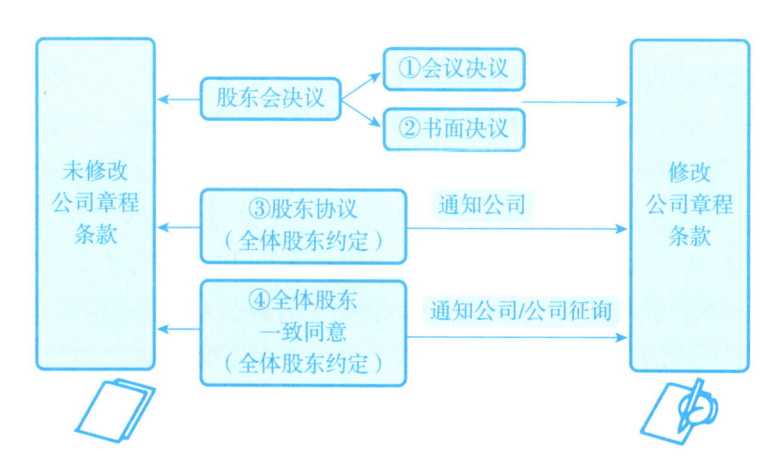

```
未修改                股东会决议 ──①会议决议──  修改
公司章程                        ──②书面决议──  公司章程
条款                                              条款
         ──③股东协议── 通知公司
           (全体股东约定)
         ──④全体股东── 通知公司/公司征询
           一致同意
           (全体股东约定)
```

在公司法中,股东合意从上往下分层递进,共有四个层次:股东会会议决议、股东会书面决议、全体股东签订的协议、非正式的全体股东一致同意。越往下,越重实质轻程序;越往上,越重程序轻实质。非正式的全体股东一致同意,可以弥合程序上的不规范,具有股东会决议之属性,并能产生类似之效果。

❖ 2. 直接投票和累积投票

《公司法》第 117 条允许股份有限公司股东会选举董事、监事时可以实行累积投票制。关于表决方式,主要有直接投票制和累积投票制两种。直接投票制,是指在行使表决权时,针对一项议案,股东只能将其表决权数一次性直接投在该议案上。累积投票制,是指股东会选举董事、监事时,股东持有的每一股份拥有与应选董事或监事人数相同的表决权数,股东拥有的表决权可以集中使用,也可以分散行使,这一方式主要在上市公司中使用,主要目的是让小股东在选举时能够发出自己的声音。

直接投票和累积投票最主要的区别在于选票是否可以累积。在直接投票模式下,股东只能将选票平均投给自己提名的候选人,股东持股数额即每一候选人的得票数,这对于小股东非常不利。而在累积投票中,股东可以将自己持有的总票数在候选人中进行任意分配,既可以分散投给多个候选人,也可以全部投给一个候选人,既可以平均分配,也可以任意分配。

以一个例子说明两者的差别。假设一家公司由 A、B 2 名股东组建,其中 A 持有 26 股,B 持有 74 股。该公司的董事会由 3 人组成。在选举董事时,每个股东可以提名 3 名候选人。在选举中,以得票最多的 3 名候选人当选。如果只允许直接投票,A 可以为其提名的 3 名候选人每人投 26 票,而 B 可以为其提名的每名候选人每人投 74 票。这样,B 所提出的 3 名候选人全部当选,而 A 所提出的候选人没有一人能够当选。相反,如果允许累积投票,那么会出现另外的现象。A 有权投 78 票(26×3),B 有权投 222 票(74×3)。如果 A 把全部 78 票投给其提出的一个候选人,那么他肯定能够当选。由此可见,确定选举出 1 名董事所需的最低股份数 X 要大于或等于 $S \div (D+1) + 1$,其中 S 代表表决权股份总数,D 代表待选董事总数。

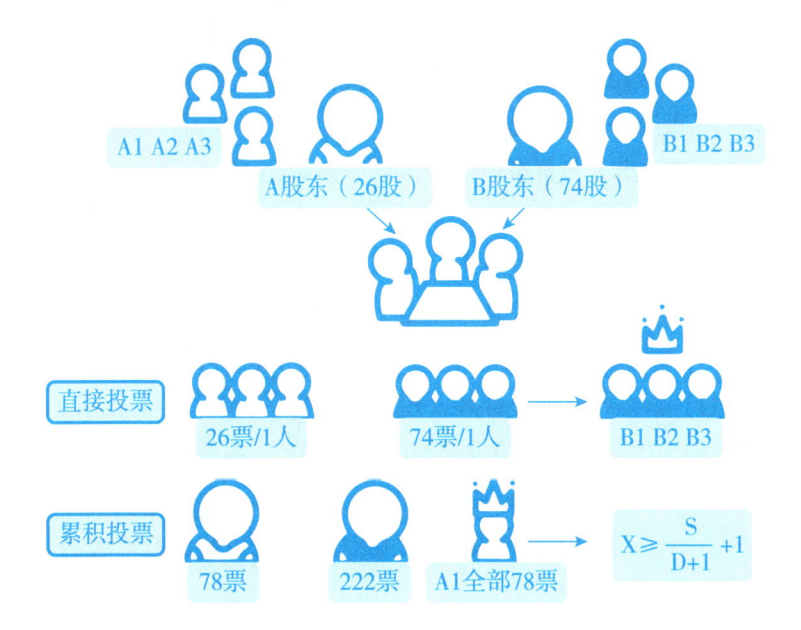

A1 A2 A3　　A股东（26股）　　B股东（74股）　　B1 B2 B3

直接投票　26票/1人　74票/1人　B1 B2 B3

累积投票　78票　222票　A1全部78票　$X \geq \dfrac{S}{D+1} + 1$

假设 A 和 B 各自持有 50 股，根据直接投票制，A 和 B 各自提名的 3 名候选人全部获得 50 票，出现公司僵局，无人能够胜出。如果采取累积投票制，结果并不确定，可能 A 提名的 2 名候选人当选，进而 A 控制董事会，也可能相反。

在累积投票模式下，如果一方知道另一方以何种策略投票，结果会更加的不可预测。假设 A 持有 60 股，B 持有 40 股，需要选举出 5 名董事。如果 A 采取直接投票，B 知道这一点，采取累积投票，那么投票结果可能是 A1－60、A2－60、A3－60、A4－60、A5－60、B1－67、B2－66、B3－65、B4－1、B5－1，最终 B 选出 3 个人，进而控制董事会。那么，如果 A 知道 B 试图选出 3 名董事，通过适当的累积投票，A 可以选出 4 名董事，投票结果可能是 A1－73、A2－74、A3－75、A4－76、A5－2、B1－67、B2－66、B3－65、B4－1、B5－1，最终 A 控制董事会。

累积投票中,确定选举出 1 名董事所需的最低股份数 X 要大于或等于 $S \div (D+1) + 1$。S 表示表决权股份总数,D 表示待选董事总数。例如,公司的表决权股份总数是 100 股,待选董事为 3 人,那么选举出 1 名董事所需的最低股份数是 $100 \div (3+1) + 1 = 26$ 股。

综上可见,累积投票制的目的是弥补直接投票制以及一股一票的弊端,防止大股东控制董事会,从而保护中小股东权益,让中小股东在选举董事和监事的问题上能够有所作为,发出自己的声音。但是,累积投票制也存在一些问题。第一,大股东可能利用自己的优势地位来减少累积投票制的影响;第二,需要中小股东之间达成共识,协同合作,但是要做到这一点可能需要付出较大的精力和努力;第三,累积投票制在实行过程中,缺乏一些配套措施来保障其公正性和透明度。

❖ **3. 决议无效**

我国法对瑕疵决议经历了由二分法向三分法的转变。2018年《公司法》第 22 条规定了决议无效和决议撤销两种情形。而《公司法解释(四)》在二分法基础上,增加了公司决议不成立的情形,形成了公司瑕疵决议效力三分法的格局,并最终纳入此次修订后的《公司法》第 25 条至第 28 条。

决议无效,是指决议作出之后,因其内容违法而不具有效力。《公司法》第 25 条规定,"公司股东会、董事会的决议内容违反法律、行政法规的无效"。《民法典》第 153 条规定,"违反法律、行政法规的强制性规定的民事法律行为无效。但是,该强制性规定不导致该民事法律行为无效的除外。违背公序良俗的民事法律行为无效"。结合该两个条款,决议无效主要包括两种情形。

第一,是否违反法律、行政法规的强制性规定。《民法典》第

153 条第 1 款与《公司法》第 25 条内容基本一致,"内容违法"的决议无效。

比对该两个条文,具体适用上需注意以下内容:第 153 条第 1 款将否认法律行为效力的法律、行政法规规范依据限制为"强制性规定",且用但书规定例外情况——"但是该强制性规定不导致该民事法律行为无效的除外",本意在于明确强制性规范进一步划分为管理性规范与效力性规范,法律行为唯在违反后者时才应被否认效力。此为法律行为效力的一般规定,决议行为自然适用,故对《公司法》第 25 条"决议内容违反法律、行政法规的无效"应作限缩解释,即仅在决议内容违反法律、行政法规的效力性强制规定时方为无效。

第二,是否违反公序良俗。《民法典》第 153 条第 2 款是第 8 条公序良俗原则在法律行为效力上的具体适用,尽管《公司法》未明文规定违反公序良俗的决议无效,但《民法典》总则编的一般规定亦适用于决议。

从实践经验看,适用公序良俗原则否认决议效力的情形比较罕见。德国《股份法》第 241 条第 4 项规定内容违反善良风俗的股东大会决议无效,但裁判者始终秉持审慎原则,认为法院对决议的监督应限于决议形式,而不应扩展至决议内容的实质妥当性审查,因此很少有适用公序良俗原则否决股东大会决议效力的案例。此外,公序良俗属于法律原则,除非为实现个案公正,法律规则应优先于法律原则适用。公序良俗原则本就是对法律规则的补充,如决议内容违反公序良俗,则在多数情况下已构成对法律强制性规定的违反,此时否认决议效力的依据为具体的强制性规定而非公序良俗原则。

从比较法来看,大陆法系成文法国家多以列举形式明确决议无效事由,以避免立法规则的空洞化和扩张适用。典型以德国法为代表,其对决议无效事由的规定尤为详尽。根据德国《股份法》,决议无效的原因分为以下三类。

第一类原因(违反形式规则和程序规则):股东大会召集方面的缺陷、决议书缺陷、延误登记期限、与核准增资相矛盾的股东大会决议。

第二类原因(违反原则性法律规定):在利用公司资金进行增资时违反了有关分配的规定、有关选聘监事的决议无效(监事会的构成是错误的;在适用《煤钢共同决定法》的企业中,股东大会没有根据职工的建议选聘监事会成员;监事会的人数超过了最高限额;选聘者不具备选聘条件)、有关确定年终报表和利润分配的决议无效(审计本身有严重的缺陷;违反了有关储备金条款的规定、严重违反了分类规则和资产评估条例)。

一系列的一般性条款规定了第三类原因。无效的股东大会决议有:决议与股份有限公司的本质相违背、决议内容违反法律规定、决议内容违反专为或者主要为保护公司债权人利益或者其他应予保护的公共利益的规定(德国《股份法》第241条第3项)、决议的内容违反善良风俗或者违反强制性法律规范。

针对第三类原因,需要注意的是,违反明确保护债权人利益的规定,包括在公司决定减资时、终止控制合同或者利润划拨合同时、接纳吸收新的企业时和进行企业变更时,必须给公司债权人提供担保。此外,有关资本维持的规定以及由此引申出来的禁止返回股金和禁止进行隐性利润分配的规定都属于主要保护债权人利益的条款。

如果章程的修改违反《煤钢共同决定法》的规定,那么根据德国《股份法》第241条的规定,相关的修改是无效的。因为该条款是为了维护社会公共利益而制定的。另外,如果修改章程的决议违反刑法或者行政法的规定,相关的决议也可能因此无效;尤其是当违法情节特别严重时,必须判定决议无效,这样才能维护法律的尊严。

是否所有超出法律规定的自决范围的修改章程的决议,根据德国《股份法》第 241 条第 3 项的规定都是无效的,这一问题存在争议。许多案例表明,如果违反的并不是原则性的规定,应该认为可以撤销相关的决议。如果股东大会的决议超逾了其权限,例如就公司的业务作出了决议,那么相关的决议应该是无效的。

如果股东大会的决议不符合正当的商业道德准则,该决议就违反了善良风俗。因此,滥用职权、违反忠诚义务或者不平等待遇等本身并不足以构成违反善良风俗。截至目前的司法实践中,只有在故意损害债权人的利益的案件中,违反善良风俗原则才起到了一定的作用。

关于决议无效之边界的讨论,我国学者存在不同的观点。有学者提出,若决议内容只涉及公司内部的利益安排与分配,且并未超出公司意思自治的权限范围,应当被排除于决议无效事由之外。也有观点认为,对决议无效事由的解释应采取公司法路径的观点,具体考量组织内部的意思形成是否公平、是否对外部债权人或国家、社会利益造成损害。在遵循司法应当保持谦抑性的前提下,对内容瑕疵的判断不能基于主观认定而无限扩张。还有学者认为,司法实践对决议无效认定事由的呈现扩张趋势,法律行为规则等适用使得股东会决议无效事由的解释从公司法走向民事一般法的路径。

实践中,针对决议无效的认定,尚有一些疑难问题。

> 能否通过公司章程将董事会职权规定为股东会决议事项

> 能否将公司对内追责的主体和范围予以决议

> 公司对股东持股比例作出决议是否有效，需考虑股东是否同意

> 根据《民法典》第153条和《公司法》第25条规定，决议无效主要有两种情形：一是违反法律、行政法规的强制性规定；二是违反公序良俗。前者即内容违法，而后者较为罕见

第一，能否通过公司章程（经由股东会决议），将董事会职权规定为股东会决议事项？

各国（地区）对此普遍持反对态度。日本《公司法》第295条明确由董事会决议取代股东会决议事项的规定无效。而对于股东会能否剥夺董事会决议事项，则存在不同观点。日本通说认为除性质不符合股东会决议的事项外，如股东会召集权，其余事项皆可以成为章定股东会决议事项。韩国《商法典》第416条规定新股发行决定权属于董事会，但可以由公司章程约定为股东会职权。我国司法实践中亦有案例认可股东会通过公司章程剥夺董事会决议事项。在威海天亿投资集团有限公司、周慎海公司决议效力确认纠纷一案中，威海天亿投资集团有限公司章程规定公司不设董事会，设执行董事1名，对公司股东会负责，公司设经理1名，由股东会聘任或解聘。根据我国2018年《公司法》第46条之规定，聘任或解聘公司经理属于董事会决议事项。天亿公司通过公司章程剥夺董事会决议事项,法院并没有提出异议。

反对意见认为,我国《公司法》规定的股东会与董事会决议事项,分别是立法为其预留的决议底线,属于法律的强制性规定,如果允许以公司章程的方式将董事会职权改为股东会职权,不仅会打乱公司法对机关权力的基本划分,还会造成股东会职权的滥用,对公司利益相关者构成潜在威胁。所以,《公司法》规定的股东会、董事会决议事项不得通过公司章程予以变更,只有《公司法》未规定的,才允许公司章程自行作出约定。

第二,能否将公司对内追责的主体和范围予以决议?

一般认为不可以,因为这将违反公司本质特征。我国有学者指出股东以认缴出资为限对公司债务承担有限责任,这是股份公司本质之一,所以违反该原则的决议应当被认定无效。我国《公司法》未直接地、单独地规定违反公司本质的决议效力,但是基于其兼具违反法律、行政法规的强制性规定,所以司法实践也以无效加以认定。在曹光农与济南四喜居快餐有限责任公司等公司决议效力确认纠纷案中,法院指出,2018年《公司法》第22条规定的违反法律、行政法规的规定,大致分三种情形:一为决议内容违反强行法规定,如违反股权转让规定;二为决议内容违反法律原则,如公序良俗原则;三为决议内容违反公司本质特性,如违反股东平等原则、违反股东有限责任原则。因此认定违反公司本质的股东会决议无效。

第三,公司对股东持股比例作出决议是否有效?由于这属于股东的个人利益事项,并非股东会的权力范围,需考虑股东是否同意。

在股东不同意的情况下,决定股东的股权比例,一般认为此公司决议违反了法律、行政法规定的规定无效。可以类比修改股东出资期限决议的效力。在姚锦城与鸿大(上海)投资管理有限公司、章歌等公司决议纠纷案中,法院认为,"股东出资期限系公司设立或股东加入公司成为股东时,公司各股东之间形成的一致合意,股东按期出资虽系各股东对公司的义务,但本质上属于各股东之间的一致约定,而非公司经营管理事项。法律允许公司自治,但需以不侵犯他人合法权益为前提。公司经营过程中,如有法律规定的情形需要各股东提前出资或加速到期,系源于法律规定,而不能以资本多数决的方式,以多数股东意志变更各股东之间形成的一致意思表示。故此,本案修改股东出资期限不应适用资本多数决规则"。

❖ 4. 决议撤销

决议撤销,是指决议成立生效之后,因发现决议在召集程序、表决方式或者决议内容上存在违法或者违章,股东为保护自身合法利益、消除瑕疵决议产生的不利影响,可以通过法院撤销该决议。《公司法》第 26 条规定,"公司股东会、董事会的会议召集程序、表决方式违反法律、行政法规或者公司章程,或者决议内容违反公司章程的,股东自决议作出之日起六十日内,可以请求人民法院撤销。但是,股东会、董事会的会议召集程序或者表决方式仅有轻微瑕疵,对决议未产生实质影响的除外。未被通知参加股东会会议的股东自知道或者应当知道股东会决议作出之日起六十日内,可以请求人民法院撤销;自决议作出之日起一年内没有行使撤销权的,撤销权消灭"。

该条款分别从条件、程序、除外情形以及行使期限等方面对决议撤销作出规定。第一,适用条件主要是会议召集程序、表决方式违法或违章,或者决议内容违章。第二,程序包括以下内容:股东应当自决议作出之日起 60 日内起诉。对于未被通知参加股东会会议的股东,则应当自知道或者应当知道决议作出之日起 60 日内起诉。第三,除外情形采纳"轻微瑕疵且对决议未产生实质影响"标准。第四,行使期限是自决议作出之日起 1 年内行使,否则撤销权将消灭。

一个值得讨论的问题是,如何理解"轻微瑕疵且对决议未产生实质影响"?该标准来源于《公司法解释(四)》第 4 条。该司法解释征求意见稿第 7 条(决议撤销事由),曾对"召集程序"和"表决方式"作出界定,包括股东会或者股东大会、董事会会议的通知、股权登记、提案和议程的确定、主持、投票、计票、表决结果的宣布、决议的形成、会议记录及签署等事项。修改公司章程的有效决议,不属于"决议内容违反公司章程"。

对于该标准的理解,可以参考徐惠英与南通大刘渔业有限公司等公司决议撤销纠纷上诉案。法院认为,"上述司法解释中的轻微瑕疵应以该程序瑕疵是否会导致各股东无法公平地参与多数意思的形成以及获取对此所需的信息为判定标准,比如,公司章程要求股东会应提前 15 日通知全体股东,但召集人可能仅提前 14 日通知全体股东;又或公司章程规定召集通知应当以书面形式发出,而实际情况是以电话或网络通讯的形式发出;又或股东会的会议时间比预定计划延误了数小时。上述情况虽然属于程序瑕疵,但未妨碍股东公平参与多数意思的形成和获知对其作出意思表示所需的必要信息,应属轻微瑕疵。本案中,根据大刘公司章程规定,股东会会议分为定期会议和临时会议,并应当于会议召开 15 日以前通知全体股东。大刘公司提供的证据不足以证明其履行了通知义务,该程序瑕疵影响了徐惠英公平参与多数意思的形成和获知对其作出意思表示所需的必要信息,显然不属于轻微瑕疵,根据公司法及相关司法解释的规定,该股东会决议应当予以撤销"。

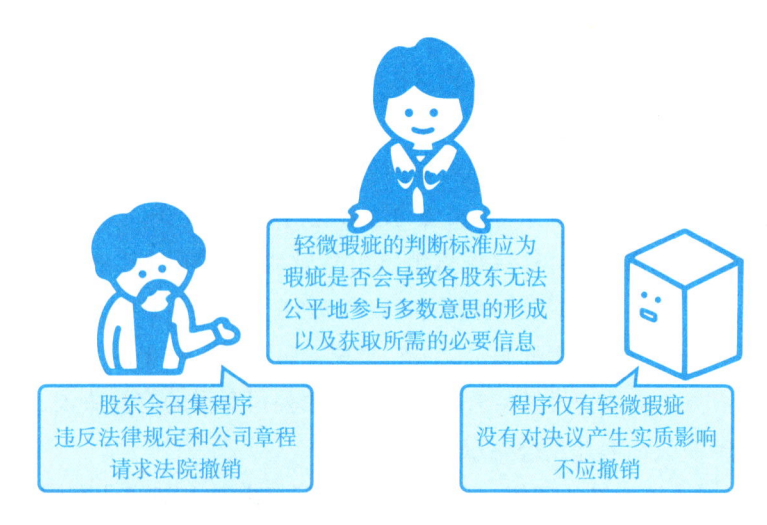

> 股东会召集程序
> 违反法律规定和公司章程
> 请求法院撤销

> 轻微瑕疵的判断标准应为瑕疵是否会导致各股东无法公平地参与多数意思的形成以及获取所需的必要信息

> 程序仅有轻微瑕疵
> 没有对决议产生实质影响
> 不应撤销

关于决议撤销之诉的原告,根据《公司法解释(四)》第2条,应当在起诉时具有公司股东资格。该司法解释征求意见稿第2条曾规定,"案件受理后不再具有公司股东身份的,应当驳回起诉"。但是,在正式稿中被删除了,其理由是,原告提起此类诉讼并非为了其个体性权利,而是为了公司利益或者全体股东的集体性权利,因此具有一定公益的色彩。即使原告丧失股东身份,也不影响诉讼的进行。

❖ 5.决议不成立

决议的成立和效力是两个不同的问题。决议的成立属于事实判断。一项决议是否成立须满足以下四项要件:决议机关确有举行会议、有法定人数出席会议、会议曾作出表决、表决达多数决要求。而决议的效力属于价值判断。一项有效的决议应满足有决议权限、程序合法、表决意思真实、内容合法、合乎规约、不侵害成员合法权益六项要件。与之对应,无决议权限、程序瑕疵、表决意思不真实、违反规约、内容违法、侵害成员合法权益可能导致决议效力瑕疵。决议无效和决议撤销均与决议的效力有关,而决议不成立则与决议是否成立有关。

决议不成立,是指不具备决议成立的要件,导致决议不存在。《公司法》第 27 条规定,"有下列情形之一的,公司股东会、董事会的决议不成立:(一)未召开股东会、董事会会议作出决议;(二)股东会、董事会会议未对决议事项进行表决;(三)出席会议的人数或者所持表决权数未达到本法或者公司章程规定的人数或者所持表决权数;(四)同意决议事项的人数或者所持表决权数未达到本法或者公司章程规定的人数或者所持表决权数"。该条来源于《公司法解释(四)》第 5 条,有所改动。其中第 3 项规定了法定人数,是指公司法或者公司章程规定的召开会议所必要的人数。如果未达法定人数即开会,那么不存在一个有效的会议,由此也不存在会议决议。第 4 项规定了表决权数,即公司法或者公司章程规定的通过决议所必要的表决权比例。表决时如果未取得必要的表决权比例,那么决议不存在。

关于决议不成立之诉的原告,根据《公司法解释(四)》第 1 条,与决议无效之诉的原告的范围相同,包括"公司股东、董事、监事等"。第一,此处的"等"字,该如何解释?等内,还是等外?如果是等外,还包括哪些人?该司法解释征求意见稿第 1 条曾规定,请求确认决议无效或者有效之诉的原告,包括"公司股东、董事、监事及与股东会或者股东大会、董事会决议内容有直接利害关系的公司高级管理人员、职工、债权人等"。如果将"等"字作广义的理解,认为包括职工和债权人,那么相当于给予他们介入公司治理的权力,可能会造成权力的滥用,损害公司的正常治理。

第二,如何理解征求意见稿"与股东会或者股东大会、董事会决议内容有直接利害关系"?许明宏诉泉州南明置业有限公司、林树哲与公司有关的纠纷案(确认公司决议无效的原告资格与董事

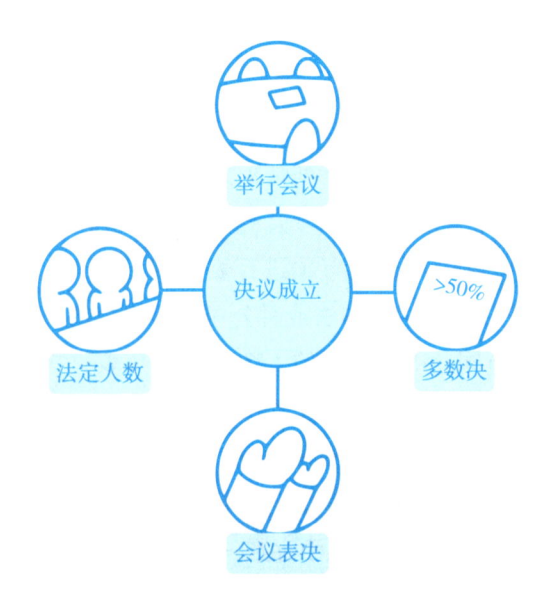

决议成立:
- 举行会议
- 多数决 (>50%)
- 会议表决
- 法定人数

会决议的规范内涵）可以参考。法院在该案中指出，对于在起诉时已经不具有公司股东资格和董事、监事职务的当事人提起的确认公司决议无效之诉，法院应当依据《民事诉讼法》第122条的规定审查其是否符合与案件有直接利害关系等起诉条件。由此可见，"等"字指代"直接利害关系人"，只要符合诉的利益原则的当事人，都可以提起决议无效的确认之诉。例如，决议作出之时的股东或董事，即使在起诉时已经丧失股东或董事的身份，仍然可以提起决议不成立或决议无效之诉。

决议被确认不成立，或者决议被宣告无效或撤销之后，根据《公司法》第28条，公司应当向公司登记机关申请撤销根据该决议已办理的登记，与此同时，公司根据该决议与善意相对人形成的民事法律关系不受影响。

❖ 6. 表决权代理

表决权代理,是指股东以书面方式授权,在事实上授予他人就该股东所持股份进行表决的制度。该制度的目的是保障股东的参与权,解决股东大会出席率低的问题,并提高公司治理效率。《公司法》第118条规定,"股东委托代理人出席股东会会议的,应当明确代理人代理的事项、权限和期限;代理人应当向公司提交股东授权委托书,并在授权范围内行使表决权"。

与表决权代理相近的一个概念是表决权征集,股东表决权征集,是指上市公司董事会、独立董事、持有一定数额的股东或投资者保护机构作为征集人,公开请求不能或不愿出席股东大会的股东授权其出席股东大会,行使其委托授权的股东权利。股东表决权代理制度和股东表决权征集制度都涉及股东在公司股东大会上的表决权,也有学者认为表决权征集是表决权代理的一种特殊形态。二者的运作方式稍有不同:在表决权代理的情形中,代理人必须提交授权委托书,并在授权范围内行使表决权。在表决权征集的情形中,征集人发出公告或报告书,详细载明征集方案,包括征集对象、征集时间和征集方式;被征集股东根据征集方案授权征集人代为行使表决权,同时,该征集须为无偿。换言之,前者是股东主动委托代理人行使表决权,而后者是征集人主动请求股东授权代为行使表决权。

关于表决权代理人的资格,存在不同的立法例。第一,法律明确规定必须只有公司的其他股东才有资格作为代理人征集并行使其他股东的代理权。例如,意大利《公司法》不仅排除了与公司经营无关的第三人的代理权,而且拒绝授予与公司有着密切联系的董事、公司雇员、银行及其他债务主体的代理权限。我国《上市公司治理准则》(2018年修订)第16条第1款规定,"上市公司董事会、独立董事和符合有关条件的股东可以向公司股东征集其在股东大会上的投票权。上市公司及股东大会召集人不得对股东征集投票权设定最低持股比例限制"。第二,法律作出规定,但是当公司章程有其特别约定时,从其章程。例如,瑞士《公司法》规定表决权代理人可以不限定为公司股东,任何符合条件的第三人都可以作为代理人征集代理权并行使,但公司章程可以通过特别约定的方式将代理人限制为公司股东。第三,法律不作出具体规定,公司章程如有特别约定,则从其章程。大多数国家都采用此种方式,包括韩国、德国、日本等。第四,法律明确规定代理人不限定为公司股东,美国就是如此。此外,实务中,公司债权人可以基于其公司债权人的地位而代理行使股东表决权,公司高管可以基于其受聘地位而获得代理权作为报酬。各国的立法例虽然有很大的差别,但总的趋势是一致的,即代理主体应该减少限制。

关于股东以书面形式委托代理人。表决权代理可以是一般代理或特别代理。一般代理,是指股东将其在所有股东大会上的表决权委托给代理人;特别代理,是指股东将其在某一次股东大会上的表决权委托给代理人。进行表决权代理时,代理人必须提交授权委托书,并在授权范围内行使表决权。授权委托书应当是书面的,且应当明确代理人的身份、代理范围、代理期限等。

关于表决代理委托协议。表决权代理委托协议是上市公司常见的通过协议安排表决权的方式。根据此类协议,委托人将其持有公司股份对应的参与性权利委托给受托方行使。已有研究通过对上市公司表决权委托协议进行实证考察,发现目前全权、排他、不可撤销、以受托人意志为准表决的表决权代理委托协议将现有的法律规范体系弹性拉到了最大,在客观上突破了股东获得经济利益多少和掌握投票权比重之间的比例关系。受托人签订表决权代理委托协议的目的并非仅仅代理委托人出席股东大会,其实践应用常常和公司控制权的争夺紧密关联。

❖ 7. 异议股东股权收购请求权

异议股东股权收购请求权,又称股份收购请求权,是指有限责任公司或股份有限公司的股东对股东会作出的关涉法定特殊事项的决议明确表示反对,便可在法定期间内要求公司按照正当程序和合理价格收购其股权或股份的权利。学界对该权利有不同称呼,如反对股东股份收购请求权、股份回购请求权、异议者请求权或退股权、异议股东评定补偿权、股份买取请求权以及评估权等。

《公司法》对于有限责任公司(第89条)和发起设立的股份有限公司(第161条)均规定了异议股东股权(或股份)收购请求权,即对股东会特定决议投反对票的股东,可以请求公司按照合理价格收购其股权。特定决议通常涉及连续5年盈利但不分红、合并或分立、转让主要财产、营业期限届满或其他解散事由出现但是股东会通过决议使公司存续等事项。自该决议通过之日起60日内,股东可以与公司协商,达成股权或股份收购协议。如果没有达成,股东可以自该决议作出之日起90日内向法院起诉。此外,被收购的股权或股份,应当在6个月内依法转让或者注销。

虽然该权利称为"请求权",但究其性质,该权利实际上应为形成权。形成权,是指依权利人一方的意思而使法律关系发生、内容变更、消灭的权利。形成权的行使,依当事人的意思表示为之(称为单纯形成权)。在满足规定条件的情况下,股东一旦行使该权利,便可直接产生法律效果,即在公司与股东间已形成了股权回购法律关系,公司必须按照合理的价格收购该股东股权。该法律关系的建立仅依权利人一方的意思便已足够,而无须征得公司的同意。公司与股东达成的股权收购协议只是对法律关系的实施细节作进一步约定,如未达成协议,亦可直接向人民法院起诉。协议达成与否,对法律关系的成立并无妨碍。

第一,股东会决议。一般情况下,需要股东会决议。对重大事项,公司必须定期召开或临时召开股东会会议,并作出相应决议。针对法律所规定的重大事项,若公司未经股东会会议讨论,则属于程序违法。

除此之外,还应考虑异议股东的主观状态。"法律不保护懒惰人",如果异议股东明知公司没有召开定期股东会会议而不提出异议,而且其自身也不主动寻求召开临时股东会会议的,应当视为其放弃股权收购请求权。

对于有限责任公司,没有股东会决议也可以。《公司法》第89条第3款增加了一种情形,即"公司的控股股东滥用股东权利,严重损害公司或者其他股东利益的,其他股东有权请求公司按照合理的价格收购其股权"。控股股东利用控制地位,掌控全局,即使在小股东多次请求下也不召开股东会会议,从而阻碍对上述事项作出决议。第3款扩大了股权收购请求权的适用范围,股东会决议不是必要条件。即使没有决议,如果能够证明存在"滥用"和"严重损害",那么也可以要求行使该权利。

第二,投反对票。应当理解为法律要求股东须对公司决议明确表示反对,而"弃权"的意义则过于含糊不清,因此对股东会决议投弃权票的股东并不享有异议股东股权回购请求权。

无表决权股东只是不参与公司管理,而其义务与普通股东相同,故弱化对其的保护没有任何合理性和正当性。无表决权股东对其加入的公司同样具有应当受到尊重的期待权(利益),同样可以适用团体的可分解理论,在对公司结构失望而又无他途的情况下,选择行使股权收买请求权退出公司。因此,其理应享有该权利。然而,无表决权股东不享有表决权,要求其对股东会决议投反对票成为不能,故其行使权利的要件自然也应异于普通股东。具体而言,可要求其在股东会决议作出前以书面形式明确反对决议事项,以代对决议投反对票。

第三,除斥期间。所谓除斥期间,也称不变期间,是法律规定的某种权利的存续期间。除斥期间届满后,权利归于消灭。如果是非股东原因造成其无法行使权利(如因公司故意或过失而未受通知),此时除斥期间经过,是否必然意味着该股东的异议股东股权回购请求权已经当然消灭了呢? 从形成权的特性上来说,形成权具有"无侵害性",即相对人无侵犯的可能,因为形成权是一种单方法律行为,权利人只需使变动权利或法律关系之效果意思到达相对方即可依法产生相应后果,相对方无干预、介入、侵害之可能。但是,形成权的行使虽然仅凭权利人一方意思而无须相对方同意,其前提是在正常情况下权利人知道或应当知道法定可以行使权利的事由出现,将除斥期间的起算点定为"股东会会议决议通过之日起",可能会存在股东会作出了决议且经过了法定除斥期间但个别股东并不知情的情形,如因此根据形成权除斥期间理论认为异议股东股权回购请求权已经消灭,显然对股东不公,也违反了立法本意。

如60日内未达成股权或股份收购协议
异议股东可以自该决议作出之日起90日内向法院起诉

第四,合理价格。行使异议股东股权回购请求权的效果,表现为股东可以请求公司按照合理的价格收购其股权,但是何为"合理价格"?虽然《公司法》设计了"协议商定—司法裁决"的价格判断机制,然而并未明确规定估定价格的具体标准和方式,可能引致不公正的结果。这也许是因为立法者认为价格评估是一个事实问题,如何评估由法院依职权决定。

参考英国法,在股东提起的不公平损害诉讼中,法院可以颁布命令(股份购买命令),要求其他股东或者公司本身必须以公平价格购买申请人股份。上议院对此解释为:"公平价格是,如果没有压制的话,股份在提起申请之日本来应当具有的价值。"如果股份价值因压制而下跌,评估应当往前推,或者将此作为考虑因素。尽管如此,关于股份应当被评估的日期,没有一个明确的权威定论。如果股份价格由于压制而下跌的话,压制的后果应当通过追溯(或倒填、回溯、前推)来抵消。之所以将提起申请之日作为一般规则,大概是因为提起申请之日代表申请人希望其股份被购买的时间。此类案件显示,一般规则的作用有限,因为确定公平价格的适当日期经常有赖于具体情形。值得强调的是,评估日期是提起申请之日还是颁布命令之日,将有赖于哪一日期在具体情形中更为公平。

❖ 8. 股东知情权

股东知情权是股东权利的内容之一,是指股东为了实现其利益而对公司经营状况有权进行全面和客观地了解的权利。

股东知情权有广义和狭义之分。广义上的知情权,其权利构成包括积极权能(查阅权、质询权)和消极权能(信息接收权)。相应地,股东知情权制度体系包括公司法上的股东查阅、质询权制度和公司法、证券法上的信息披露制度。狭义上的知情权,是指查阅权和复制权。

股东行使知情权的动机可能是多种多样的。例如,股东为了投资的需要,要事先查明公司内部治理情况、公司的真实财务状况等;或者投资者为了要和其他股东进行交易,需要从公司内部的股东名册上了解交易对方的信息,从而便于发出购买股份的要约等;或者获得与投资相关的个人利益的需要,例如获得公司的商业秘密或者内部活动信息等;或者出于社会责任感,将其自己的政治或社会热情投射到公司身上。

第一,关于知情权的行使主体。

一般来说,具有股东资格是行使知情权的基础。在此应特别考虑几类特殊主体的知情权。其一,原股东及后续股东的知情权。一旦公司的股东丧失了股东身份,其便不再具有股东资格,不能行使知情权。通常的情况是,股东已转让其在公司的全部股权,且办理了股东变更登记,因此在股权转让之后即失去了股东身份,不能再以股东名义要求行使知情权。但是,由于股东与公司之间存在信息的不对称性,在具备股东资格时,该股东也可能因未掌握足够信息而无法认识到其权利受到损害,为保障该股东在丧失股东资格后才发现受到损害的权利救济,该股东对其具备股东资格期间公司的经营情况与经营信息享有知情权。

其二，未履行出资义务的股东知情权。未履行出资义务与股东资格是两个互不关联的问题。前者涉及股东应当全面、及时地依照其承诺向公司缴纳足额出资，如果股东没有履行该义务，依据公司章程或股东会决议，其利润分配请求权、新股优先认购权、剩余财产分配请求权等股东权利可能受到相应地合理限制。而后者是指一个人作为股东的身份和地位。

我国公司法关于股东资格的取得，以形式标准为主，兼采实质标准。原则上，只要一个人的名称记载于股东名册，且在工商部门登记备案，则此人被视为完整意义上的股东，理应享有知情权。股东知情权的构成要件是股东资格，并非出资的履行，公司对瑕疵出资股东提出的知情权行使的异议，并不属于抗辩事由。未履行出资义务并未导致股东资格的丧失。由于该股东仍然具有股东资格，故可以依法行使知情权。

其三，实际出资人的知情权。原则上实际出资人没有知情权，因为其不是公司的股东，无法行使股东权利。实际出资人行使知情权这个问题，往往与其主张是公司的实质股东、要求显名联系在一起。实际出资人并非在任何情况下均不享有知情权。如果实际出资人与名义股东约定，后者委托前者作为代理人行使知情权，那么一旦该委托被认定为有效，实际出资人也可能享有知情权。

第二，关于可以查阅和复制的对象。

对于有限责任公司，股东有权查阅、复制公司章程、股东名册、股东会会议记录、董事会会议决议、监事会会议决议和财务会计报告；股东可以要求查阅公司会计账簿、会计凭证（《公司法》第57条第1、2款）。对于股份有限公司，股东有权查阅、复制公司章程、股东名册、股东会会议记录、董事会会议决议、监事会会议决议、财务会计报告；连续180日以上单独或者合计持有公司3%以上股份的股东，也可以要求查阅公司的会计账簿、会计凭证（《公司法》第

110条第1、2款)。无论是有限责任公司还是股份有限公司,股东都可以依法要求查阅、复制公司全资子公司相关材料(《公司法》第57条第5款和第110条第3款)。

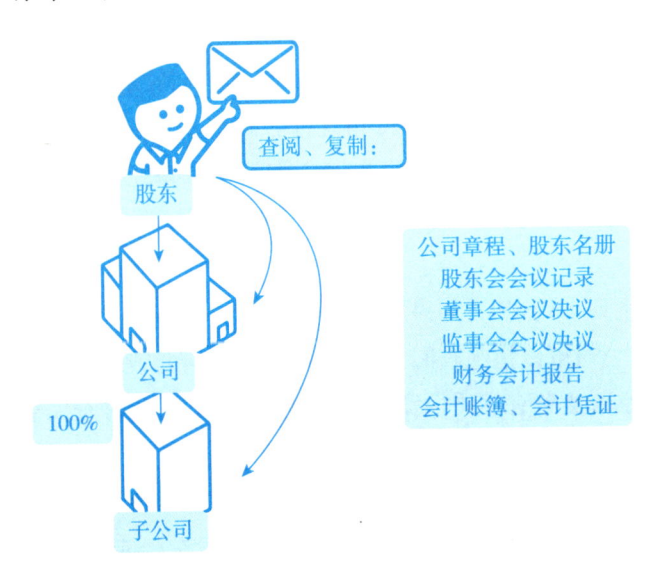

查阅、复制：
公司章程、股东名册
股东会会议记录
董事会会议决议
监事会会议决议
财务会计报告
会计账簿、会计凭证

股东 → 公司 100% → 子公司

实践中,法院对股东有权查阅的范围,存在不同观点。有的认为,股东不能要求对公司的所有经营资料进行查阅,例如公司的装潢合同就超越了知情权的范围,股东无权查阅。有的认为,公司章程对知情权自治可超出法定内容。公司章程关于股东知情权的规定,如股东可以查阅《公司法》规定之外的公司自身资料、子公司资料,以及对公司及子公司进行审计等,原则上是有效的。但公司章程设定的具体知情权项目是否被允许,应结合公司法立法目的及该公司个体情况进行综合考量和评判,审查原则既要保证股东了解公司经营状况,又将知情权对公司正常经营的影响控制在合理范围内。

第三,关于正当目的审查。

根据《公司法》第57条第2款(以及第110条第2款),股东要求查阅公司会计账簿、会计凭证的,应当向公司提出书面请求,说明目的。公司有合理根据认为股东查阅会计账簿、会计凭证有不正当目的,可能损害公司合法利益的,可以拒绝提供查阅,并应当自股东提出书面请求之日起15日内书面答复股东并说明理由。公司拒绝提供查阅的,股东可以向人民法院提起诉讼。

关于股东行使知情权的"正当性",应当根据股东查询请求的原因、目的和范围,结合案件实际情况综合确定。对于"正当性"的举证责任分配,应首先由股东提出其查询请求具备正当性的初步证据;公司有异议的,再由股东提出充分的证据证明其不具有正当目的。

一系列案例表明,如果股东查阅会计账簿,可能损害公司合法利益的,公司可以拒绝查阅,主要集中在股东自营或者为他人经营与公司主营业务有实质性竞争关系业务的场合,此时查阅会计账簿有可能导致具有商业秘密性质的信息泄露,从而使公司处于弱势地位,造成不利后果。

股东的知情权系完整的、持续性权利。股东行使该权利,可在公司的营业时间内出于正当目的和理由随时查阅公司的财务会计报告、有关账簿等。如果股东出于了解公司的损益状况、资金的使用、有无违规经营等情况的目的而要求查阅公司有关账册,该目的是善意的、正当的,那么其要求查阅公司有关账册也是合理的。股东在该次查阅申请前曾经通过借助查阅公司会计账簿的方式而损害公司利益的事实,或者股东曾经认可有关审计结论,或者公司怀疑股东查阅会计账簿的目的是为公司涉及的其他案件的对方当事人收集证据,或者股东要求查阅其加入公司之前的公司会计账簿,均不能作为股东要求查阅具有不正当目的的证据或理由。

第四,关于责任的承担。

《公司法》第57条第3、4款规定,股东查阅材料,可以委托会计师事务所、律师事务所等中介机构进行。股东及其委托的会计师事务所、律师事务所等中介机构查阅、复制有关材料,应当遵守有关保护国家秘密、商业秘密、个人隐私、个人信息等法律、行政法规的规定。

《公司法解释(四)》第11条和第12条规定了两类赔偿责任。第一,股东或者辅助股东查阅公司文件材料的会计师、律师等,如果泄露公司商业秘密导致公司合法利益受到损害,公司可以要求其赔偿。第二,公司董事或高管等,如果没有依法履行职责,导致公司未依法制作或者保存《公司法》规定的公司文件材料,给股东造成损失的,股东可以要求其赔偿。

❖ 9. 股东直接诉讼

股东直接诉讼,是指基于对股东个体性权利的直接侵害而由股东以自己的名义向公司或者其他侵害人提起的诉讼。从诉的类型上看,股东直接诉讼既有确认之诉,如确认股东大会决议无效的诉讼;又有给付之诉,如对公司或董事提起的损害赔偿诉讼;还有形成之诉,如公司决议撤销之诉。

《公司法》第25条至第27条规定的公司决议无效之诉、撤销之诉以及不成立之诉,第57条和第110条规定的股东知情权之诉,第89条和第161条规定的异议股东股权或股份收买请求权之诉,第164条规定的记名股票确认无效之诉以及第231条规定的公司司法解散之诉等都是典型的股东直接诉讼。我国《公司法》对于股东诉权采用不完全列举的模式,那么产生的问题是:如果股东主张的诉权不在《公司法》规定的范围之内,法院应该受理吗?对此,可以借鉴英国法下的不公平损害之诉。

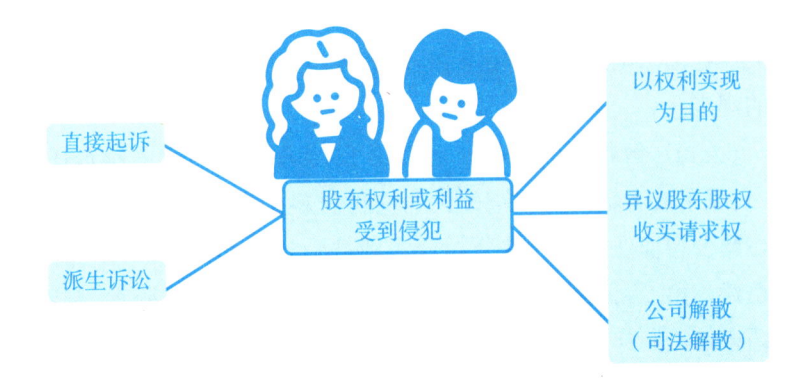

```
                              以权利实现
       直接起诉                   为目的

                 股东权利或利益      异议股东股权
                   受到侵犯        收买请求权

       派生诉讼
                              公司解散
                             （司法解散）
```

根据英国《2006年公司法》第994条,基于下列理由,公司股东可以通过诉状向法院申请本部分之下的命令:(1)公司事务以不正当损害所有股东或一部分股东(至少包括他自己)之利益的方式正或已经被处理;(2)实际或被提议的公司作为或不作为(包括代表其作为或不作为)构成或将构成这样的损害。

对不公平损害规制的现实意义在于,利益受到侵犯的股东可以直接援引法条的规定,对相关的人员提起诉讼。股东提起该诉讼时,所牵涉的两个关键性要素是:(1)股东利益受到侵犯;(2)存在不公平损害的行为。

股东利益的含义不局限于法律上的利益,而具有范围更广的含义。公司的性质、业务范围和规模大小不同,股东在公司当中的利益也不相同。该利益并不必然是他们作为股东身份所享有的利益,但是该利益必须与股东身份密切相关。例如,股东对公司提供贷款(用作营运资金)的场合,构成此处所称的股东利益,在不公平损害诉讼的范围内。股东之间关于股份处置的纠纷,通常不牵涉公司事务的不公平损害。

法院在审视股东利益的时候,通常都将考虑股东对公司的期望和义务、股东与股东之间以及股东与公司之间的关系等。公司股东对公司事务将以一种特定的方式管理具有"合理期待",即使公司章程或英国《2006年公司法》没有规定;如果不能以期待的方式运营公司,就对该股东的利益构成不公平损害。这种把期待也考虑进去的公司类型,通常是强调人合性的有限公司,又可称作"准合伙公司"。

"合理期待"是指一种期待,即公司事务将以全体股东所同意的方式作出,不是原告的个人希望(即其他股东将做他们事实上没有同意去做的事情)。要注意的是,法院只关注股东之间的谅解、考虑,而不包括一些股东对其他股东以特定方式行事的信任或相信。法院会考虑所有股东之间的理解,而不是某些股东与董事之间的理解,如果其他股东不是董事,那么董事不能视为代表非董事的股东而达成了一项理解。

准合伙公司的股东之间关系破裂,并不必然导致不公平损害,这是一种经营风险。如果一个准合伙公司的股东,由于并非公司事务管理被不公平损害造成的商业关系的失败而被要求离开,那么问题是该股东成为要走的那个人是否合理,以及该股东被收购股权的条款是否构成不公平损害。此外,在处理违反股东之间协议的诉请时,法院强调,法院仅仅执行实际达成的协议,而不会去创设一个更好的协议。

股东利益不同于股东权利。后者是公司章程所规定的,而股东利益显然要比股东权利的范畴广泛得多。即使股东权利一致,股东利益也可以不同。换句话说,侵犯了股东权利,必然侵犯了其利益,但是侵犯了股东利益,并不必然是由于侵犯了公司章程所规定的股东权利而造成的。

英国《2006年公司法》没有明确规定"不公平"和"损害"的含义,但是普通法中大量的案例确定了哪些行为构成了不公平损害、哪些则不构成。对不公平损害进行分类时,应当要注意几点。首先,对不公平损害的判断属于法官自由裁量权的范畴。虽然有英国《2006年公司法》的成文法规定,但是该法并未对到底何种行为才构成不公平损害定下标准,所以对该标准的判断,变为由法官通过大量案件的裁决得以完成。其次,即使是可以总结出的现有几种分类,也是不完全的;不能视为是一个穷尽的列举,而仅仅是对现有裁决的一个总结。例如,这些不公平行为包括:从管理层中排挤出去;不提供信息;不正当地操纵持股;修改公司章程;违反董事义务;过高的薪酬;不分红;管理不善;程序不当;等等。

❖ 10. 股东派生诉讼

派生诉讼,是指当公司由于某种情形没有就其所遭受的某种行为的侵害提起诉讼时,公司股东可以以自己的名义代表公司以使该公司获得赔偿等为救济目的而针对该种行为提起的诉讼。在派生诉讼中,股东的集体性权利受到侵犯。

《公司法》第189条共有4款。第1款规定,董事、高级管理人员有前条规定的情形的,有限责任公司的股东、股份有限公司连续180日以上单独或者合计持有公司1%以上股份的股东,可以书面请求监事会向人民法院提起诉讼;监事有前条规定的情形的,前述股东可以书面请求董事会向人民法院提起诉讼。第2款规定,监事会或者董事会收到前款规定的股东书面请求后拒绝提起诉讼,或者自收到请求之日起30日内未提起诉讼,或者情况紧急、不立即提起诉讼将会使公司利益受到难以弥补的损害的,前款规定的股东有权为公司利益以自己的名义直接向人民法院提起诉讼。第3款规定,他人侵犯公司合法权益,给公司造成损失的,本条第1款规定的股东可以依照前两款的规定向人民法院提起诉讼。第4款规定,公司全资子公司的董事、监事、高级管理人员有前条规定情形,或者他人侵犯公司全资子公司合法权益造成损失的,有限责任公司的股东、股份有限公司连续 180 日以上单独或者合计持有公司 1% 以上股份的股东,可以依照前三款规定书面请求全资子公司的监事会、董事会向人民法院提起诉讼或者以自己的名义直接向人民法院提起诉讼。

派生诉讼的机制:
- 公司利益受到不法侵害
- 公司怠于或者拒绝追究侵害人的责任
- 股东以自己的名义起诉
- 为公司的利益或者大多数股东的利益

第一,关于派生诉讼的原告。

我国法对有限责任公司的股东没有持股比例的要求,而对于股份有限公司的股东则在持股时间上要求"连续一百八十日以上"、在持股数量上要求"单独或者合计持有公司百分之一以上股份"。对于原告资格,英美法系和大陆法系的派生诉讼立法都有相关的规定,主要涉及对提起派生诉讼的股东持股时间、持股数量和原告股东所代表之公正性与充分性等方面内容。

《九民纪要》第 24 条进一步规定,何时成为股东并不影响起诉资格的认定。"股东提起股东代表诉讼,被告以行为发生时原告尚未成为公司股东为由抗辩该股东不是适格原告的,人民法院不予支持。"这是因为侵害行为长期存在,而派生诉讼旨在维护公司的利益;因此只要有利于公司,在起诉时具有公司股东资格即可。故而,如果诉讼过程中不再是公司的股东,也不影响诉讼的进行。

第二,关于派生诉讼的被告。

无论是公司内部人员还是外部人员,只要为一定侵权行为,都可以成为股东派生诉讼的被告。目前主要有以下三种立法例:第一种以美国为代表,股东派生诉讼的对象十分广泛,与公司自身有权提起的诉讼范围相同,包括大股东、董事、高管、员工和第三人对公司实施之不正当行为提起诉讼。第二种为日本等国家所采取,此种立法对股东派生诉讼的对象范围的规定相对狭窄,股东可对董事、监察人、发起人、清算人、行使决议权接受公司所提供利益之股东、以明显不公平价格认购股份者提起派生诉讼,即将股东派生诉讼的范围限于对公司内部机关和人员责任的追究。第三种以我国台湾地区"公司法"为代表,这种立法对股东派生诉讼对象范围的规定最为狭窄,即股东只能因董事责任而提起派生诉讼。

就派生诉讼的受案范围而言,对于公司内部人员,"执行职务违反法律、行政法规或者公司章程的规定,给公司造成损失的"的情况(《公司法》第 188 条),实质上就是其违反法定或章程约定义务的情形。对于公司外部人员,《公司法》第 189 条第 3 款没有加以特别限制,只要其行为"侵犯公司合法权益,给公司造成损失的",符合一定条件的股东就可以提起派生诉讼。

第三,关于派生诉讼前置程序。

派生诉讼的前置程序来源于一种"先诉请求"法理思想。这是考虑到派生诉讼只是一种"非常救济"或者"通常规则的例外",因此必须满足"穷尽公司内部救济原则"。而先诉请求既可以节约司法成本,也可以使公司免受无端诉讼的折磨,还可以抑制律师为追求个人利益而启动无意义无价值的恶讼。

符合一定条件的股东在提起派生诉讼之前必须先对监事会(或监事)或董事会(或执行董事)提出书面请求,只有在"监事会、不设监事会的有限责任公司的监事,或者董事会、执行董事收到前款规定的股东书面请求后拒绝提起诉讼,或者自收到请求之日起三十日内未提起诉讼,或者情况紧急、不立即提起诉讼将会使公司利益受到难以弥补的损害"的情况下,股东才得以提起派生诉讼。《九民纪要》第 25 条同时规定,特殊情况下可以豁免派生诉讼的前置程序。在当股东向公司有关机关提出书面申请之时,并不存在公司有关机关提起诉讼的可能性的情况下,人民法院不应当以原告未履行前置程序为由驳回起诉。

第四,关于派生诉讼的赔偿。

关于派生诉讼的赔偿,需要注意以下几个要点。其一,就救济方式而言,派生诉讼的救济方式为金钱赔偿或非金钱赔偿;其二,基于派生诉讼的一切赔偿均归于公司;其三,胜诉原告对公司享有派生诉讼胜诉费用补偿请求权。

第五,关于双重派生诉讼。

《公司法》第 189 条第 4 款被视为引入了双重派生诉讼,但是仅限于股东针对公司全资子公司的董监高,或者侵犯公司全资子公司权益的他人提起。

第十一章
董事和董事义务

❖ 1. 董事的含义和种类

董事是公司内部的一种职位,是指由公司股东会选举产生的具有实际权力和权威的管理公司事务的人员,是公司内部治理的主要力量,对内管理公司事务,对外代表公司开展活动。英国公司法没有对董事作出明确的定义,仅规定董事包括处在董事职位上的任何人,不管其称呼如何。董事是根据某个人的功能或作用,同时结合公司的性质、公司章程、董事的服务合同等来判断的,而不是看他有没有董事这个头衔。一个人可能被叫作管理人、受托人或者顾问等,不管他叫作什么,只要做了董事应该做的事,就有可能构成董事,要承担董事的义务和责任。董事会是由董事组成的议事机构,是公司的"大脑",是公司的执行机关。

根据董事是否履行"执行"义务,可以分为执行董事和非执行董事。执行董事实际参与经营管理,其精力主要放在公司,收入主要来自公司。非执行董事则不具体参与公司经营管理,其主要任务是对执行董事的工作进行监督和检查,故主要精力不在于公司,收入也并非来源于公司。

非执行董事又包括独立董事和外部董事。独立董事"不得在公司担任除董事以外的其他职务,且不得与公司存在任何可能影响其独立客观判断的关系"(《公司法》第 121 条第 2 款)。独立董

第十一章 董事和董事义务

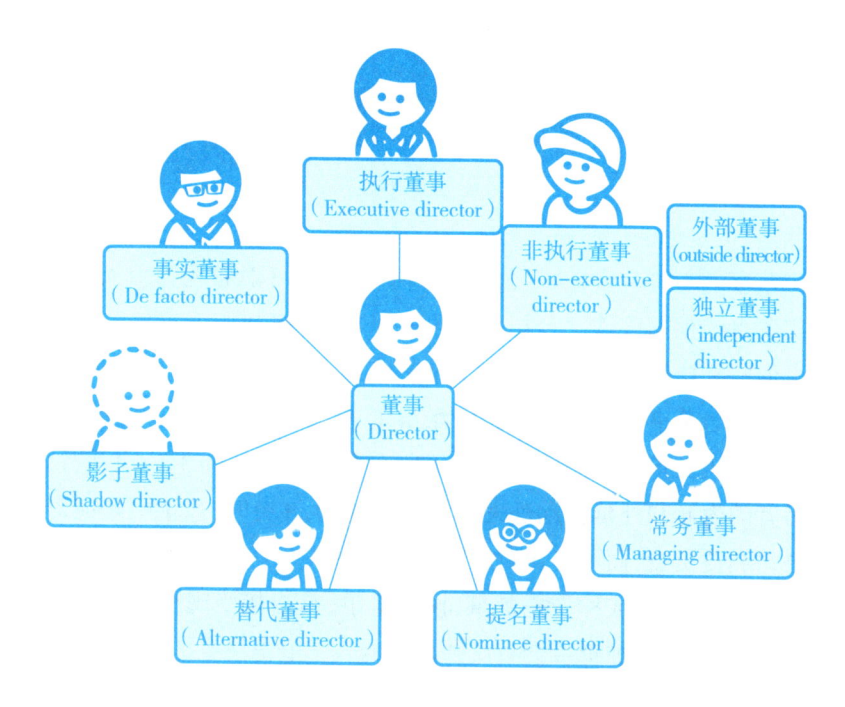

```
事实董事 (De facto director)
执行董事 (Executive director)
非执行董事 (Non-executive director)
外部董事 (outside director)
独立董事 (independent director)
影子董事 (Shadow director)
董事 (Director)
常务董事 (Managing director)
替代董事 (Alternative director)
提名董事 (Nominee director)
```

事不在公司中内部任职,对公司事务作出独立判断,与公司在业务、利益和身份等方面均没有任何关联。外部董事则可以和公司有千丝万缕的关系,既可以是退休的员工,也可以是现任员工的家属,还可以是和公司有重要业务往来的交易方委派的人员。

　　影子董事,是指一个人不是公司董事,但是他对公司现任董事发出指示,而现任董事根据该指示做事,这样的一种模式在一段时间内形成了习惯,那么持续不断向现任董事发出指示的那个人,即为**影子董事**。影子董事不用躲在暗处,可以是公开的。但是,根据其职责而持续不断向现任董事发出指示的人除外,例如律师、会计师或审计师等中介机构。《公司法》第192条被视为引入了影子董事。根据该条,"公司的控股股东、实际控制人指示董事、高级管理人员从事损害公司或者股东利益的行为的,与该董事、高级管理人员承担连带责任"。

事实董事,则主要包括三类人：第一,一个人从未被任命为董事却以董事身份做事；第二,一个人曾被任命为公司董事,他的任期已经届满却仍然以董事身份做事；第三,一个人曾被任命为公司董事,但是他的任命是有瑕疵的。这三类人都构成事实董事,要承担董事的义务和责任。《公司法》第180条第3款被视为引入了事实董事。根据该款,"公司的控股股东、实际控制人不担任公司董事但实际执行公司事务的,适用前两款规定"。

提名董事,或称委派董事、派出董事,是指基于股东的提名或委派而担任董事职务的人。由于股东利益并不等同于公司利益,后者的内涵和外延要远远大于前者,故发生冲突时,该董事理应对公司利益负责,而不应当对股东利益负责。

替代董事,或称受托董事、候补董事,是指接受现任董事的委托,代替其而参加董事会会议并表决的人。值得注意的是,这个人应当对其行为负责,即在参加董事会期间,这个人被视为公司董事,应当承担董事的义务和责任。

❖ 2.董事的任命和罢免

董事任职资格包括积极条件和消极条件。积极条件,是指只有满足这些条件才能成为公司董事；消极条件,是指董事不得具备这些条件。

与董事任职相关的条件,主要包括如下方面。第一,身份条件,有的国家规定董事必须为公司股东,但我国《公司法》未对此加以限制。第二,行为能力条件,我国《公司法》规定无民事行为能力人或者限制民事行为能力人不得担任公司董事。第三,国籍条件,个别国家规定董事或多数董事必须具备本国国籍,我国则无相应限制。第四,能力和品行条件,大多数国家规定了破产企业的董事、未清偿债务的人以及被追究刑事责任的人员等不得担任公司董事。根据《公司法》第178条第1款,这些人均不得担任董事:因贪污、贿赂、侵占财产、挪用财产或者破坏社会主义市场经济秩序,被判处刑罚,或者因犯罪被剥夺政治权利,执行期满未逾5年,被宣告缓刑的,自缓刑考验期满之日起未逾2年;担任破产清算的公司、企业的董事或者厂长、经理,对该公司、企业的破产负有个人责任的,自该公司、企业破产清算完结之日起未逾3年;担任因违法被吊销营业执照、责令关闭的公司、企业的法定代表人,并负有个人责任的,自该公司、企业被吊销营业执照、责令关闭之日起未逾3年;个人因所负数额较大债务到期未清偿被人民法院列为失信被执行人。第五,其他条件,例如《公司法》第76条第4款和第130条第4款规定,董事不得兼任监事;根据《公务员法》第59条,公务员不得从事或者参与营利性活动,在企业或者其他营利性组织中兼任职务;同时,《证券法》《商业银行法》《保险法》等法律法规中还存在着对董事资格的特别要求。

董事(非职工董事)一般由股东会选举和更换,职工董事则是通过职工代表大会或工会选举产生。而一人公司、国有独资公司和外商投资公司,则采用委派制。其中,国有独资公司的董事会成员由国有资产监督管理机构委派,外商投资的有限责任公司的董事则按照投资合同的约定由投资各方委派产生。

股东会通过法定程序选举董事后,董事应与公司签订聘任合同,用以明确其与公司之间的权利和义务、任期、董事违反公司章程或法律法规可能产生的责任以及公司提前解除合同的补偿等重要内容。对于董事的任期,根据《公司法》第70条第1款和第2款以及第120条第2款,董事任期由公司章程规定,但每届任期不得超过3年。董事任期届满,连选可以连任。董事任期届满未及时改选,或者董事在任期内辞任导致董事会成员低于法定人数的,在改选出的董事就任前,原董事仍应当依照法律、行政法规和公司章程的规定,履行董事职务。

董事罢免包括辞任与解任两种情形。对于董事递交的辞呈何时生效的问题,素有争议。在目前司法实践中,对于公司董事辞任的生效时间,有两种不同的理论观点:一种是"批准生效说",即认为董事向公司董事会提交辞职书后,应当经股东会或者董事会批准,方发生辞职的法律效力;另一种是"送达生效说",即董事向公司董事会提交辞职书后,即产生辞职的法律效力,但法律或者公司章程另有规定,或者经公司董事会与辞任董事一致同意由董事撤回辞职书的除外。《公司法》采纳公司董事辞任送达生效的观点,第70条第3款规定"董事辞任的,应当以书面形式通知公司,公司收到通知之日辞任生效,但存在前款规定情形的,董事应当继续履行职务"。

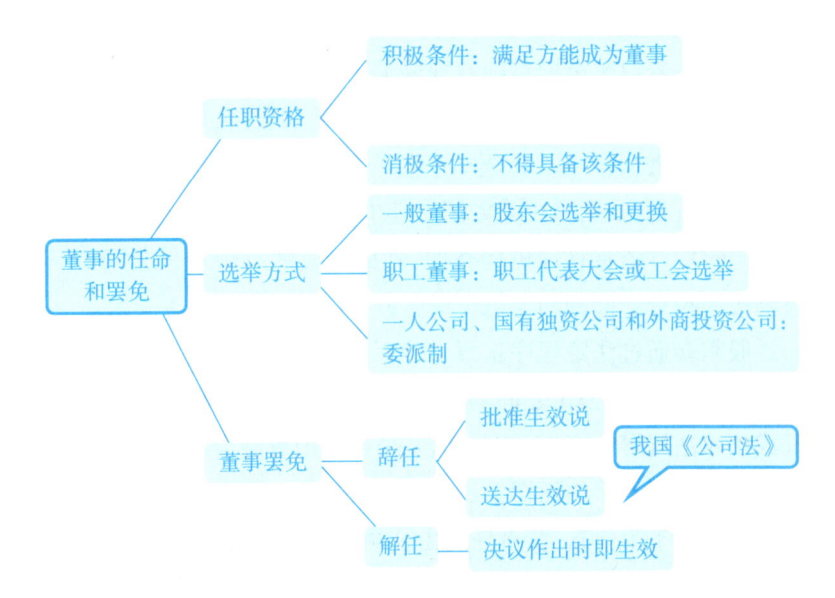

- 董事的任命和罢免
  - 任职资格
    - 积极条件:满足方能成为董事
    - 消极条件:不得具备该条件
  - 选举方式
    - 一般董事:股东会选举和更换
    - 职工董事:职工代表大会或工会选举
    - 一人公司、国有独资公司和外商投资公司:委派制
  - 董事罢免
    - 辞任
      - 批准生效说
      - 送达生效说(我国《公司法》)
    - 解任——决议作出时即生效

解任就是公司解除在任董事的职务,有别于董事任期届满后

发生的更替。解任董事的决议作出即生效,即该董事即刻丧失董事职务。《公司法》第 71 条第 1 款规定,"股东会可以决议解任董事,决议作出之日解任生效"。根据《关于适用〈中华人民共和国公司法〉若干问题的规定(五)》[以下简称《公司法解释(五)》]第 3 条第 1 款,"董事任期届满前被股东会或者股东大会有效决议解除职务,其主张解除不发生法律效力的,人民法院不予支持",我国实行的是董事职务无因解除制度。

❖ 3.董事对谁负有义务

普通法确立的基本原则是,董事必须善意地以公司利益行事。董事只对公司负有义务,对股东、债权人和雇员不负有义务。这是个主观性标准,只要董事自己认为符合公司利益就可以,而不是按照法院认为可能符合公司利益作为判断标准。

那么,什么是"公司利益"呢?学者指出,这里的公司,不能局限于以公司为组织形式的一种商业实体,而应当更加广泛地来看待。也就是说,公司这个概念应当扩及在公司中享有利益的各个参与方,例如股东、债权人、雇员等。公司的利益包括了这个不同参与方的利益。但是从长远的角度看,公司利益通常等同于股东长期利益。随着公司的发展和围绕着公司而发生的经济和法律关系的增多,董事义务的范围也扩大了。根据英国《2006 年公司法》第 172 条,董事除对整个公司负有义务以外,在其作出决策时还负有法定义务,必须考虑雇员、供应商、消费者、债权人等的利益,以及公司运作对社会和环境的冲突、公司维护高标准商业行为之声誉的愿望等。

原则上,董事只对公司负有义务,而不对股东个人负有义务。但是,在一些特殊情形下(主要是公司收购),董事仍然可能对股东负有义务。例如,在公司收购中,目标公司的章程规定,如果股东要出售股份的话,由董事来决定购买人或受让人的场合,此时董事对股东负有义务;在公司收购中,目标公司的董事对股东负有诚实和不误导的义务;在公司收购中,目标公司的董事虽然没有义务建议股东接受价格较高的要约,但是负有提供充足的信息让股东作出决定,以及不误导股东的义务;董事应当对所有的股东一视同仁,在股东和股东之间有利益冲突的时候,董事应当在他们之间公平地行事;某个股东委托董事将其持有的股份出售,此时董事就对该股东负有相当于代理人对本人负有的受信义务。

董事在履行职务过程中,应当考虑雇员的利益。 特别地,当公司停业或转让营业时,经股东会决议或章程授权的董事会决议,公司在任何清算开始之前,可以从可分配利润中向现行或前任雇员作出分配。董事在履行职务过程中应当考虑雇员的利益,这个义务其实是个不完全的义务,理由如下:第一,只有在公司提起诉讼或者股东提起派生诉讼的时候,这个义务才可被执行;第二,董事也没有必要将雇员的利益优先于股东的利益予以考虑;第三,更重要的是,很难界定雇员的利益(雇员可以分为男性/女性、资深/初级、党员/非党员、汉族/少数民族等),特别是在几个雇员团体存在利益冲突的时候,要确定雇员的整体利益是比较棘手的事情。

原则上,董事对债权人不负有义务,但是也有例外。 如果公司陷入破产,此时公司的财产不能再视为归属于股东,而应当归属于债权人,这时候董事对债权人负有义务。根据英国《1986年破产法》第214条,当公司无法避免将进入破产清算的时候,董事负有义务采取任何措施来减少对债权人的损失,在公司破产清算过程中,如果清算人发现董事在公司破产清算前违反了该义务,那么清算人可以向法院要求董事承担责任。

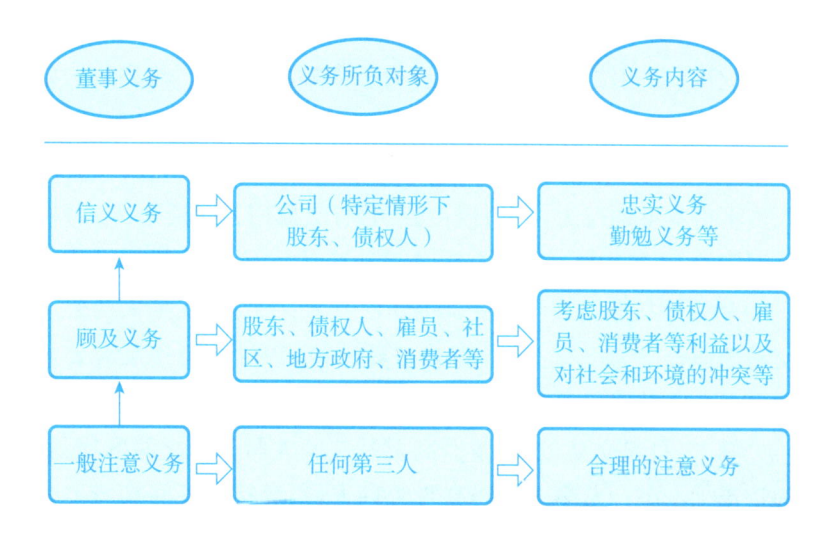

董事义务	义务所负对象	义务内容
信义义务	公司（特定情形下股东、债权人）	忠实义务、勤勉义务等
顾及义务	股东、债权人、雇员、社区、地方政府、消费者等	考虑股东、债权人、雇员、消费者等利益以及对社会和环境的冲突等
一般注意义务	任何第三人	合理的注意义务

《公司法》第180条第1、2款表明，董事仅对公司负有忠实义务和勤勉义务。上市公司独立董事则对公司和股东负有义务。根据《上市公司独立董事管理办法》第3条，"独立董事对上市公司及全体股东负有忠实与勤勉义务，应当按照法律、行政法规、中国证券监督管理委员会（以下简称中国证监会）规定、证券交易所业务规则和公司章程的规定，认真履行职责，在董事会中发挥参与决策、监督制衡、专业咨询作用，维护上市公司整体利益，保护中小股东合法权益"。

❖ 4. 董事的忠实义务

忠实义务，是指董事、监事、高管应毫无保留地为公司最大利益努力工作，当自身利益与公司整体利益发生冲突时，应以公司利益为先。这意味着董事、监事、高管对公司应当忠诚尽力，殚精竭虑，当个人利益同公司利益相冲突时，应将公司利益置于首位，个人利益服从公司利益。忠实义务的两个重要规则是，一是避免利益冲突,二是不得谋取私利。

此次《公司法》对忠实义务进行了大幅度的修订,规则更为细化,内容更加丰富。

第一,一般禁止行为。根据第181条,"董事、监事、高级管理人员不得有下列行为:(一)侵占公司财产、挪用公司资金;(二)将公司资金以其个人名义或者以其他个人名义开立账户存储;(三)利用职权贿赂或者收受其他非法收入;(四)接受他人与公司交易的佣金归为己有;(五)擅自披露公司秘密;(六)违反对公司忠实义务的其他行为"。

第二,自我交易,是指董监高及其关联人与公司之间的交易。根据第182条,"董事、监事、高级管理人员,直接或者间接与本公司订立合同或者进行交易,应当就与订立合同或者进行交易有关的事项向董事会或者股东会报告,并按照公司章程的规定经董事会或者股东会决议通过。董事、监事、高级管理人员的近亲属,董事、监事、高级管理人员或者其近亲属直接或者间接控制的企业,以及与董事、监事、高级管理人员有其他关联关系的关联人,与公司订立合同或者进行交易,适用前款规定"。一方面,该条规定了与公司进行交易的两类主体,一类是董监高本人,另一类是董监高的近亲属、董监高或其近亲属直接或间接控制的企业以及与董监高有其他关联关系的关联人。前者属于直接自我交易,后者属于间接自我交易。自我交易属于关联交易的一种。关联交易,是指具有关联关系的主体之间进行的有关转移财产、权利或者义务的商业交易,既包括公司控股股东、实际控制人或董监高与其直接或间接控制的公司或企业之间的交易,也包括这些主体直接或间接控制的公司或企业相互之间的交易。另一方面,该条并未禁止自我交易,而是为此类交易规定了批准程序,即需要将该交易的有关事项向董事会或股东会报告,并经决议通过。

| 董事 | 董事的关联人 | 自我交易是指董监高及其关联人与公司之间的交易
前者属于直接自我交易
后者属于间接自我交易 |

《公司法》第182条并未禁止自我交易
而是为此类交易规定了批准程序
即需要将该交易有关事项向董事会或股东会报告，并经决议通过

第三，商业机会原则，是指董监高利用自己在公司的地位和优势，攫取了本该属于公司的商业机会。根据第183条，"**董事、监事、高级管理人员，不得利用职务便利为自己或者他人谋取属于公司的商业机会。但是，有下列情形之一的除外：（一）向董事会或者股东会报告，并按照公司章程的规定经董事会或者股东会决议通过；（二）根据法律、行政法规或者公司章程的规定，公司不能利用该商业机会**"。该条所称的商业机会，又称公司机会，一般通过三种标准来认定：一是利益或者期待利益标准（公司对该机会是否具有利益或期待利益）；二是经营范围标准（该机会是否在公司经营范围内）；三是公平或者固有公平标准（该机会基于公平考虑是否属于公司）。在评估一项机会是否属于商业机会时，还要考虑：公司能力与个人能力（该机会是以公司能力还是以个人能力获得的）、利用该机会的结果是否与公司构成竞争等。该条还规定了两类例外情形，一是向董事会或股东会报告并经决议通过（似乎事前事后都可以），二是公司依法或依章不能利用该机会。此外，如果公司已明确表示放弃该机会的，董监高也可利用该机会。

第四，竞业禁止，是指未经董事会或股东会批准，董监高不得自营或为他人经营与其所任职公司同类的业务。根据第184条，

"董事、监事、高级管理人员未向董事会或者股东会报告,并按照公司章程的规定经董事会或者股东会决议通过,不得自营或者为他人经营与其任职公司同类的业务"。该条所称的"自营或为他人经营",是指为自己或他人的利益而实施竞争营业行为。竞业的时间可发生在公司准备营业、试营业、正式营业或者暂停营业的任何阶段。竞业的方式既包括董监高自己投资设立公司、合伙或独资企业等,也包括担任与公司有竞争关系的企业的管理职务。"与其任职公司同类的业务",是指与所任职的公司具有竞争关系的相同或者类似的业务,包括提供商品或者服务。

第五,回避表决。根据第185条,"董事会对本法第一百八十二条至第一百八十四条规定的事项决议时,关联董事不得参与表决,其表决权不计入表决权总数。出席董事会会议的无关联关系董事人数不足三人的,应当将该事项提交股东会审议"。

第六,归入权。根据第186条,"董事、监事、高级管理人员违反本法第一百八十一条至第一百八十四条规定所得的收入应当归公司所有"。

❖ 5.董事的勤勉义务

董事的勤勉义务,在大陆法系被称为"善管义务""善良管理人的注意义务",在英美法系被称为"谨慎和熟练义务""勤勉、注意和技能义务"。勤勉义务要求董事、监事、高管在作出经营决策时,必须以公司的利益为出发点,必须以适当的方式尽到合理的注意履行职责。勤勉义务是对董事称职的要求,属于经营能力的范畴。

勤勉义务要求以一个合理的谨慎的人在相似情形下所应表现的勤勉、注意和技能的标准来敦促董事,为实现公司利益最大化而工作。董事不需要以比能从具备像他这样知识和经验的人那里合理期望得到的更加谨慎和熟练的方式履行义务。这是个主观性的检验,也就是根据董事自身的知识和经验来检验。不管他具备多高水平,董事必须在公司事务中尽到谨慎和熟练义务。这个义务是以普通人可能被期望的水平来衡量的。这里存在的一个问题是,如果董事自身不能胜任工作,那么如何判断他是否尽到了谨慎和熟练义务?

如果这个义务的衡量标准只能按照董事自身的水平,那么这会导致高水平的董事因其自身标准比较高而承担更多的责任,而无知或水平低的董事则由于其自身水平比较低而根本不用承担责任,因为对他们来说,只要尽了全力,不管他们自身的技能和智商有多低,都视为履行了这个义务。这样理解谨慎和熟练义务,会导致不公平。

英国《1986年破产法》第214条对董事的谨慎和熟练义务作出了进一步的规定。根据该条规定,在清算过程中,基于清算人的申请,法院可以按照其认为合适的方式要求公司的董事或原董事向公司承担责任。该条的适用条件是,公司已进入破产清算,而董事或原董事在该公司开始清算之前的一段时间,知道或应当知道没有合理的理由可以相信公司不会进入破产清算。在这种情况下,董事或原董事在公司开始清算之前那段时间内从事的交易,被认为是不当交易,该董事或原董事应当对该交易引起的公司财产减少承担责任。但是有个例外,如果法院认为该董事或原董事已经采取了其应该采取的每一步措施,以试图将债权人潜在的损失减少到最低限度,那么该董事或原董事不应承担责任。

该条第4款继而指出,该董事或原董事应当知道或查明的事实,他应当得出的结论和他应当采取的措施是那些合理的勤勉的人应当知道或查明的、采取或得出的,并且他们应同时具备:

(1)与该董事从事相同业务的第三人那里能够合理预期的一般知识、技能和经验;(2)该董事具有的一般知识、技能和经验。这个条款,实际上规定了董事谨慎和熟练义务的两个标准,一是客观性标准,二是主观性标准。

判断董事的勤勉义务(又称"谨慎和熟练义务")时应当兼顾客观性和主观性两个标准

在判断董事的谨慎和熟练义务的时候,应当将客观性和主观性两个标准结合在一起加以考虑。缺少熟练技能,并不能成为董事为不正当交易抗辩的理由,首先要看与该董事从事相同业务的第三人,是否应该具备该熟练技能,同时再看该董事本人是否实际具备该熟练技能。对于那些技能比较高的董事,要结合该董事本人所具有的技能加以考虑。也就是说,要在该董事比较高的知识和经验的基础上作出判断,而不能降低判断标准。

需要注意的是,根据客观性标准,董事的谨慎和熟练义务应当结合一个合理的第三人所具有的知识和技能作出判断,因此非执行董事的判断标准应当有别于执行董事判断标准。

根据《公司法》第180条第2款,"董事、监事、高级管理人员对公司负有勤勉义务,执行职务应当为公司的最大利益尽到管理者通常应有的合理注意"。由此可见,我国法仅规定了客观性标准,而没有强调主观性标准。

❖ 6. 董事对第三人的责任

董事义务和董事责任具有不同的含义。法律意义上的义务，是由法律规定作为法律关系主体即义务主体或承担义务人应该这样行为或不这样行为的一种限制或约束。而法律意义上的责任即法律责任，是指行为人做某种事或不做某种事所应承担的后果。义务是前提，责任是后果，先有义务后有责任。

《公司法》第 191 条规定，董事、高级管理人员执行职务，给他人造成损害的，公司应当承担赔偿责任；董事、高级管理人员存在故意或者重大过失的，也应当承担赔偿责任。该条是此次修订新增加的条款，被视为引入了董事对第三人的责任。

第一，如何理解该条中的"他人"。原则上，董事仅对公司负有信义义务，董事对股东、债权人和员工不负有信义义务。因此，此处的"他人"，应当理解为除公司以外的任何第三人，既包括侵权关系，也包括合同关系。虽然《公司法》第 190 条规定了董事对股东的责任，但是该条并不是以董事、高管执行职务为前提的，而第 191 条是以董事、高管执行职务为前提的。两个条款的适用情形并不完全相同。

第二，《公司法》第 191 条在修订过程中，存在一个转变。一审稿第 190 条规定，董事、高级管理人员执行职务，因故意或者重大过失，给他人造成损害的，应当与公司承担连带责任。二审稿第 190 条规定，董事、高级管理人员执行职务，给他人造成损害的，公司应当承担赔偿责任；董事、高级管理人员存在故意或者重大过失的，也应当承担赔偿责任。三审稿第 191 条沿袭二审稿第 190 条，直至修订草案通过。

董事对第三人的责任，是指董事在执行公司事务时，因其过失或滥权行为造成公司之外的第三人（股东或债权人等）损害，而应当向第三人承担的一种损害赔偿责任。该责任是为了保护第三人的合法权益,限制董事的权力,规范董事的行为,促进公司的健康发展。英美法系国家主要以过失侵权追究董事对第三人的责任;而在大陆法系国家,法律并没有明确规定董事对第三人责任的性质,学说上有观点认为是一种特别法定责任。根据该说,董事对第三人的责任与民法的侵权行为不同,是由特别法即公司法规定的责任。

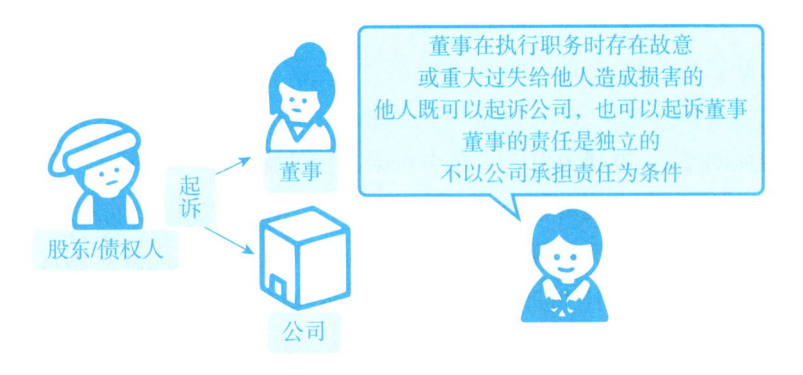

> 董事在执行职务时存在故意或重大过失给他人造成损害的
> 他人既可以起诉公司,也可以起诉董事
> 董事的责任是独立的
> 不以公司承担责任为条件

股东/债权人 起诉 → 董事 / 公司

第三,现行公司法律体系中,董事对第三人承担责任已经出现在一些特殊的情形中,而《公司法》第191条的意图是归纳出一个普遍适用的规则。

这些特殊的情形包括:《公司法解释(二)》第18条至第20条规定了(股份有限公司的)董事怠于履行清算义务时对债权人的责任:在造成损失范围内对公司债务承担赔偿责任、对公司债务承担连带清偿责任、对公司债务承担相应赔偿责任、对公司债务承担清偿责任等。《公司法解释(三)》第13条第4款规定,在公司增资时未履行或者未全面履行出资义务的股东,被公司或其他股东或公司债权人起诉要求履行义务时,未尽忠实义务的董事、高管需要承担相应的责任,但是事后可以向被告股东追偿。《公司法解释(三)》第14条第2款规定,公司债权人请求抽逃出资的股东在抽逃出资本息范围内对公司债务不能清偿的部分承担补充赔偿责任时,协助股东抽逃出资的董事、高管对此承担连带责任。《企业破产法》第125条第1款规定,企业董事、监事或者高级管理人员违反忠实义务、勤勉义务,致使所在企业破产的,依法承担民事责任。《企业破产法》第128条规定,债务人有可撤销行为、个别清偿行为或无效行为,损害债权人利益的,债务人的法定代表人和其他直接责任人员依法承担赔偿责任。

《公司法》第191条在适用时,应当注意以下问题:其一,董事、高管在执行职务时给他人造成损害;其二,公司应当承担赔偿责任;其三,董事、高管承担赔偿责任的前提是存在故意或重大过失。此时,他人有一个选择权,既可以起诉公司,也可以起诉董事、高管。董事、高管的责任是独立的,不是连带责任,不以公司承担责任为条件。

❖ 7. 董事责任的免除

《公司法》并没有建立起一套完整的事前或事后的董事责任免除体系。关于董事责任免除的内容仅有一处。根据《公司法》第125条第2款,董事应当对董事会的决议承担责任。董事会的决议违反法律、行政法规或者公司章程、股东会决议,给公司造成严重损失的,参与决议的董事对公司负赔偿责任;经证明在表决时曾表明异议并记载于会议记录的,该董事可以免除责任。

美国法经过150多年的发展,形成了商业判断规则。董事的决策行为如果满足三个实质要件,即董事在该交易中没有利害关系、决策是在充分知情的情况下作出、善意地认为有利于公司的最大利益,那么该决策受到法律保护,董事不应对该决策行为给公司造成的损失承担责任。商业判断规则与司法审判相关,因此不是行为准则,而是司法对董事行为的评价,是特定条件下对司法审查的抗辩理由。法官运用该规则拒绝介入公司经营,而董事运用该规则保护自己不对经营行为承担个人责任。具体的举证责任分配是,原告(股东)负有举证责任,证明被告(董事)没有满足上述三个要件;如果原告没有完成举证责任,那么被告可以援引该规则来保护自己,法院不会对他们的决策进一步审查。

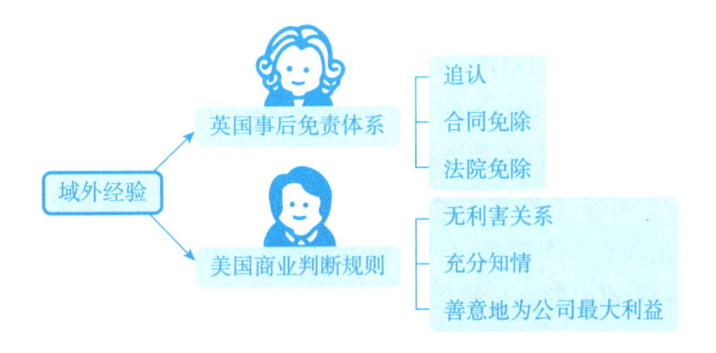

域外经验
- 英国事后免责体系
  - 追认
  - 合同免除
  - 法院免除
- 美国商业判断规则
  - 无利害关系
  - 充分知情
  - 善意地为公司最大利益

英国法则形成了完整的事后免责的规范体系,有着比较丰富的实践经验可供借鉴。英国《2006 年公司法》以及普通法规定的董事责任免除的方式主要有以下三类。

第一,追认董事的行为。根据英国《2006 年公司法》,对于董事(包括前董事和影子董事)构成的与公司相关的过失、失责、违反义务或违反信托的行为(包括作为或不作为),经公司股东的决议,公司可以追认该行为。在对该决议进行表决时,该董事(如果是股东)或与其相关联的股东不能参与表决或者其表决不计算在内,尽管该董事或该股东可以出席表决该决议的会议、被计入法定人数以及参与各项程序。

针对股东表决追认,要注意两个问题。一个是小股东的保护,如果大股东利用表决通过了不对董事提起诉讼的决议,而小股东的利益因此遭受损害的,那么小股东可以提起派生诉讼。另一个是债权人的保护,如果这构成对债权人的欺诈,即使所有的股东同意追认,也不能免除董事的责任。法官曾经指出,经过股东全体同意的行为对公司有约束力,这个规则有两个例外情形,一是债权人有权让公司财产保持完整,二是该规则不适用于对债权人构成欺诈的场合。

并不是所有的董事违反义务的行为都可以被追认,董事的有些行为是不能被追认的。那些不能被追认的行为又被称为不可追认的错误。不可追认的错误,主要包括但不局限于违反公司成文法的禁止性规定而作出的行为,以及违反普通法或衡平法所规定的某些董事义务而作出的行为。例如,董事违反义务,不以公司的利益而行事,或者董事把公司的财产占为己有,等等。

第二,合同免除。根据英国《2006年公司法》第232条至第238条,原则上董事责任不能通过合同安排的方式予以免除,但是在特定情况下除外。第一种情形是提供保险,即公司可以通过合同安排为公司董事或关联公司购买并维持针对上述所指的董事责任的保险。第二种情形是合格的第三人补偿条款。第三人补偿条款,是指董事对除公司或关联公司外的人所产生的责任进行补偿的条款,例如,董事被司法部门处以罚金(刑事责任),或董事被监管部门处以罚款(行政责任),公司予以补偿。第三种情形是合格养老金计划补偿条款。养老金计划补偿条款,是指针对与作为职业津贴计划受托人之公司的行为相关联所产生的责任,向该公司的董事进行补偿的条款。

第三,法院免除。根据英国《2006年公司法》,如果在针对公司高级人员或者审计师之过失、失责、违反义务或违反信托的诉讼中,审理案件的法院认为该高级人员或该审计师负有或可能负有责任但是其诚实合理地行事,并且考虑到案件的所有情形(包括与其任命相关联的情形)其应当公平地被免除责任,那么法院可以按其认为合适的条款全部或部分免除该高级人员或该审计师的责任。如果任何该高级人员或该审计师有理由担心,针对其过失、失责、违反义务或违反信托而将或可能被提起诉讼,那么其可以向法院申请免除责任,并且法院具有免除责任的相同权力,如同该法院是受理该诉讼(即针对该高级人员或该审计师过失、失责、违反义务或违反信托而提起的诉讼)的法院。

❖ **8. 独立董事**

在2021年全国法院十大商事案件之二的康美药业案中,独立董事承担的巨额赔偿责任再次将独立董事制度推上了社会关注的热点和焦点。

20世纪六七十年代以后,以美国为代表的西方国家的各大公众公司的股权日益分散,董事会逐渐被以CEO为代表的职业经理人们操纵,以至于对经理人员的监督缺乏效率。公司不断卷入向政府官员行贿等丑闻、美国公司机关构造单一制中内部监督失控的制度缺陷和现实问题、美国特殊的司法制度,都使得人们对现行制度下董事会运作的独立性、公正性、透明性和客观性产生了质疑。有研究认为,在董事会中引进独立的非执行董事可以增加董事会的客观性与独立性,扼制经理之间相互串通的情形。在理论成果和现实需求的双重推动下,美国立法机构快速推进完成了独立董事制度落实的进程。

我国引进独立董事制度的主要原因是股权结构严重不合理、控股股东滥用权利、内部人控制现象严重、监事会形同虚设等。1997年12月16日证监会《上市公司章程指引》中规定"公司根据需要,可以设立独立董事"。2001年8月16日证监会《关于在上市公司建立独立董事制度的指导意见》开始在我国上市公司建立独立董事制度。20多年后,独立董事已成为我国上市公司治理结构中不可或缺的角色。2022年1月5日证监会发布《上市公司独立董事规则》。2023年4月7日国务院办公厅《关于上市公司独立董事制度改革的意见》确立了上市公司独立董事制度改革的指导思想、基本原则、主要目标和主要任务。2023年8月1日证监会发布《上市公司独立董事管理办法》(以下简称《管理办法》),对现行独立董事规则进行了全面和系统的修订。

根据《管理办法》第2条,独立董事是指不在上市公司担任除董事外的其他职务,并与其所受聘的上市公司及其主要股东、实际控制人不存在直接或者间接利害关系,或者其他可能影响其进行独立客观判断关系的董事。独立董事应当独立履行职责,不受上市公司及其主要股东、实际控制人等单位或者个人的影响。根据《管理办法》第3条,独立董事对上市公司及全体股东负有忠实与勤勉义务,应当按照法律、行政法规、证监会规定、证券交易所业务规则和公司章程的规定,认真履行职责,在董事会中发挥参与决策、监督制衡、专业咨询作用,维护上市公司整体利益,保护中小股东合法权益。

有观点认为,应当以"弱董事性和强独立性"为原则构建独董规范体系。弱董事性体现在:很多独董认为自己是专业人士或者监督建议者,没有把自己放在董事的地位进行考虑;其薪酬微薄也是弱董事性的原因。而作为公司治理中的第三方监督者,独立董事又有着强独立性的特征,主要体现在以下方面。其一,法律地位独立,独立董事由股东大会选举产生,不是由大股东或者公司管理层委派,并非大股东或者公司管理层利益的代言人。其二,利益独立性,独立董事与公司没有任何业务关联和物质利益关系,其可以对董事会的决议作出独立的意思表示;因此独立董事应当独立履行职责,不受上市公司主要股东、实际控制人或者其他与上市公司存在利害关系的单位或个人的影响。其三,职能的独立性,根据《管理办法》第8条,独立董事原则上最多在3家上市公司兼任独立董事,这确保独立董事有足够的时间和精力有效地履行独立董事的职责。此外,独立董事的制度目标是监督和限制控制权私人利益,控制权私人利益是公司利益的构成部分。公司利益包括:一是全体股东所得到的股息流量的现值,即公司公共利益,表现为全体股东的共享收益;二是控制权人独享的私人利益,又称控制权隐性收益,是指控股股东以牺牲公司或其他股东的利益为代价,通过关联交易或转移定价、排挤小股东、溢价出卖控制权等手段获取的只为控股股东所独享的收益。

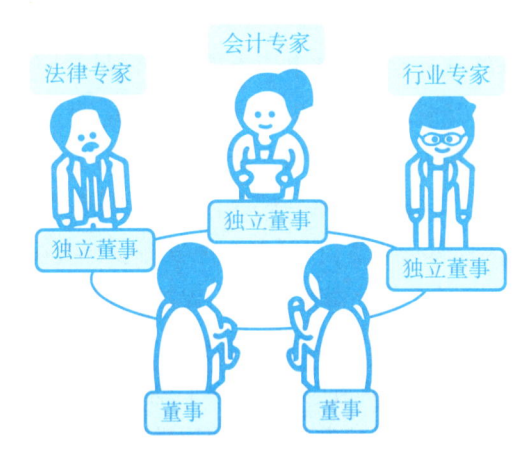

法律专家　会计专家　行业专家
独立董事　独立董事　独立董事
董事　董事

对于独立董事的责任,上海金融法院在 2022 年度十个典型案例之四的中安科案中有了进一步发展。根据该案,在证券虚假陈述责任纠纷中,关于公司董事是否勤勉尽责,应在区分内、外部董事的基础上,结合其职责范围以及在公司决策中所起的作用等因素综合作出认定。对于不参与公司经营活动的独立董事,如果虚假陈述所涉事项超出其职责范围,且已有相关专业中介服务机构进行审核,一般应认定独立董事已勤勉尽责。对于公司内部董事,如果虚假陈述所涉事项属于其职责范围,而未根据其职责要求对相关事项予以谨慎审核,导致虚假陈述行为发生,则应当认定其未尽勤勉之责,应对投资者损失承担相应赔偿责任。

> 第十二章
>
> # 公司社会责任和公司捐赠

❖ 1. 公司社会责任的含义

1924年,美国学者谢尔顿(Oliver Sheldon)在其著作"*The Philosophy of Management*"中最早提出"公司社会责任"的概念。20世纪30年代,美国公司法学界又产生了著名的多德—贝利论战,两位学者就"公司的经理人员是谁的受托人"展开了大讨论。直到1953年,被称为"企业社会责任之父"的鲍恩(Howard R. Bowen)著有《商人的社会责任》(Social Responsibilities of the businessman)一书,开启了关于企业社会责任的现代辩论。

1979年,学者卡罗尔(Carroll)给出了一个综合性的定义,认为企业社会责任,是指在给定的时间内社会对组织所具有的经济、法律、伦理、慈善方面期望的总和,并将企业社会责任分为金字塔式的四层结构,从下而上依次是经济责任、法律责任、道德责任和任意责任。公司最基础的功能是制造产品和提供服务,并为之获取利润。法律责任则要求公司遵守规则,在经营中受到来自各方的监管。道德责任强调公司基于自愿,可以做一些额外的慈善工作。处在顶端的任意责任是针对掌握庞大资源、有能力改变某些地区的经济或生态等的大公司而言的。反对公司社会责任的学者,以著名的自由经济学家米尔顿·弗里德曼教授为代表,则认为公司的天职是赚钱,不应该去做那些慈善组织或政府部门应该做的事情。

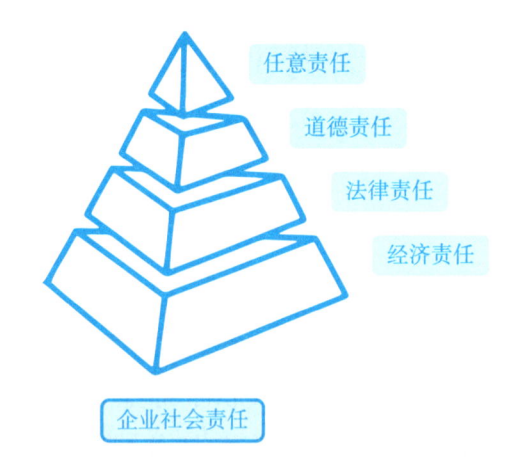

```
        任意责任
      道德责任
    法律责任
   经济责任

企业社会责任
```

公司的主要目的是营利,而公司社会责任则要求公司不仅要实现股东的利益,而且要考虑诸多利益相关者的利益。虽然公司社会责任的内容因公司的不同而有所不同,但是大体上包括:公平对待每个股东;重视雇员的合法权益;诚实守信,维护消费者的合法权益;营建良好的市场竞争秩序;节约资源,保护和改善自然环境;改善服务,促进社区发展;关心社会发展,支持社会公益事业等。

公司社会责任作为商法的一项基本原则,已被我国学者提出。但是,到底是作为单独的一个原则,还是作为其他原则的组成部分(例如作为交易安全原则的一部分),抑或应当将其纳入商法的理念(例如四理念说/五理念说),甚至不应当在法律中直接加以体现,还存在诸多争议。

在司法裁判中,法官对公司社会责任原则的运用,体现为四个方面。第一,法官在公司类或合同类纠纷的裁判中,会将公司社会责任作为考量因素之一。第二,在公司解散纠纷中,公司社会责任是一个重要考虑因素,但也引发争议。例如,在李某针与青岛杰盛置业有限公司、薛某明公司解散纠纷案中,法官认为,在判断公司应否解散时,不仅要考虑股东的利益,还要充分考虑到公司解散对社会公众利益的影响。股东权利的行使应当受到公司及股东应承担的社会义务的约束。在股东的个人利益与社会公众利益发生冲突时,应优先保护社会公众的利益。此类说理最大的问题是,将公司和社会之间的关系与股东和股东之间的关系混淆在一起。公司自身的社会责任并不应当由股东承担。第三,将公司社会责任作为裁判中辅助说理的依据。第四,公司社会责任在裁判中有时也存在滥用现象。例如,在戴某、唐德电子(中国)有限公司劳动合同纠纷案中,二审法院纠正了一审法院的法律适用错误,认为公司社会责任的对象具有不确定性,至少针对的是利益集团的整体利益,而不能适用于单个个体的劳动合同纠纷。

目前我国的法律体系中,公司社会责任的规制存在三个特点。第一,法律规定原则性、分散性。例如,《民法典》《食品安全法》《旅游法》《公司法》《网络安全法》《企业国有资产法》《合伙企业法》等,均原则性规定了公司或企业社会责任的内容。第二,对于具体领域,采列举方式,内容丰富,但是效力层级较低。例如,网络交易平台经营者、直销企业、认证机构、中央企业、对外承包工程行业、保险业、银行金融机构等。第三,原则的可诉性不高。

修订后的《公司法》第20条在承袭原来规定的基础上,增加了利益相关者的利益/社会公共利益,丰富了社会责任的内涵。根据该条,"公司从事经营活动,应当充分考虑公司职工、消费者等利益相关者的利益以及生态环境保护等社会公共利益,承担社会责任。国家鼓励公司参与社会公益活动,公布社会责任报告"。

❖ 2.公司捐赠的含义

公司捐赠有广义和狭义之分。广义的公司捐赠,是指公司将其合法持有并有权处置的财产向任何第三人的无偿转让。任何带有利他性质的赠与,都构成公司捐赠。例如,公司向某个自然人、某个组织或者政党捐赠,或者公司为他人的银行透支提供担保,或者公司向其雇员或管理层支付高额薪酬,而其数额超过了合理程度而被认为是不真实的,或者公司为了其雇员或管理层过去提供的服务支付奖金或养老金,而该支付未经授权或没有价值等。

广义上的公司捐赠又可分为公司的慈善捐赠和非慈善捐赠两类。前者又称公益捐赠,是指公司以慈善为目的而对特定受赠人的捐赠。后者是指慈善捐赠以外的捐赠,例如公司的政治捐赠,或者公司向其他公司的捐赠等。并非所有的慈善捐赠都可以享受慈善抵扣(即所得税税前扣除)。能否享受慈善抵扣,取决于是否满足法律所规定的条件。通常所称的公司捐赠是指狭义上的公司捐赠,即享受慈善抵扣的公司捐赠。无论是广义还是狭义的公司捐赠,都会减少公司的财产,从而给公司或者公司债权人的利益带来某种消极的影响。

公司捐赠与公司社会责任的关系:
● 公司社会责任的内涵比公司捐赠更丰富
● 捐赠越多并不必然承担的社会责任越大
● 捐赠有时候成为逃避责任的手段

"公司捐赠"这个术语,涉及三层含义。第一层含义是"公司"。在公司捐赠中,捐赠人必须是公司或者公司所授权的人。公司除自己作出捐赠外,也可以授权某个人(即被授权人)作出捐赠。被授权人既可以是自然人,也可以是组织。公司与被授权人之间的关系,适用民法上的代理规则。公司是本人,被授权人是代理人。被授权人在公司的授权范围内行事,其结果由公司承担。

第二层含义是"捐赠"。捐赠具有三个基本特征。第一,必须是无偿的。无偿意味着不收取任何对价。第二,必须是自愿的。自愿意味着明知其行为的后果,仍然积极主动地去做。如果捐赠是非自愿的,例如在欺诈或者胁迫的情形下作出,那么该捐赠是无效的或可撤销。第三,必须是对慈善组织或政府等受赠人作出的。

从最广泛的意义上看,捐赠包括任何形式的无偿赠与,例如捐赠货币、有价证券、物资、技术和服务、时间,捐赠器官、鲜血等。但是,公司不同于自然人,一些自然人所拥有的东西,公司并不持有。对公司来说,公司可以捐赠的是其能够持有并合法持有的财产,而专属于自然人的血液、器官等,显然不属于公司可以捐赠的范畴。要注意的是,公司用以捐赠的财产,应当具备两个基本要素:一个是具有使用价值或流通价值,如果没有该价值,对受赠人来说就毫无意义,无法实现捐赠的目的;另一个是权利无瑕疵,即该财产上不应当有抵押、质押等权利负担,因为一旦有负担,受赠人将可能因抵押权人、质权人行使权利而失去该财产,从而导致捐赠事实上不存在。

第三层含义是"慈善",或称"公益"。相较于"公司"与"捐赠"而言,这层含义是最重要、最复杂的。对"慈善"下一个准确的定义,并非易事。即使在慈善法比较发达的英国,成文法也是在积累了大量的判例以后,才作出了归纳与整理。英国对于"慈善"的定义,最早可以追溯到《1601年慈善用益法》(伊丽莎白法)的序言。19世纪末,Macnaghten法官在一个案例中[Commissioners for Special Purposes of the Income Tax v Pemsel(1891)AC 531]将法律意义上的慈善分为四个方面:救济贫困、促进教育、倡导宗教、对社会有益的其他目的。根据英国《2011年慈善法》,慈善组织是指仅为了慈善目的而创设的机构。慈善目的要符合两个方面的标准:第一,必须是慈善目的的法定种类之一;第二,必须同时满足

"公益性标准"。

我国《慈善法》第3条规定,本法所称慈善活动,是指自然人、法人和非法人组织以捐赠财产或者提供服务等方式,自愿开展的下列公益活动:(1)扶贫、济困;(2)扶老、救孤、恤病、助残、优抚;(3)救助自然灾害、事故灾难和公共卫生事件等突发事件造成的损害;(4)促进教育、科学、文化、卫生、体育等事业的发展;(5)防治污染和其他公害,保护和改善生态环境;(6)符合本法规定的其他公益活动。2003年财政部发布《关于加强企业对外捐赠财务管理的通知》,将企业的对外捐赠分成三类:(1)公益性捐赠,即向教育、科学、文化、卫生医疗、体育事业和环境保护、社会公共设施建设的捐赠;(2)救济性捐赠,即向遭受自然灾害或者国家确认的"老、少、边、穷"等地区以及慈善协会、红十字会、残疾人联合会、青少年基金会等社会团体或者困难的社会弱势群体和个人提供的用于生产、生活救济、救助的捐赠;(3)其他捐赠,即除上述捐赠以外,企业出于弘扬人道主义目的或者促进社会发展与进步的其他社会公共福利事业的捐赠。根据该通知,是否可以认为慈善捐赠包括公益性、救济性以及其他捐赠?如果可以这样理解,那么显然"公益"的内涵,比"慈善"要小。

❖ 3. 公司捐赠的合理性

公司捐赠将导致公司财产减少,而这似乎与公司的营利性相冲突。如果公司的目的是营利,那么为什么还要允许公司作出捐赠呢?以下是与公司捐赠合理性相关的理论。

第一个是竞争优势理论[Michael E. Porter & Mark R. Kramer (2002)]。公司可以利用慈善努力,提高竞争环境,即在其运行地商业环境的质量。使用慈善提高竞争环境,能将社会和经济目标结合在一起,提高公司的长期经营前景。竞争优势理论不仅使得公司可以捐赠,而且可以影响支持慈善事业的能力和关系。由此产生的社会权益远远大于个人、基金会甚至政府提供的权益。

慈善对公司竞争环境能够产生影响。竞争环境包括以下四个要素。首先,生产条件,是指高质量、专业化的投入,例如人力、资本、基础设施建设、管理设施建设、信息设施建设、科学和技术设施建设以及自然资源等。其次,需求条件,包括富有经验的、有需求的消费者,可以全国性或世界性提供的特定群体的当地需求,在其他地方期待的消费者需求等。再次,战略和竞争的环境,包括鼓励投资和持续升级的当地的政策和激励(例如知识产权保护),公开和激烈的当地竞争等。最后,相关和支持性产业,包括有能力的、基于当地的供应商以及相关领域的公司,集群而非孤立的产业等。

第二个是比较优势理论[M. Todd Henderson & Anup Malani (2009)]。这个社会存在一个利他主义的市场,除了公司,还有非营利组织和政府都向这个市场提供产品(慈善)。对于公司是否应当参与慈善的问题,只有当公司在市场上具有比其竞争者更强的成本或质量优势的时候,才应当参与慈善。

无论公司慈善背后的原因是什么,它的存在揭示了这样一个事实,即人们"购买"利他主义,就像他们购买其他产品一样。非营利组织、政府和营利性公司这三种组织向个人提供购买利他主义的机会。每个组织在价格、质量上互相竞争,向消费者出售利他主义,就好像公司相互竞争、出售产品一样。这就是"利他主义的市场"。

公司只有在这样做有效率的时候,也就是在它相较于其他公司、非营利组织和政府而言具有竞争优势的时候,才应当参与慈善。一般而论,政府不应当禁止或挫败公司慈善,因为公司是重要的、经常性的利他主义提供者。竞争优势具体包括范围经济、捆绑减少"搭便车"、多元化、代理成本以及网络效应等方面。只有当公司在市场上具有比其竞争者更强的成本或质量优势的时候,才应当参与慈善。进一步说,只有当政府无法满足对特定的慈善行为的需求,并且公司能够比其他公司或非营利组织更好地从事该行为时,公司才应当参与该行为。

- 竞争优势理论
- 比较优势理论
- 理论动机理论

我们的目的是营利
捐赠会导致财产减少
为什么要捐赠呢?

公司捐赠有合理性
这几个理论可以提供支撑

第三个是动机理论[Rikki Abzug & Natalie J. Webb(1997)]。很少有公司捐赠是完全利他的或者完全为了社会利益。公司捐赠虽然通常是对其他人有利的,但是仍然是为了公司利益。公司捐赠的可能动机主要包括几个方面。

首先,利他主义。公司股东不仅关心公司如何对他们有利,而且关心公司的行为如何影响其他人。存在三个方面的利他原因。一是公司(与个人相比)可以向单个组织作出数额更大、更有效率的捐赠,可以更好地服务于非营利以及公司股东的目的。个人无法再控制资源的分配。二是利他主义可以避免"搭便车"的问题。公司作出捐赠时,所有股东都按其持股比例捐出了公司利润。三是由于公司利润是双重征税的,因此公司捐赠是符合成本效益的。公司避免了捐赠部分的税收。尽管如此,完全利他是不可能的。

公司经常从增值的商誉中获利。

其次,公司社会责任。公司管理层主张这是将公司盈利的一部分回报社会的手段。公司应当以社会可以接受的方式经营,即关心雇员及其家庭的健康、安全、教育、发展以及生活质量。实践公司社会责任在三个方面为公司带来利益:公共关系、财务绩效以及雇员满意。

再次,管理层效用。管理层无法将其个人利益与职业决策分来开,因此不能假设公司都是利润最大化经营的。管理层作为代理人而行事,他们可能最大化自己的利益。管理层之所以捐赠,是因为利他,或者因为他们享受作出捐赠带来的声望。管理层效用模型中存在两个物品:税收利润和公司捐赠。如果管理层效用的水平很高,更富有成效,并且(或者)公司从捐赠中获利,那么这个捐赠是为了公司利益的。股东处理代理问题的一个可能途径是,促使管理层减少捐赠,增加对公司的权益。

最后,利润最大化。管理层和股东认为,捐赠的收益超过了成本,或者该捐赠从公司长远来看,是利己的。经济学家的利润最大化公式包括:公司成本(费用)、公司对产品制订的价格(价格×数量=销售额)、捐赠成本以及实际捐赠的潜在收益和成本。这个模型可以解释管理层允许捐赠的动机。如果捐赠同时影响成本和销售,那么影响输入和输出之一或两者的成本,可能增加公司的利润。

❖ 4. 公司捐赠的要件论

公司捐赠的构成要件,是指一项享受慈善抵扣的公司捐赠所必须具备的要素或条件。公司作出慈善捐赠时,可能并非出于慈善抵扣的本意,但是其行为后果可以享受慈善抵扣的待遇。公司也有可能出于慈善抵扣的目的去捐赠,但是因未能满足某些要素或条件而无法享受该抵扣的待遇。并非公司所有的慈善捐赠都可以享受慈善抵扣,能够享受该抵扣的仅仅是满足条件的那一部分。

要件论下,公司捐赠共有四个构成要件:捐赠主体、捐赠物、捐赠意图和捐赠行为。

首先,捐赠主体包括捐赠人和受赠人。捐赠人主要是指具有独立法人地位的公司。受赠人的范围非常广泛。广义的受赠人包括慈善捐赠的受赠人以及非慈善捐赠的受赠人。慈善捐赠的受赠人,又分成享受慈善抵扣的受赠人(即合格受赠人)以及不享受慈善抵扣的其他受赠人。并非所有的慈善捐赠,都能享受慈善抵扣。只有那些对合格受赠人的慈善捐赠,才可享受慈善抵扣。合格受赠人包括政府和慈善组织。政府和非营利组织是彼此独立的。慈善组织采狭义的界定,是指构成慈善抵扣的非营利组织。因此,非营利组织的范畴要大于慈善组织。社会组织是非营利组织的一部分,同时一旦能享受慈善抵扣,则构成慈善组织。

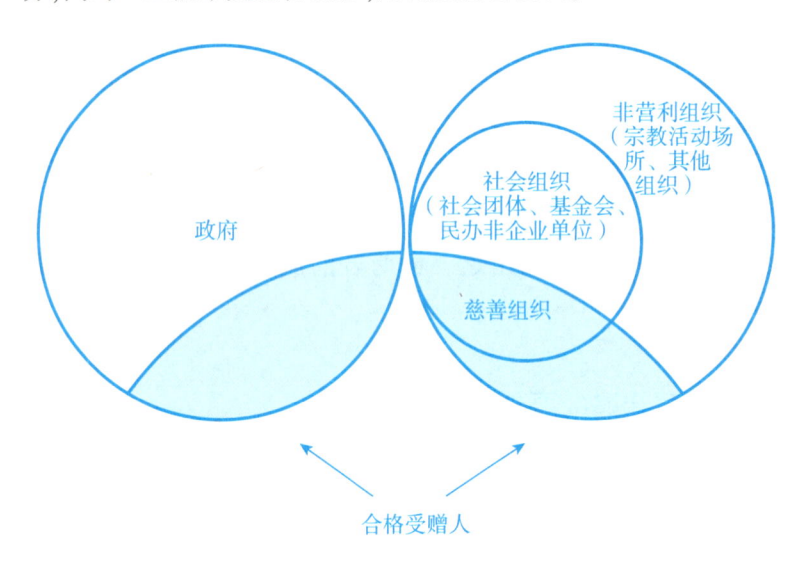

其次,捐赠物,又称捐赠财产、受赠财产等,是捐赠关系的客

体。公司持有的财产,具有各种各样的形态。有些财产的价值比较稳定,有些则漂浮不定;有些财产适合转让,有些则不适合;有些财产易于为受赠人实现慈善目的,有些则不容易。与适用于公司出资相关的规定相类似,可以将公司持有的财产分成两类:货币与非货币财产。我国法关于公司可以捐赠的财产范围比较狭窄,仅限于现金、库存商品和其他物资。现有的规定过于注重捐赠物的使用价值,而忽视了流通价值。实践中可用以捐赠的非货币财产,呈现不断扩大的态势。一些新类型的非货币财产,例如股权、艺术品等,都允许作为捐赠物。

再次,捐赠意图,是指捐赠人在作出捐赠时的主观心理状态。第一,对于捐赠的公司,一定要求其具有"慈善"的动机,这似乎不太可能也没有必要。不一定要有慈善的动机,并不意味着捐赠人在捐赠时可以不用出于"善意"。捐赠人的真实动机是无关紧要的,但是在捐赠时,捐赠人必须具有主观上的"善意"。第二,应当突破无偿性。无偿性并非指捐赠人在捐赠时不得接收任何对价,只要捐赠价值超过对价的部分且具有捐赠意图,那么也理应视为捐赠人的捐赠,并因此享受慈善抵扣。对无偿性的突破,不仅从客观的角度重新审视一项有效、合法的捐赠,通过赋予捐赠人对于超过部分慈善抵扣的权利来保护捐赠人的合法权益,而且能够因此大大促进捐赠人的捐赠积极性,从而促进整个社会的慈善事业发展。

最后,捐赠行为,是指捐赠人必须有向受赠人转让捐赠物的行为。对于该要素,应当从转让的含义以及自愿性这两个方面予以理解。第一,转让具有两个基本要素:捐赠人捐出某些东西、受赠人收到某些东西。捐赠也可以附条件或附期限。第二,捐赠人只有出于真正意义上的"自愿",才可以享受慈善抵扣。因此,在法院判决捐赠人败诉、捐赠人向受赠人继续履行捐赠合同以后,不能再主张慈善抵扣。因为这不是基于自愿的转让,而是基于法院判决的转让。

❖ 5. 公司捐赠的程序论

公司捐赠主要涉及两类法律问题,一类是构成要件,另一类是程序问题。前者要解决的是公司作出的一项捐赠是否可以享受慈善抵扣的待遇的问题,后者则关注捐赠是否有效成立的问题。在程序上,有四个方面的问题值得重视。

首先,捐赠合同的成立及其违反。捐赠合同可以采取书面、口头或其他形式。"诺而不捐"的本质是违反捐赠合同的约定,是一种违约行为。受赠人可以要求捐赠人继续履行捐赠合同,按照该合同交付约定的捐赠数额或者提供约定的捐赠物品。如果捐赠人因其违约行为而给受赠人造成了实际损失,受赠人可以要求捐赠人赔偿损失。如果受赠人因捐赠人的违约行为而遭受实际损失并且认为捐赠人已没有必要再履行捐赠合同,受赠人可以解除该合同,并要求捐赠人赔偿损失。如果捐赠人被法院判决要向受赠人支付其所承诺的数额,那么在该判决数额的范围内,捐赠人不得要求享受慈善抵扣。

其次,公司处于破产边缘时捐赠的效力。在平衡债权人与受赠人之间的利益时,不能当然地认为该捐赠是有效的或者是可撤销的,而应当结合各方面的情况予以综合分析。具体而言,应当把握以下四个方面。第一,考量债权人与受赠人的主观状况,即对该捐赠将影响债务人的清偿能力等风险是否明知。第二,受赠人在接受捐赠时,没有审查捐赠人偿债能力的义务。第三,找出更好的风险承担者。如果一方可以通过购买保险、查验身份或者检查签名等方式处于一个规避风险的更好地位,那么该方是更好的风险承担者;对于该方的过失,是不可原谅的。如果一方能够更好地转移或吸收风险,那么该方被视为更好的风险承担者。第四,充分认识公司董事的义务和责任。

美国明尼苏达州的立法提出了一个折中的方案,给我们带来启发。在界定欺诈性转让时,向一个慈善组织的财产转让,如果捐赠数额没有超过债务人作出捐赠当年年度收入总额的15%,或者捐赠超过该数额但是该捐赠与债务人作出慈善捐赠的实践相一致,那么不视为"转让"。

再次,捐赠决策权的分配。捐赠决策权的分配应当结合公司的性质以及公司捐赠的重要性等因素予以综合判断。有限责任公司的董事会通常由股东组成,代理成本较小,因此董事的决定往往可以视为股东的决定。股份有限公司的情况则有所不同,因其股东人数众多且分散,所有权与经营权分离的特征明显,代理成本比较高,所以董事的决定并不能代替股东的决定。原则上,公司捐赠属于公司的日常业务范畴,一般由董事会予以决定。公司捐赠由股东决定存在两大弊端,一是时效性(捐赠的需求时效与决策的形成时效之间的矛盾),二是有效性(信息不对称造成人数分散的股东难以作出有利于公司的决定)。但是,如果公司捐赠的数额过大乃至构成公司结构的变化(例如捐赠数额占公司总资产的20%以上),此时该捐赠应当交由股东大会决定。

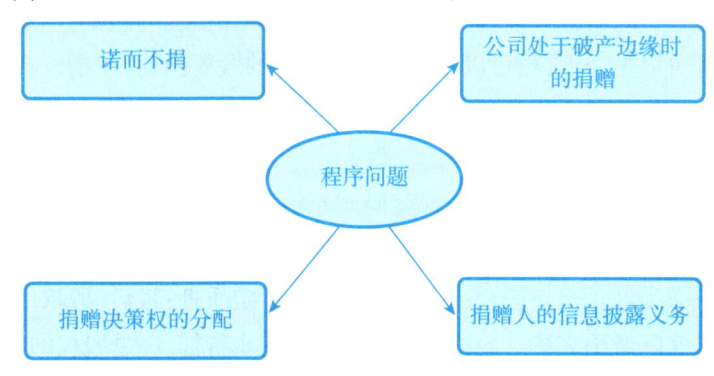

程序问题
- 诺而不捐
- 公司处于破产边缘时的捐赠
- 捐赠决策权的分配
- 捐赠人的信息披露义务

最后,捐赠人的信息披露义务,是指在公司慈善捐赠中,作为捐赠人的公司负有的关于披露捐赠活动之信息的法定义务,包括向谁披露以及具体披露事项等内容。公司法规定了股东知情权,但是没有规定债权人知情权。虽然债权人无法阻止公司作出捐赠的决策,但是债权人可以通过与公司的契约,约定在发生一定数额或比例的捐赠时(或者违反债权人在契约中要求公司所维持的资产负债水平),公司应当向债权人提前清偿债务或者提供相应担保,以此维护债权人的自身利益。法律的强制性披露要求则可以在最低限度内,为债权人获取公司捐赠的信息提供保障,使得债权人及时了解公司经营的最新变化,作出有利于自己的判断。

无论是对于股东还是债权人,关于公司捐赠的披露事项,一般包括受赠人、捐赠时间、捐赠物的种类、捐赠数额、捐赠物来源、捐赠性质(定向捐赠或非定向捐赠)、是否开具捐赠收据以及受赠人与管理层之间的关系等。对于定向捐赠,还应当包括捐赠物使用信息,例如受益对象、受益地区、捐赠活动等。

❖ 6. 股权捐赠

广义上的股权捐赠,是指持有一个公司股权的个人或公司,将其持有的该公司的股权捐赠给受赠的第三人。此类股权捐赠,不以慈善目的为必要,因此对受赠的第三人并无特别的限制,该第三人既可以是个人,也可以是公司。狭义上的股权捐赠,是指以慈善为目的的股权捐赠,即持有一个公司股权的个人或公司,将其持有的该公司股权捐赠给合格的受赠人。

关于股权捐赠的一个首要原则是,捐赠不能给受赠人增加额外的义务或负担。该原则的内容又体现在以下三个方面:首先,该股权必须已正当登记;其次,该股权不得设定质押;最后,股权的价款已实际缴纳完毕。股权捐赠具有两个基本特征:一是股权的"转让",即股权的所有权或控制权的转移,该转移并非仅仅是指股权名义上的转移,还必须考察交易的最终后果;二是"对价"的获取。

在我国,股权捐赠的本质是股权转让,因此股权捐赠何时完成这个问题就成为公司法上的股权转让规则如何适用于捐赠场合的问题。捐赠协议的签订并没有导致股权捐赠的完成,而是引发了相关各方办理法律手续、以完成股权捐赠的义务。根据协议,捐赠人、被捐赠股权公司负有义务,不仅要在该公司内部办理股东名册的变更,而且要去登记机关办理变更登记。根据内部登记生效主义,当受赠人的名称记载于被捐赠股权公司的股东名册上时,受赠人即成为该公司的股东,股权捐赠视为完成。该规则清晰明了,避免了一些不必要的纷争。

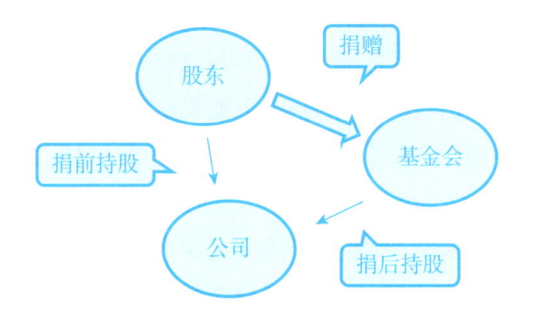

捐赠的股权必须具有价值,或者说受赠人必须可以从捐赠的股权中获益。如果被捐赠股权公司因经营不善而歇业或者已陷入财务困境,那么其股权已基本没有价值,受赠人无法从该股权中获得可用以慈善目的的收益,捐赠也就失去了意义。由于股权的价值并不固定,会随着被捐赠股权公司的经营状况而上下浮动,因此有必要在捐赠时对股权作出评估。一个比较重要的问题是评估基准日的确定。股权捐赠完成之后,其价值有可能因公司经营不善而贬值,也可能因公司经营良好而增值。总体上,应当将股权捐赠完成之日作为评估基准日,将该日的股权价值作为慈善抵扣的依据。但是,评估基准日也可以基于某些因素而调整,例如捐赠人的主观状态。

根据我国目前的法律,个人通过社会团体、国家机关向教育和其他社会公益事业以及遭受严重自然灾害地区、贫困地区的捐赠,其抵扣限额是应纳税所得的30%。企业通过公益性社会团体、公益性群众团体或者县级以上人民政府及其部门,用于公益事业的捐赠支出,其抵扣限额是年度利润总额的12%。

受赠人慈善组织受让股权后,成为被捐赠股权公司的股东,由此在以下三个方面应当引起关注。首先,受赠人的股东身份受到《公司法》的保护,并具有与被捐赠股权公司其他股东相同的法律地位。受赠人可以行使股东权利。其次,受赠人与一般股东的不同之处在于,前者是以慈善为唯一宗旨的,并非如后者那样为了追逐利润。受赠人的慈善宗旨并不妨碍其成为商业公司的股东并享受股东权利。最后,捐赠人的行为可能影响受赠人的股东地位。

除了上述问题,还需要进一步研究的问题包括:第一,受赠人对被捐赠股权的处置能力,即受赠人受让股权之后,是否可以将该股权进一步转让或处置,包括出售(无论是否折价)、质押或者再次捐赠等;第二,当受赠人为了获得金钱对价而进一步转让股权时,捐赠人是否享有优先购买权,即捐赠人能否以某个价格(无论是否事先确定)从受赠人手中购回股权;第三,捐赠人对受赠人的控制,究竟会对受赠人的正常运作产生什么样的影响;第四,是否所有的股权都适合捐赠,即被捐赠股权的性质与受赠人慈善宗旨的实现之间存在何种关联。

◆ 7. 公司收藏

公司收藏,是指公司从其可以合法使用的资金中提取相应的部分,用于艺术品的购买,进而获得相对保值增值的投资回报,并树立良好的公司形象、积极回馈社会的行为。艺术品是公司收藏的对象和客体。艺术品有广义和狭义之分。广义上的艺术品等同于艺术作品，泛指一切艺术从业者创作的作品，不仅包括书画、陶瓷、钱币和邮品等具有物质形态的作品，也包括音乐、舞蹈等时间艺术作品。狭义上的艺术品，仅限于绘画、书法篆刻、雕塑雕刻、艺术摄影、装置艺术、工艺美术等作品及其有限复制品。

现实生活中许多收藏艺术品的公司，都与公司管理层成员热爱艺术有非常紧密的关系。他们自己可能是艺术爱好者、收藏家或者鉴赏家。但是他们自己的收藏不同于公司收藏，如果要让公司出资购买艺术品，他们必须要说服董事会或股东会，从而形成公司购买艺术品的相关决议。公司花费巨资购买艺术品，其背后的原因可能是多种多样的。首先也是最重要的，是出于增值获利的投资目的。其次，公司收藏具有宣传价值，可以在短期内迅速提高公司知名度。再次，可以改善公司的环境和形象，塑造公司的文化。最后，公司收藏是公司承担社会责任的方式之一。

在公司收藏中，董事义务同样适用。首先，董事的行为虽然受到商业判断规则的保护，但是这并不意味着董事可以随意决策。董事必须清楚地了解公司收藏的目标是什么，并且在此基础上，努力使购买艺术品的交易给公司带来最大的利益。其次，董事必须进行独立的判断，在必要时可以将其职责委托。再次，董事在决策时，必须运用自己的知识和技能，对各种情况予以全面、充分的考虑。公司董事必须充分了解当时生效的关于艺术品交易的法律法规。同时，他们也必须充分了解艺术品购买协议中的各个条款及其含义。最后，董事应当避免利益冲突。虽然法律不禁止董事的私人收藏，但是应当将公司收藏和私人收藏予以明确区分，杜绝董事利用公司为自己的利益服务。

如果董事从事下列行为，那么在公司与董事之间产生了潜在的利益冲突:(1)使用公司资金或者公司资源,为个人进行艺术收藏;(2)将公司的艺术品收藏用于个人使用或者不当使用;(3)个人购买艺术品时,由于和公司之间潜在的或者进一步的交易关系,从展览馆、交易商、艺术家等处接受折扣;(4)利用公司购买艺术品,为个人的私人艺术品收藏营造市场或者提升价值;(5)通过向博物馆提供公司资金或支持来获取非公开的信息,以用来培育或提升个人的私人艺术品收藏;(6)不当利用公司机会,为个人的私人收藏获取比公司取得的艺术品更高级的艺术品,从而损害公司利益;(7)以对公司不公平的价格或条件,在公司收藏与私人收藏之间交换艺术品,或者从公司收藏中购买艺术品。董事负有义务采取一切措施,避免这些冲突的发生。

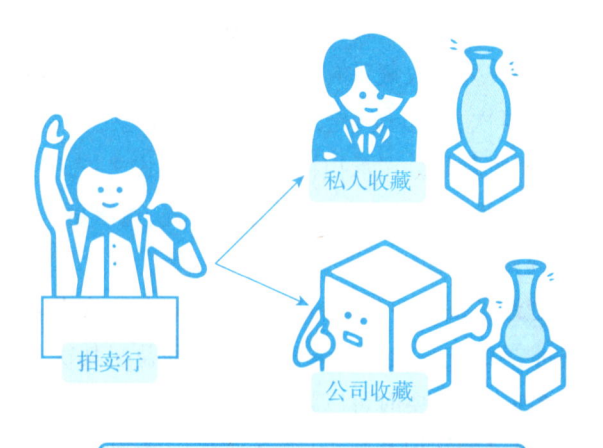

董事的私人收藏和公司收藏必须明确区分
董事有义务采取措施避免利益冲突

公司收藏导致公司的资金直接减少,而且所获得的对价(艺术品)无法直接用于公司的生产经营。一旦公司的艺术品收藏被认定损害了公司利益(在美国,被认定是对公司资产的"浪费"),那么董事就违反了其对公司的义务。此时公司或者股东可以通过诉讼要求董事向该公司赔偿损失。公司提起的诉讼是直接诉讼,因为遭受损害的是公司本身。而股东提起的诉讼则是派生诉讼。由于浪费的资产是公司的资产,股东利益并没有直接受到损害,所以股东不能提起直接诉讼。只有当公司被侵害人(例如董事)控制导致无法提起诉讼时,股东才可以以自己名义代表公司提起派生诉讼。此类诉讼的结果是,败诉的被告(董事)向公司赔偿损失,而不是向胜诉的原告(股东)赔偿损失。

❖ 8. 艺术品捐赠

艺术品捐赠的主体是艺术品的持有者,包括创作者或收藏者。目前,我国艺术品捐赠的主体主要是个人。但是,随着公司收藏的发展,今后势必出现越来越多的以公司为主体的艺术品捐赠。在公司捐赠的场合,公司首先收藏(购买或受赠)艺术品,然后公司作为捐赠人将这些艺术品捐赠给美术馆、博物馆或者慈善组织等受赠人。当前公司捐赠艺术品主要面临三大问题:如何确定可用以捐赠的艺术品的范围;艺术品的价值如何评估;公司如何通过自行设立美术馆或博物馆捐赠。

首先,可用以捐赠的艺术品必须符合以下特征。第一,该艺术品必须为公司所合法持有。公司可能通过购买或受赠而合法持有该艺术品,也可能因股东以该艺术品出资而由公司合法持有。合法持有,是指享有所有权。如果公司接受其他人委托而将其不享有所有权的艺术品捐赠,那么捐赠人应当是委托人,而并不是公司。第二,该艺术品必须是可流通的,即可以在私人之间转让。如果该艺术品被认定为文物,那么应当区分是馆藏文物还是民间收藏文物,后者允许私人合法持有并传让。第三,该艺术品必须是真品。如果该艺术品是赝品,那么其价值为零或将大大较少;此时公司将该艺术品作为真品去申请慈善抵扣,涉嫌以欺诈的方式骗取国家税款。

其次,艺术品的价值评估。艺术品的合理价值是一个事实问题,而不是法律问题。公允价值又称公允市价或公允价格,是指熟悉市场情况的买卖双方在公平交易的条件下和自愿的情况下所确定的价格。在确定艺术品的公允价值时,一般将拍卖市场或经销商画廊市场作为通常市场,还要考虑旅游商店或博物馆商场的出售价格、境内或境外等因素。对于著名艺术家创作的具有独创性的作品,一般通过拍卖市场确定其公允价值,因为可以获得关于该艺术品的公开出售记录。

慈善抵扣所涉及的艺术品评估不同于一般的艺术品评估。慈善抵扣中评估的目的,是确定艺术品的公允价值,而代表该公允价值数额的款项,不再是私人性质,因其可以从公司的所得税中抵扣而带上了公法的色彩。如果评估过高,那么抵扣的力度过大,国家将因此丧失一部分税款。此时,艺术品评估涉及的关系发生在公司与政府之间,评估的意义发生了转变,即从提供价格参考变成税收抵扣的依据。此类评估应当由官方主导,在全国范围内设立统一的评估机构,负责涉及税收抵扣的艺术品评估。由于艺术品评估的重点在于其公允价值,而不是艺术价值,因此该评估机构的专家应当搭配合理,有些专家可能富有市场经验(如了解拍卖市场),有些专家可能掌握某个特定领域的专门知识。

最后,对于公司捐赠艺术品的方式,主要有两种:公司既可以直接向受赠人交付艺术品,也可以自行设立面向公众的美术馆或博物馆,并将艺术品转移至该美术馆或博物馆。公司博物馆的性质主要有两种。一种是公司内部设立的博物馆(或有其他名称)。该类博物馆是公司内部的一个机构或部门,不具有独立的法人地位,其设立的资金、场地和人员,全部来自公司。该类博物馆的主要目的是展示公司文化,提高员工士气,加强公司与社会公众的交

第十二章 公司社会责任和公司捐赠

艺术品捐赠

- 如何确定可用以捐赠的艺术品的范围
- 艺术品的价值如何评估
- 公司如何通过自行设立美术馆或博物馆捐赠

流。另一种是依法注册的博物馆。该类博物馆是一个独立的法人,有自己的名称、住所、财产和人员,能够自行承担民事责任。虽然该类博物馆的资金(或藏品)由发起设立的公司承担,但是一旦成立之后,博物馆与公司彼此独立,不再有法律上的关联,公司也不是博物馆的股东。

❖ 9. 公司基金会

公司基金会,是指发起人公司出资设立的、以慈善为唯一宗旨的基金会。设立公司基金会是公司捐赠的一种方式。除此以外,公司也可以通过直接捐赠、捐给政府或者捐给慈善组织等方式捐赠。公司基金会的资金主要来源于发起人公司,包括公司原始捐赠之财产的投资收入、公司的定期捐赠、与公司利润相关的捐赠、股权捐赠、公司消费者或雇员筹集的资金等。一些公司也提供实物捐赠,例如工作场所、借调人员、信息设备以及业务知识等。公司基金会在我国还是个新生事物,但是发展比较迅速。

公司基金会的本质是非公募基金会。非公募基金会又称为私募基金会。对于私募基金会的定义是,不能或没有成为公募慈善组织的慈善组织。每一个慈善组织被假定为私募基金会,除非其是公募慈善组织。换句话说,如果不能证明这是个公募慈善组织,那么它是私募基金会。本质上是税收豁免组织的私募基金会,具有以下特征:(1)是慈善组织;(2)由一种资源资助,通常是一个自然人、一个家庭或一个企业;(3)其持续收入来源于投资,具有捐赠基金的性质;(4)其向其他慈善组织捐赠,而不是自己运作项目。

对创设人来说,这种组织是比较理想的慈善工具。创设私募基金会的人既可以是个人或家庭,也可以是公司或组织。创设人可以保持对私募基金会的绝对控制,但是他们之间的交易受到法律上的严格限制。私募基金会的缺陷是可能产生税收上的不平等。如果某个私募基金会是创设人出于私人目的而非慈善目的而创设的,那么该基金会没有实际达到慈善目标却能享受税收优待,显然该基金会被滥用了。

公司基金会的合理性主要包括以下方面。第一,基金会提供了一种治理结构,可以提高慈善请求的流线型处理。基金会为公司捐赠搭建了更加缜密的框架,节省了公司经营的时间,并且能够作出一些公司在其经营中可能不会作出的捐赠。对于长期从事捐赠的公司,经常会收到很多关于捐赠或资助的请求。为了公平起见,引入一个严格、透明的程序是必要的。公司可以将这些请求转到公司基金会,由基金会根据其指导原则处理这些请求,从而提高效率。

第二,基金会能够使得捐赠更加专注且持续。公司基金会在登记时会确定一些慈善目的,这可以使慈善活动具有清晰的焦点和明确的责任。公司基金会也可以登记非常广泛的目的,使得其自己可以根据社会需要、地域差异以及公司战略来作出改变。

此外,公司的收入每年都会变化。对于好的年份和坏的年份,

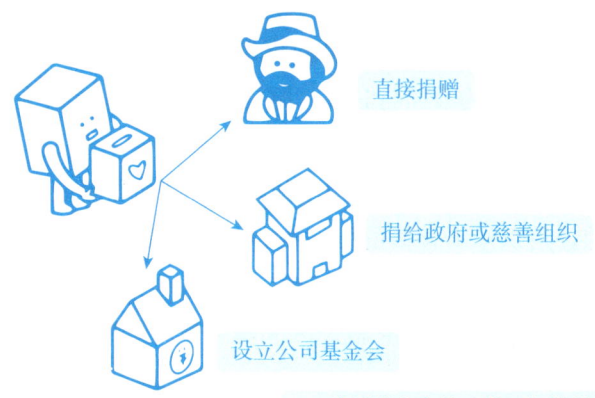

第十二章 公司社会责任和公司捐赠

直接捐赠

捐给政府或慈善组织

设立公司基金会

公司基金会是比较理想的慈善工具
但如果仅是出于私人目的创设
没有实际达到慈善目标却能享受税收优待
那么该基金会被滥用了

公司不可能有相同的慈善预算。由公司所资助的慈善组织可能由于公司的收入波动而受影响,最终会毁损或降低公司的名誉和道德。慈善组织在公司经营不好的年份,也可能希望获得更多的资助,而此时公司不得不减少捐赠支出。公司基金会可以解决这些问题。即使在公司捐赠能力降低的时候,公司此前设立的公司基金会仍然可以捐赠,保持慈善活动的持续性。

第三,设立基金会既可能出于公司创始人的个人动机,也可能是公司追求名誉的需要。公司设立基金会并持续捐赠,只是被管理层、雇员、股东、消费者或更广泛的利害关系人认为是"做得对的事情"。设立基金会是看得见的外部声明,即公司相信其对更广泛的社区承担责任,因此产生了名誉上的利益。

公司基金会也有一些显而易见的缺点。首先,基金会具有行政成本。基金会的设立与运行会产生相关的费用和成本,例如雇员和会计成本。而公司向慈善组织的直接捐赠,则可以减少这些成本。

其次，财务不够灵活。直接捐赠的方式，使得公司的财务变得更加灵活，因为公司在一个财务年度内可以根据其慈善目标和收入状况，自由决定捐赠的数额与时机。但是，公司通过基金会的捐赠，不如直接捐赠那样灵活和自由。

最后，基金会的运行受到特定规则的限制。例如在美国，公司可以通过向慈善组织作出合格的赞助支付从事赞助活动，该活动将使用或承认公司的名称、标志或生产线；公司基金会也可以从事赞助活动，但是自我交易规则限制公司从基金会的赞助活动中可能接收的回报权益。

❖ 10. ESG 的兴起与发展

公司社会责任在落实过程中暴露了内涵单一、道义性过强以及交互性不足的缺陷，此后，可持续发展理念日益成为共识。2004年，ESG（环境、社会和公司治理）一词在具有里程碑意义的报告《有心者胜》中正式提出，该报告认为在资本市场中嵌入环境、社会和治理因素具有良好的商业意义，可带来更可持续的市场和更好的社会成果。联合国支持成立了负责任投资原则组织（Principles for Responsible Investment），推动将 ESG 纳入投资决策。ESG 迅速取代 CSR（企业社会责任）席卷全球公司治理理论研究与实践，并于近些年在我国法律界成为炙手可热的话题。

ESG 不同于公司社会责任。公司社会责任的对象主要是集中于债权人、供应商、用户、消费者、当地社区等传统的公司利益相关者，而 ESG 是从负责任投资原则发展而来的，注重公司可持续发展，指标体系和内容比公司社会责任更加丰富。富时罗素 ESG 评价内容涵括 14 个方面，包括生物多样性、气候变化、污染与资源、环境供应链、水资源安全、消费者责任、健康与安全、人权与社区、劳工标准、社会供应链、反腐败、公司治理、风险管理、税收透明度。

明晟指数一级因素包括 10 大方面,即气候变化、自然资源、污染与浪费、环境机会、人力资源、产品责任、利益相关者反对、社会机会、公司治理、公司行为。路孚特 ESG 一级指标则包括资源利用、排放、环境创新、劳动力、人权、社区、产品责任、管理、股东、公司社会责任策略事项。

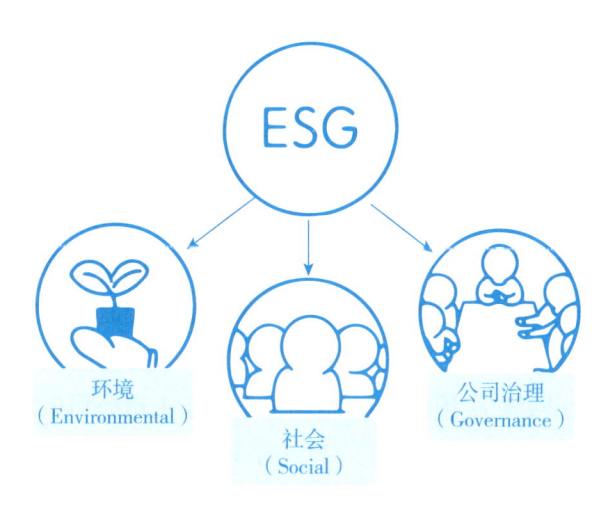

环境（Environmental）
社会（Social）
公司治理（Governance）

在英国,第一,《1995 年养老金法案》于 2000 年进行了修订,并在其中正式引入了关于责任投资的具体要求,即在投资时应当适度考量环境、社会和伦理的因素,2005 年版的《职业养老金计划（投资）条例》和《养老金保障基金（投资原则陈述）条例》则继续对该理念予以延续。第二,英国《2006 年公司法》最终采纳了"开明的股东价值"模型,即董事必须为了股东利益而促进公司的成功,但是同时根据具体情况,也应该考虑实现公司长期目标的需要以及一些更广泛的因素,例如公司雇员、债权人、消费者、环境等。第三,ESG 对英国法最大的影响在于其对传统受托责任的重构。在传统视角下,受托人是信托财产和信托利益的看护者,故其在管理信托财产时,应当仅考虑财务因素。在推崇可持续发展理念的背景下，人们逐渐意识到，追逐长期性的利益才能实现永续发展。2014年，英国出台了《投资中介机构的信托责任》，其中正式明确了受托者应将ESG因素融入投资决策中的义务。这颠覆了传统的受托责任理论，以此为标志，ESG考量成功成为受托责任的构成部分。

在美国，第一，地方和市场自治性明显，联邦政策引导贡献较少。一方面，基于州在立法权上所享有的较大自由度，相当多的州对ESG的政策制定比较积极，从而为ESG发展提供了良好支撑，其中尤以加州为典型。另一方面，在法律不要求上市公司强制披露ESG信息的情况下，各证券交易所仍制定了众多引导规范，各公司也对披露事宜表现得相当积极。第二，以信息披露制度为切口，推进体系化改革。美国早在1977年就通过当时《证券法》中的S-K条例建议上市公司对环境问题可能带来的金融或法律风险进行披露。同样，美国的ESG运动也发轫于上市公司信息披露造假从而打击资本市场的事件。2017年和2019年由纳斯达克交易所发布了《ESG报告指南1.0》和《ESG报告指南2.0》。2021年4月，《ESG信息披露简化法案》在美国众议院金融服务委员会获得通过。第三，反对ESG发展的声音日趋强烈。在养老基金方面，许多退休者要求其在投资时应当仅考虑财务因素和收益回报，且2023年3月，美国众议院也通过了一项法案，反对政府允许退休基金计划管理人士在作投资决定时考虑气候变化等因素。此外，美国佛罗里达州也在2023年5月签署了一项法案，禁止州和地方官员投资公共资金来推动ESG目标，并禁止当地政府出售ESG债券。

第十三章

公司重组

❖ 1. 公司重组的含义

重组或重建,是指原先作为整体的事物已不存在时进行的重新建造。公司重组,又称公司改组,是指公司的结构调整,包括公司的合并或收购、公司的分立、公司资本结构的重大调整等。公司重组有广义和狭义之分。从广义上说,重组是指公司组织形式的一切变更,不仅涉及合并和分立,还包括公司控制权的变换等。从狭义上说,重组通常是指公司的资产和营利转入一个为此目的设立的新公司,旧公司进入清算并且其股东获得新公司的相应股份。

公司重组的原因是复杂的。在经营过程中,受到市场力量的影响或者公司本身发生变化,可能需要扩张或者消减规模,可能要改变经营策略将重心转移,可能要与股东或债权人签订一系列有利于公司的合同,可能要吞并其他公司,或者可能要将公司本身并入其他公司等。发生这些情形时,有的需要遵循特别的程序,有的则不需要。

按重组的方式划分,可以分为四大类型。第一,资本扩张,包括公司合并、收购、上市扩股、合资等方式。第二,资本收缩,包括资产剥离或资产出售、公司分立、分拆上市、股份回购等方式。第三,资本重整,包括改组改制、股权置换、国有股减持、管理层收购、职工持股基金等方式。第四,表外资本经营,是指不在报表上反映的,但将导致控制权变化的行为,具体形式包括托管和战略联盟(合作)。

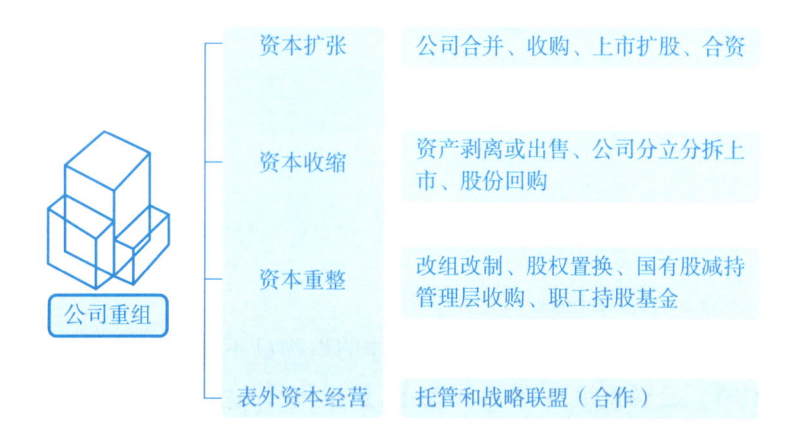

```
                  ┌─ 资本扩张      公司合并、收购、上市扩股、合资
                  │
                  │  资本收缩      资产剥离或出售、公司分立分拆上
                  │               市、股份回购
       公司重组 ──┤
                  │  资本重整      改组改制、股权置换、国有股减持
                  │               管理层收购、职工持股基金
                  │
                  └─ 表外资本经营  托管和战略联盟(合作)
```

公司组织形态变更,是指在保持公司人格持续的前提下,将公司从一种组织形态转变为另一种组织形态的法律行为。例如,有限责任公司变更为股份有限公司,或者反之。英国《2006年公司法》第 7 部分是作为变更公司地位之手段的重新登记。根据第 89 条,公司可以通过重新登记,变更其地位:(1)从私人公司变成公众公司;(2)从公众公司变成私人公司;(3)从私人有限公司变成无限公司;(4)从无限私人公司变成有限公司;(5)从公众公司变成无限私人公司。

我国《公司法》关于组织形态变更的规定,主要体现在以下方面。

第一,组织形态变更,必须要符合新的组织形态的法定条件。例如,《公司法》第 12 条第 1 款规定,"有限责任公司变更为股份有限公司,应当符合本法规定的股份有限公司的条件。股份有限公司变更为有限责任公司,应当符合本法规定的有限责任公司的条件"。第 108 条规定,"有限责任公司变更为股份有限公司时,折合的实收股本总额不得高于公司净资产额。有限责任公司变更为股份有限公司,为增加注册资本公开发行股份时,应当依法办理"。

第二,组织形态变更,应遵循法定程序。首先要由董事会批准公司变更方案,其次要经股东会特殊决议通过,最后要办理变更登记。《公司法》第 59 条第 1 款规定,对变更公司形式作出决议,属于股东会的职权范围。第 66 条第 3 款和第 116 条第 3 款规定,变更公司形式应当经代表 2/3 以上表决权的股东通过或者经出席会议的股东所持表决权的 2/3 以上通过。第 67 条第 2 款规定,制定公司变更形式的方案,属于董事会的职权范围。

第三,效力上涉及债务承担问题。《公司法》第 12 条第 2 款规定,"有限责任公司变更为股份有限公司的,或者股份有限公司变更为有限责任公司的,公司变更前的债权、债务由变更后的公司承继"。

❖ 2. 公司合并

公司合并,是指两个或两个以上的公司资产并到一起,由同一个管理层统一经营管理。公司合并包括简单合并、换股、股份换资产和三角合并等几种形式。公司合并的动机包括:减少竞争对手;产生规模效应;目标公司经营不善,低价收购,高价出售;挖掘隐藏的价值等。

简单合并包括吸收合并和新设合并。根据《公司法》第 218 条,公司合并可以采取吸收合并或者新设合并的方式。一个公司吸收其他公司为吸收合并,被吸收的公司解散。两个以上公司合并设立一个新的公司为新设合并,合并各方解散。吸收合并是市场上大多公司合并采取的方式。判断究竟是谁吸收了谁的标准有两个:一个是要看哪个公司的管理层留任,哪个公司的管理层出局;另一个是要看哪个公司的股东获得更大的利益。新设合并在实践中很少使用。根据《公司法》第 66 条第 3 款和第 116 条第 3 款,公司合并需要股东会特殊决议通过。

换股,是指通过股份交换来达到兼并的目的。换股包括"股份置换式兼并"和"现金逐出式兼并"。股份置换式兼并,是指并购人甲公司发行新股给目标公司乙的股东,以换取乙公司的股份,最终乙公司成为甲公司的子公司。一般而言,换股不需要公司合并的程序。但是在该过程中,甲公司发行新股给乙公司的股东,可能属于增资,需要甲公司的股东会决议,或者董事会事先获得公司章程或股东会的授权(《公司法》第 152 条和第 153 条)。在兼并过程中,一些不愿意换股的乙公司的股东就成为少数派,和甲公司的管理层可能产生冲突,甲公司的管理层则可能排挤少数派,形成控股股东义务问题。

此次《公司法》第 219 条新增了不需要股东会决议的公司合并。根据该条,公司与其持股 90% 以上的公司合并,被合并的公司无须经股东会决议,但应当通知其他股东,其他股东有权请求公司按照合理的价格收购其股权或者股份。公司合并支付的价款不超过本公司净资产 10% 的,可以不经股东会决议;但是,公司章程另有规定的除外。公司依照前两款规定合并不经股东会决议的,应当经董事会决议。

现金逐出式兼并,是指并购人甲公司用现金来置换股份,乙公司的股东获得的对价不是股份而是现金,可以拿了现金就走,同时乙公司为甲公司所兼并。

股份换资产,是指并购人甲公司发行新股(有时加上现金和其他证券)给目标公司乙,换取乙公司的全部资产。结果是,目标公司乙没有了原来的实物资产,成为一个持股公司,其资产主要由甲公司的股份和其他证券组成,还可能有一些换来的现金。接下来目标公司乙将其资产分给股东,自行解散。

三角合并,是指并购人甲公司设立一个全资子公司,由子公司去兼并目标公司乙。所谓的三角,是指并购人、子公司和目标公司。在三角合并中,并购人甲公司将足量的自身股份交给子公司,以换取子公司全部股份。子公司是一个收购工具,本身是一个空壳。子公司的全部资产就是母公司股份(用自己的全部股份换取)。子公司用这些股份向目标公司乙的股东换来全部的乙公司股份,成为乙公司的母公司。然后子公司通过吸收合并将乙公司并入自身并接管乙公司的全部资产和负债。并购人甲公司为了自己的资产免受潜在的债务牵连(环保或产品责任等),将保留子公司的独立人格,让子公司承担风险。

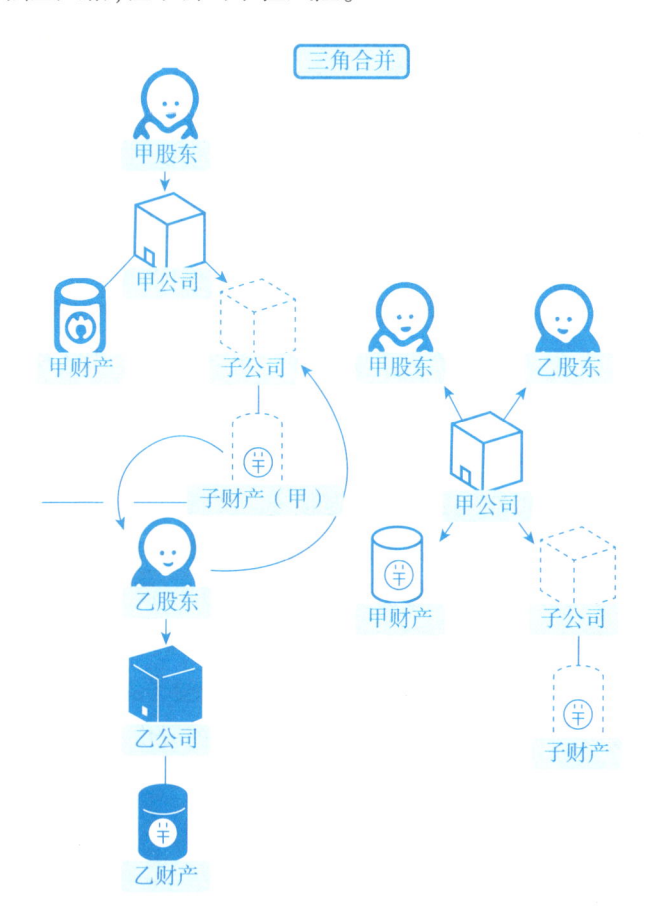

公司合并的程序,主要规定在《公司法》第220条及相应条款,一般包括:第一,合并各方签订合并协议;第二,经董事会决议,合并计划经董事会决议之后,要提交股东会;第三,经股东会决议,公司合并属于公司重大变更事项,所以需要特别决议通过;第四,编制资产负债表及财产清单;第五,对债权人的通知或公告,公司应当自作出合并决议之日起10日内通知债权人,并于30日内在报纸上或者国家企业信用信息公示系统公告;第六,债权人异议程序,债权人自接到通知之日起30日内,未接到通知的自公告之日起45日内,可以要求公司清偿债务或者提供相应的担保;第七,办理登记手续,包括相应的注销、变更或设立登记。

对于公司合并的权责承担,《民法典》第67条第1款规定,法人合并的,其权利和义务由合并后的法人享有和承担。《公司法》第221条规定,公司合并时,合并各方的债权、债务,应当由合并后存续的公司或者新设的公司承继。

此外,公司合并不一定采取合并的方式,通过资产买卖也可以达到合并的目的,这又称为事实合并。如果买方公司购买卖方公司的几乎全部资产,可能就要承担卖方的全部债务(包括合同债务和侵权债务等)。但是买方购买全部优质资产,而把债务都留给卖方自行承担,有可能构成买方逃避债务。在资产买卖中,卖方债务由买方承担的情形包括:买方作出意思表示,明示或默示同意承担卖方债务;交易实质上是卖方并入买方;买方仅仅是卖方的延续;交易具有欺诈性等。一项交易如果符合下述条件,则有可能构成事实合并:买方的营业性质发生变化;买方接受了卖方的大部分担任重要职务的管理层;卖方原股东换得买方的股份;买方发行新股稀释了其股东的权益。

❖ 3. 公司分立

公司分立,是指一个公司分裂为两个或者两个以上的公司。如果分立后的一个公司保留了原名称,即为存续分立或派生分立。如果放弃原名称,每个公司都取新名称,即为解散分立或新设分立。公司分立的动机包括:实现经营的专门化,提高经营的效率;规避反垄断法等法律;作为解决股东之间纷争的手段等。

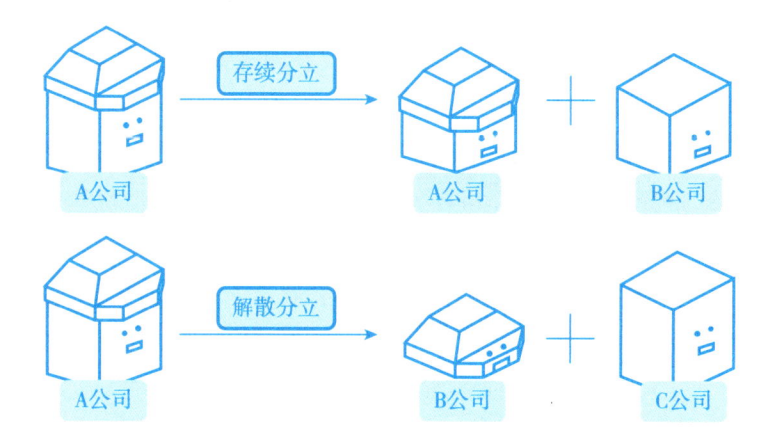

公司分立的程序,一般包括:第一,经董事会决议。董事会作出决议之后,将分立计划、分立方案以相关协议(如股东之间的协议或者公司与债权人的协议)提交股东会。第二,经股东会决议。公司分立属于公司重大变更事项,要经股东会特别决议通过。对于有限责任公司,应当经代表 2/3 以上表决权的股东通过(第 66 条第 3 款);对于股份有限公司,应当经出席会议的股东所持表决权的 2/3 以上通过(第 116 条第 3 款)。第三,财产分割及编制资产负债表和财产清单。公司分立,其财产作相应的分割(第 222 条第 1 款)。公司分立,应当编制资产负债表及财产清单。第四,通知或公告债权人。公司应当自作出分立决议之日起 10 日内通知债权人,并于 30 日内在报纸上或者国家企业信用信息公示系统公告(第 222 条第 2 款)。第五,办理变更登记。公司分立,应当办理有关注销、变更或设立登记。公司登记事项发生变更的,应当依法办理变更登记(第 34 条第 1 款)。公司登记事项发生变更时,未依照本法规定办理有关变更登记的,由公司登记机关责令限期登记;逾期不登记的,处以 1 万元以上 10 万元以下的罚款(第 260 条第 2 款)。

一个比较重要的问题是公司分立中的债务承担。《民法典》第 67 条第 2 款规定,法人分立的,其权利和义务由分立后的法人享有连带债权,承担连带债务,但是债权人和债务人另有约定的除外。《公司法》第 223 条规定,公司分立前的债务由分立后的公司承担连带责任。但是,公司在分立前与债权人就债务清偿达成的书面协议另有约定的除外。

《企业改制司法解释》对此问题也有规定。第 12 条规定,债权人向分立后的企业主张债权,企业分立时对原企业的债务承担有约定,并经债权人认可的,按照当事人的约定处理;企业分立时对原企业债务承担没有约定或者约定不明,或者虽然有约定但债权人不予认可的,分立后的企业应当承担连带责任。第 13 条规定,分立的企业在承担连带责任后,各分立的企业间对原企业债务承担有约定的,按照约定处理;没有约定或者约定不明的,根据企业分立时的资产比例分担。

由此可见,第一,公司分立前的债务,可以在公司分立前由公司与债权人就清偿问题协商并达成协议。如果已达成协议,该协议对分立后的公司和债权人具有约束力,债务的处理按照该协议进行。第二,如果公司在分立前没有与债权人就清偿问题达成协议,或者虽然有协议但是约定不清,此时应当由分立后的公司(包括存续公司和新设公司)承担连带责任。

❖ **4. 公司收购**

英国法区分了"acquisition"和"takeover"。前者是指取得(包括购买或收买等)一个公司的股份,无论多少股份数量。所以禁止财务资助规则涉及的第三人取得目标公司的股份,不在乎取得股份数量的多少,哪怕只购买1股,也构成"取得"。后者是指足以构成一个公司控制权转移的股份取得,即收购。由此可见,前者的范围要比后者宽泛。有时候,这两个词之间可以互相通用。

我国《公司法》和《证券法》均出现"收购"一词。在《公司法》中,"收购"是指购买或收买。有权请求公司收购其股权或股份的股东包括:对股东会特定事项决议投反对票的股东(第89条和第161条),或者控股股东滥用股东权利时的其他股东(第89条)。

在《证券法》中,"收购"是指上市公司的收购。根据《上市公司收购管理办法》第5条,收购人可以通过取得股份的方式成为一个上市公司的控股股东,可以通过投资关系、协议、其他安排的途径成为一个上市公司的实际控制人,也可以同时采取上述方式和途径取得上市公司控制权。收购人包括投资者及与其一致行动的他人。

《上市公司收购管理办法》第84条规定,有下列情形之一的,为拥有上市公司控制权:(1)投资者为上市公司持股50%以上的控股股东;(2)投资者可以实际支配上市公司股份表决权超过30%;(3)投资者通过实际支配上市公司股份表决权能够决定公司董事会半数以上成员选任;(4)投资者依其可实际支配的上市公司股份表决权足以对公司股东大会的决议产生重大影响;(5)中国证监会认定的其他情形。

上市公司收购具有如下特点:首先,客体条件上,收购对象为上市公司发行在外的股票,但不包括公司持有的本公司股票等;其次,上市公司收购应当通过证交所进行;再次,上市公司收购的结果是取得公司的控制权;最后,上市公司收购应当依法进行。

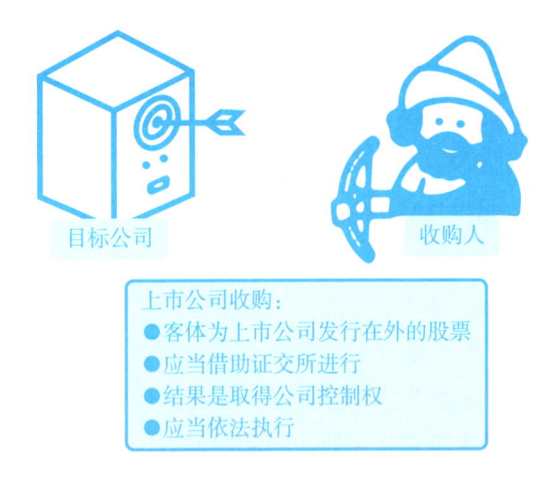

目标公司　　收购人

上市公司收购:
● 客体为上市公司发行在外的股票
● 应当借助证交所进行
● 结果是取得公司控制权
● 应当依法执行

对上市公司的收购依据不同的标准可以进行分类。

第一,友好收购与敌意收购。友好收购,是指在公司管理层提供合作条件下实施的公司收购。敌意收购,是指在公司管理层不知情,甚至反对的情况下实施的公司收购。

第二,继续买卖和继续收购。继续买卖,是指投资者单独或合计持有上市公司发行在外5%以上的股份,并继续买进或卖出该种股票的行为。继续收购,是指持有上市公司发行在外30%以上股份的投资者,按照要约收购规则,继续买入该种股票的行为。

第三,依据收购的方式,包括要约收购、协议收购、间接收购和其他收购。要约收购,是指已经或将获得公司股份达已发行股份30%以上的投资者,向该公司所有股东发出收购要约并收购其所持全部或部分股份的行为。协议收购,是指收购人与公司股东签订并实施公司收购协议或者股份转让协议,取得公司股东所持股份的行为。间接收购,是指公司股东以外的收购方,通过投资者关系、协议、其他安排导致其拥有权益的股份达到或超过上市公司发行股份5%或30%的,按照一般收购持有股份的行为,或者按照继续收购规则取得股份的行为。

第四,依据收购是否自愿,分为自愿收购与强制收购。自愿收购,是指收购人按照其自己的意志,在规定时间按照自己确定的数量进行收购。强制收购,是指收购人按照法律规定必须收购。

第五,上市公司收购还可以分为部分收购、全面收购和全部收购。部分收购,是指收购人按照计划收购公司一定比例或数量的股票。全面收购,是指收购人收购公司的绝大多数股票,其目的在于获得对上市公司的绝对控制权。全部收购,是指收购公司发行在外的全部股份并将公司转变为一人公司的收购。

❖ 5. 要约收购

根据《证券法》第62条,投资者可以采取要约收购、协议收购及其他合法方式收购上市公司。

向公司所有股东发出的购买其持有股份的要约,称为"收购要约"。一个取得公司股份的要约构成"收购要约",必须要满足两个条件。第一个条件是,是一个取得所有公司股份或者(当有一个以上的公司股份类别时)一个或数个类别股份的要约,在要约日期前"已经被要约人持有的股份"除外。第二个条件是,要约条款对与要约相关的所有股份都是相同的,或者当与要约相关的股份包括不同类别的股份时,对每个类别的所有股份都是相同的。

强制要约,是指当收购一个上市公司已发行的有表决权股份达到一定份额时,若要继续进行收购,应当依法向该上市公司的所有股东发出收购上市公司全部或者部分股份的要约。

强制要约的立法理由在于,首先,当股份公司由于股份转让导致控制权转换的时候,可能导致经营者和经营策略的改变,这对于小股东不利,要给他们一个退出的机会。其次,大股东持有的股份具有对公司的控制价值,这种价值不应该只属于大股东,而是应该属于公司的全体股东。

根据《证券法》第 65 条,通过证券交易所的证券交易,投资者持有或者通过协议、其他安排与他人共同持有一个上市公司已发行的有表决权股份达到 30% 时,继续进行收购的,应当依法向该上市公司所有股东发出收购上市公司全部或者部分股份的要约。收购上市公司部分股份的要约应当约定,被收购公司股东承诺出售的股份数额超过预定收购的股份数额的,收购人按比例进行收购。

根据《证券法》第 73 条,采取协议收购方式的,收购人收购或者通过协议、其他安排与他人共同收购一个上市公司已发行的有表决权股份达到 30% 时,继续进行收购的,应当依法向该上市公司所有股东发出收购上市公司全部或者部分股份的要约。但是,按照国务院证券监督管理机构的规定免除发出要约的除外。收购人依照前款规定以要约方式收购上市公司股份,应当遵守本法第 65 条第 2 款、第 66 条至第 70 条的规定。

强制要约的豁免,是指在特定情形下,投资者及其一致行动人可以豁免强制要约。根据《上市公司收购管理办法》第 61 条第 1 款,满足一定情形的,投资者及其一致行动人可以:(1)免于以要约收购方式增持股份;(2)存在主体资格、股份种类限制或者法律、行政法规、中国证监会规定的特殊情形的,免于向被收购公司的所有股东发出收购要约。第 62 条和第 63 条分别对收购人免于以要约收购方式增持股份以及投资者可以免于发出收购要约的详细情形予以规定。

在强制收购过程中,首先应当选择收购目标。此时,收购人通常要去检查目标公司的情况,估算收购成功的可能性。有时由于行业政策因素,收购可能遇到法律障碍。在确定收购目标、发出要约之前,应当在目标股份中购买一个立足点。在收购过程中,速度和突然性对收购人比较有利,因此,在要约之前,买得越多对收购人越有利。接下来,应当进行定价和筹资,并向收购对象施加压力,使收购对象的股东感受到必须接受该要约。例如,可以使用两层要约法,假设收购人目标收购 51% 的股份,即可向对方股东提出,现在以每股 50 元的价格收购,一旦其取得控制权,就会以每股 40 元的价格以债券来购买剩余的股份,以迫使股东急于订立现金要约。

收购要约期满的结果分为以下几种:第一,收购如期实现;第二,收购计划失败;第三,管理层通过将社会公众的股票买进成为一个有限责任公司;第四,收购人与目标公司达成妥协,目标公司同意收购,管理层也获得了好处,如继续在公司中担任职务;第五,目标公司找到"白衣骑士"收购自己。

此外,英国法还有两个相关的概念。一个是强制挤出(squeeze-out),是为了解决收购成功后小股东的地位问题。强制挤出是一项要约人收购小股东股份的权利,即在满足特定条件时,要约人有权要求强制购买没有接受要约的剩余小股东持有的股份。另一个是售出清理(sell-out)，也是为了解决收购成功后小股东的地位问题。与强制挤出相反,售出清理是一项小股东被要约人收购的权利,即在满足特定条件时,小股东有权要求大股东购买其持有的股份。

❖ 6. 协议收购

协议收购,是指收购人依照法律、行政法规的规定,与被收购公司的股东以协议方式进行股份转让的收购方式。以协议方式收购上市公司时,达成协议后,收购人必须在3日内将该收购协议向国务院证券监督管理机构及证券交易所作出书面报告,并予公告。在公告前不得履行收购协议。

与要约收购相比,协议收购有如下不同:首先,在收购采取的法律形式上,协议收购是收购人与股东磋商、签订书面转让协议,而要约收购则是收购人向全体股东发出收购要约;其次,从收购各方的法律关系看,协议收购是一种一对一的关系,不同股东与收购人之间的条件有所差异;再次,从实施收购的定价机制来看,协议收购的价格是股东与收购人协商达成的,而要约收购的价格则由收购人决定;最后,从收购方式的法律适用来看,《证券法》以要约收购为原则,以协议收购为例外。

《上市公司收购管理办法》第52条对公司收购过渡期的安排作出规定:以协议方式进行上市公司收购的,自签订收购协议起至相关股份完成过户止的期间为上市公司收购过渡期。在过渡期内,收购人不得通过控股股东提议改选上市公司董事会,确有充分理由改选董事会的,来自收购人的董事不得超过董事会成员的1/3;被收购公司不得为收购人及其关联方提供担保;被收购公司不得公开发行股份募集资金,不得进行重大购买、出售资产及重大投资行为或者与收购人及其关联方进行其他关联交易,但收购人为挽救陷入危机或者面临严重财务困难的上市公司的情形除外。

收购过程中,上市公司控股股东有识别和筛选公司抢劫者的注意义务,有禁止单纯让出公司职位、不抢夺公司机会的忠实义务。根据《上市公司收购管理办法》第53条,上市公司控股股东向收购人协议转让其所持有的上市公司股份的,应当对收购人的主体资格、诚信情况及收购意图进行调查,并在其权益变动报告书中披露有关调查情况。控股股东及其关联方未清偿其对公司的负债,未解除公司为其负债提供的担保,或者存在损害公司利益的其他情形的,被收购公司董事会应当对前述情形及时予以披露,并采取有效措施维护公司利益。

在管理层收购情形中,依据《上市公司收购管理办法》第51条的规定,上市公司董事、监事、高级管理人员、员工或者其所控制或者委托的法人或者其他组织,拟对本公司进行收购或者通过本办法第五章规定的方式取得本公司控制权(以下简称管理层收购)的,该上市公司应当具备健全且运行良好的组织机构以及有效的内部控制制度,公司董事会成员中独立董事的比例应当达到或者超过1/2。公司应当聘请符合《证券法》规定的资产评估机构提供公司资产评估报告,本次收购应当经董事会非关联董事作出决议,且取得2/3以上的独立董事同意后,提交公司股东大会审议,经出席股东大会的非关联股东所持表决权过半数通过。独立董事发表意见前,应当聘请独立财务顾问就本次收购出具专业意见,独立董事及独立财务顾问的意见应当一并予以公告。上市公司董事、监事、高级管理人员存在《公司法》第148条规定情形,或者最近3年有证券市场不良诚信记录的,不得收购本公司。

收购人与股东谈判

协议收购的程序与步骤为：收购人与目标公司的股东进行谈判；协议双方批准；正式签订收购协议；报告证监会和证券交易所，并予以公告；履行收购协议；实施改组或合并计划。

在协议收购中，也有面向全体所有股东的强制收购要求。依据《证券法》第73条第1款的规定，采取协议收购方式的，收购人收购或者通过协议、其他安排与他人共同收购一个上市公司已发行的有表决权股份达到30%时，继续进行收购的，应当依法向该上市公司所有股东发出收购上市公司全部或者部分股份的要约。但是，按照国务院证券监督管理机构的规定免除发出要约的除外。

❖ 7.反收购

反收购，是指目标公司的管理层为了维护自己或公司的利益，防止收购的发生或挫败已发生的收购而采取的一系列措施。公司收购与反收购，实质上是为了获取和保持目标公司的控制权而在收购人和目标公司之间展开的一场争夺战。

公司可以通过如下措施提前预防收购。

第一，"毒丸计划"，是指目标公司通过制订特定的股份计划，赋予不同的股东以特定的优先权利,一旦收购要约发出,该特定的优先权利的行使,可以导致公司财务结构的弱化或收购方部分股份投票权的丧失。这样收购方即使在收购成功后,也可能像吞下毒丸一样遭受不利后果,从而放弃收购。毒丸计划又包括负债毒丸计划和人员毒丸计划两种。前者是指目标公司在收购威胁下大量增加自身负债,降低企业被收购的吸引力。人员毒丸计划的基本方法则是公司的绝大部分高级管理人员共同签署协议,在公司被以不公平价格收购,并且这些人中有一人在收购后被降职或革职时,则全部管理人员将集体辞职。企业的管理层阵容越强大、越精干,实施这一策略的效果将越明显。当管理层的价值对收购方无足轻重时,人员毒丸计划也就收效甚微了。

第二,"驱鲨剂"或者"豪猪条款"。"驱鲨剂"是指在收购要约前修改公司设立章程或做其他防御准备以使收购要约更为困难的条款。"豪猪条款"则是指在公司设立章程或内部细则中设计防御条款,使那些没有经过目标公司董事会同意的收购企图不可能实现或不具可行性。

第三,"金色降落伞"条款,是指目标公司通过与其高级管理人员签订合同条款,规定目标公司有义务给予高级管理人员优厚的报酬和额外的利益,若是公司的控制权发生突然变更,则给予高级管理人员以全额的补偿金。目标公司希望以此方式增加收购的负担与成本,阻却外来收购。

第四,员工持股计划,是指鼓励公司雇员购买本公司股票,并建立员工持股信托组织的计划。虽然说员工持股计划在国外的产生与发展是公司民主化思潮及劳动力产权理论影响下的产物,但在现代西方各国,员工持股计划也成为公司进行反收购的重要手段。

第五,提前偿债条款,是指目标公司在章程中设立条款,在公司面临收购时,迅速偿还各种债务,包括提前偿还未到期的债务,以此给收购者在收购成功后造成巨额的财务危机。

预防收购措施:毒丸计划、驱鲨剂、金降落伞条款、员工持股计划、提前偿债条款

反收购措施:白衣骑士、焦土政策、讹诈赎金、锁定安排、皇冠之珠

当收购已经开始,公司可以采取如下措施进行反收购。

第一,"白衣骑士",是指在面临外界的敌意收购时,目标公司寻找一个友好的支持者,作为收购人与恶意收购者相竞争,以挫败收购行为。该友好的收购人即为"白衣骑士",而敌意收购人则可以称为"黑衣骑士",以形容其秘密收购目标公司股票进行股份袭击的特征。通过"白衣骑士"战略,目标公司不仅可以通过增加竞争者而使买方提高收购价,甚至可以通过"锁位选择权"给予"白衣骑士"优惠的条件购买公司的资产、股票等。

第二,焦土政策,是指目标公司大量出售公司资产,或者破坏公司的特性,以挫败敌意收购人的收购意图。出售"皇冠之珠"常常是焦土政策的一部分。比如,目标公司手中尚有大量的现金并准备用来回购其股票,或者目标公司可能大量举债来回购其股份。这两种方式都能阻止收购者。收购者想利用目标公司现有资金弥补其收购支出是不可能了,而该目标公司可能身负债务,收购已经变得没有意义了。

第三,讹诈赎金,是指单个或一组投资者大量购买目标公司的股票。其主要目的是迫使目标公司溢价回购上述股票(进行讹诈)。出于防止被收购的考虑,目标公司以较高的溢价实施回购(给付赎金),以促使上述股东将股票出售给公司,放弃进一步收购的打算。这种回购对象特定,不适用于其他股东。

第四,锁定安排,是指目标公司与意向收购者之间的安排,旨在使该收购者相较于其他收购者具有一定优势。锁定安排的形式包括:(1)购买已获股东会授权但尚未发行的股份的协议;(2)购买上述股份的期权;(3)购买特定资产(如皇冠之珠)的期权;(4)合并协议;(5)收购不能完成时的约定赔偿金;等等。

第五,皇冠之珠,是指目标公司将其最有价值、对收购人最具吸引力的资产出售给第三方,或者赋予第三方购买该资产的期权,使得收购人对目标公司失去兴趣,放弃收购。

第十四章

公司终止

❖ 1. 公司解散

公司终止,是指公司结束营业并依照法定程序消灭其法人资格的事实状态和法律结果。引发公司终止的原因包括公司解散和破产两种。公司解散,是指公司因发生章程或法律规定的除破产以外的解散事由而停止业务活动,并进行清算的状态和过程。破产,则是公司无力偿债或者资不抵债时,依照法定程序由法院宣告破产并对其财产进行清算。

公司解散具有以下三个特征。首先,解散的目的和结果是公司将要永久性停止存在并消灭法人资格和市场经营主体。其次,公司的法人资格,一直到公司清算完毕并注销后才消灭。最后,解散之后必须要经过清算,公司才能终止。

公司解散是一种程序,必须基于一定事由而发生。根据《公司法》第 229 条第 1 款,公司解散包括自愿解散、强制解散两大类事由。自愿解散,又称任意解散,是指公司或股东基于自己的意思而解散公司,具体情形包括公司章程规定的营业期限届满或者公司章程规定的其他解散事由出现,或者股东会决议解散。强制解散又包括法定解散、行政解散和司法解散。法定解散,是指基于法律规定的解散事由而解散公司,如因公司合并或者分立需要解散。行政解散,是指因公司违反法律而由行政机关作出的行政处罚决定解散公司,具体情形包括公司依法被吊销营业执照、责令关闭或者被撤销。司法解散,是指股东因自身利益受损而向法院起诉要求解散公司。第 2 款规定,公司出现这些解散事由,应当在 10 日内将解散事由通过国家企业信用信息公示系统予以公示。

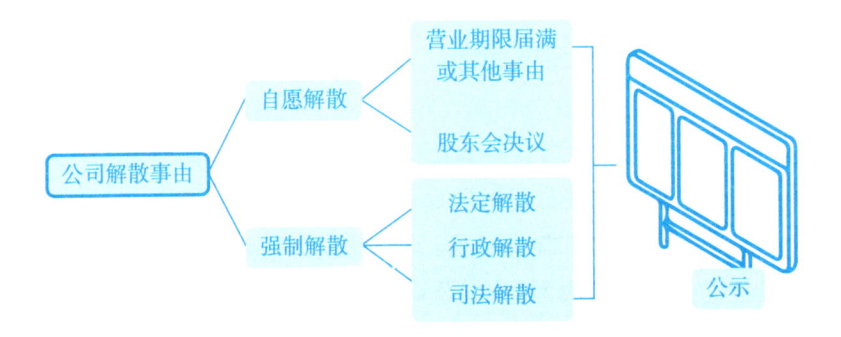

自愿解散事由发生时,也可以通过一定程序不解散公司,从而使得公司继续存续。根据《公司法》第 230 条,即使公司章程规定的营业期限届满或者公司章程规定的其他解散事由出现,或者股东会决议解散,但是尚未向股东分配财产的,可以通过修改公司章程或者经股东会决议而存续。此时,修改公司章程或者股东会决议,应当经过股东会特殊决议通过。

实践中,可能会发生重复解散。在王某云等 54 人诉陕西千里税务师事务(所)有限责任公司公司解散及清算纠纷案中,公司已被吊销营业执照,股东又向法院起诉要求解散公司。法院指出,公司被行政机关吊销营业执照是公司解散的原因之一。有限责任公司因被吊销营业执照而解散的,股东作为清算义务人应组织对公司进行清算。当事人再以此为由诉请人民法院判令解散公司的,属对公司的重复解散,缺乏相应的诉权。

公司解散后,除不需要清算者外,进入清算程序,由清算组接管公司,进行清算。公司解散,其法人资格并不立即消灭,但是公司不能再以原法人名义对外进行新的营业活动,而只能进行清算范围内的活动。公司清算期间,清算组为公司对外代表人。然而,清算组不具有独立的法人地位,对外仍需要公司以自己的名义实施一定行为。

❖ **2. 公司僵局和司法解散**

司法解散,是指在公司陷入僵局且无法通过其他途径打破时,适格股东有权请求法院或仲裁机构予以解散。《公司法》第231条为股东请求法院判决公司解散提供了救济渠道。根据该条,公司经营管理发生严重困难,继续存续会使股东利益受到重大损失,通过其他途径不能解决的,持有公司10%以上表决权的股东,可以请求人民法院解散公司。司法解散的前提是公司僵局的出现。

根据《布莱克法律词典》,公司僵局是指"公司的活动被一个或者多个股东或董事的派系所停滞的状态,因为他们反对公司政策的某个重大方面"。《麦尔廉—韦伯斯特法律词典》则定义如下:"由于股东投票中,拥有同等权力的一些股东之间或股东派别之间意见相左、毫不妥协,而产生的公司董事不能行使职能的停滞状态。"

学者对公司僵局也提出了不同的看法。有学者认为,这是一个描述公司政治与利益冲突的形象词汇,是指公司股东之间、董事之间及股东与董事之间,在公司营运过程中,由于公司政治与利益冲突,彼此不愿妥协而陷入僵持、对抗,公司无法决策、正常经营甚至瘫痪的状态。有学者认为,公司僵局是指因股东之间、公司董事等高级管理人员之间出现难以调和的利益冲突与矛盾,导致公司运行机制失灵,公司事务处于瘫痪,无法形成有效的经营决策的状态。这个概念属于描述性概念,是对公司僵局这一状态的阐述、表达与描绘。所以,它并不像"公司"等法律概念那样明确无误。它需要法官发挥其主观能动性,在法律适用时体现一定的灵活性,妥当地裁决案件。还有学者认为,公司僵局是一个很狭窄的概念。其产生的原因包括:(1)决策或投票等分而无法形成多数;(2)由于不完全合同或者机制设计的问题,章程规定的程序限制导致无法行使权力(例如章程规定股东会的最低出席人数等)。公司僵局的核心在于公司的股权被分裂成了完全平等的两部分,无法形成统一意见达成多数。

公司僵局是指公司股东之间、董事之间及股东与董事之间在公司营运过程中,由于公司政治与利益冲突彼此不愿妥协而陷入僵持、对抗公司无法决策、正常经营甚至瘫痪的状态

对"经营管理发生严重困难",不应理解为财务层面的困难,而是公司治理中的严重困难。《公司法解释(二)》第 1 条第 1 款规定的四种情形,其共性是股东会僵局和董事会僵局造成公司经营管理发生严重困难,公司陷入事实上的瘫痪状态:(1)公司持续 2 年以上无法召开股东会或者股东大会,公司经营管理发生严重困难的;(2)股东表决时无法达到法定或者公司章程规定的比例,持续 2 年以上不能做出有效的股东会或者股东大会决议,公司经营管理发生严重困难的;(3)公司董事长期冲突,且无法通过股东会或者股东大会解决,公司经营管理发生严重困难的;(4)经营管

理发生其他严重困难,公司继续存续会使股东利益受到重大损失的情形。

实践中,公司僵局存在缺乏必要的前置条件、提起司法解散诉讼主体没有包括债权人因而过于单一、缺乏必要的过渡措施、公司解散事由狭窄和解散不清算等问题。

比较法上,美国《示范商业公司法》规定股东提起的司法解散事由主要包括三类。第一,公司僵局,主要包括董事会僵局和股东会僵局,但是此类适用范围狭窄、条件严格。第二,滥用或浪费公司资产(与非法、欺诈行为不加区分),例如公司高管为自己支付过高薪酬、用公司资产偿还个人债务、自我交易等案件。第三,压制行为(类似于英国法中的不公平损害),单独作为一类。"压制"比"非法""欺诈"的含义广泛,不构成"非法""欺诈"的行为同样有可能构成"压制",例如拒绝股东参与公司管理、拒发红利等。

我国法更接近日本法。日本《公司法》第 833 条规定,提起诉讼的主体包括:持有全体股东表决权 10% 以上的股东,或持有已发行股份(自己股份除外)10% 以上数额的股东。解散事由包括:(1)公司业务的执行遇到严重困难使公司发生不可恢复的损害,或存在造成无法恢复的损害之虞;(2)公司财产的管理或处分显著失当,且危及公司的存在。

《公司法解释(二)》第 4 条规定了公司的诉讼地位。股东提起解散公司诉讼应当以公司为被告。原告以其他股东为被告一并提起诉讼的,人民法院应当告知原告将其他股东变更为第三人;原告坚持不予变更的,人民法院应当驳回原告对其他股东的起诉。原告提起解散公司诉讼应当告知其他股东,或者由人民法院通知其参加诉讼。其他股东或者有关利害关系人申请以共同原告或者第三人身份参加诉讼的,人民法院应予准许。

❖ 3. 破产和清算

英国《1986 年破产法》所使用的词语是"insolvency",通常翻译成无力偿债、无力偿付或者资不抵债,而该法的条款中同时出现了一般用于表述破产的词语"bankruptcy"。该法中,"bankruptcy"一词的范围比"insolvency"要小。英国法关于破产的表述一般用"insolvency",而美国法一般用"bankruptcy"。这两个词语如果没有特定的所指,一般可以互相通用。相应地,"insolvency procedures"一般译为无力偿债程序或者破产程序,而"liquidation procedures"译为清算程序。在英国法的语境中,破产程序不是清算程序,二者的范围根本不同。

对于破产的定义,有几种不同的理解。Sealy & Worthington(2010)介绍了三种破产的标准。第一种是"商业上的破产"。如果公司无法偿还到期债务,那么被认为破产了。这种方法侧重于公司的现金流,即使公司还没有资不抵债,但是如果现金流出了问题,那么就应该判定公司破产。第二种是"资产负债表上的破产"。如果依据资产负债表,公司的资产总额低于负债总额,那么应该认定破产。基于这种标准,尽管公司有可能仍在正常运行并且有良好的现金流,但是如果资产负债表出现了上述问题,那么公司被认定破产。第三种是"最终破产"。根据这种标准,如果清算人将公司财产出售以后获得的收益不足以偿还所有的债权人,该公司被认定为破产。这种结果有可能出现的场合是,公司的资产虽然被过高地评估,但是根据前两种标准公司还没有达到破产的程度。

类似的划分更早地可以在美国学者 Manning(1990)的论述里找到。他把判断破产的标准依据审理案件的法院的不同而分成两类:第一类是"衡平法上的破产",是衡平法院所采纳的标准,内容与上述第一种标准相似;第二类是"资产负债表或者净资产上的破产",是普通法院所采纳的标准,与上述第二种标准相似。简而言之,破产的含义主要集中在两个方面:一个是公司无法偿付到期债务(现金流标准);另一个是公司的所有负债大于其资产,由此公司无法偿付其债务(资产负债表标准)。

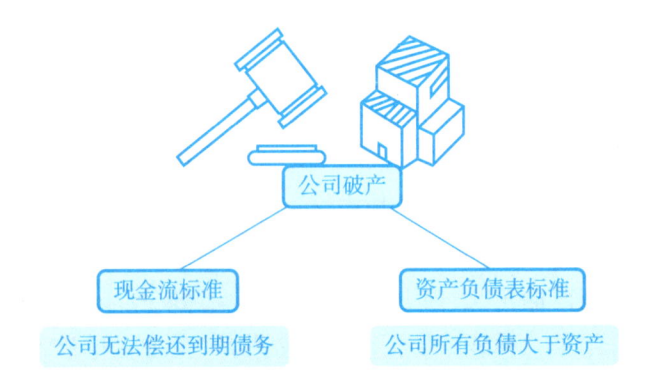

```
                    公司破产
          ┌───────────┴───────────┐
      现金流标准              资产负债表标准
  公司无法偿还到期债务      公司所有负债大于资产
```

当公司不再有可以运营的资金,或者股东不再希望公司运营时,需要一个程序使公司终止。这个程序就是清算(winding up 或者 liquidation)。清算,是指公司解散或被宣告破产后,依照一定程序了结公司事务,收回债权,清偿债务并分配财产,最终使公司终止的程序。其目的是,在公司不再存续之前,确保其所有的债务(在其力所能及的范围内)都履行完毕,并且将所有的剩余财产(如果有的话)向股东返还。

清算不同于破产,当公司破产时,公司处于无力偿债的状态,但清算的公司不一定处于无力偿债的状态。因而在破产清算和强制清算中公权力介入的程度是不同的。在强制清算中,法院通常以监督者的身份保障强制清算的程序;但是在破产清算中,法院处于中心和指导地位。

依据不同的标准,清算可以分为不同的种类。依据公司在清算时是否破产,可分为破产清算和解散清算。依据清算程序是否依据法定,可分为法定清算和任意清算,但是我国尚不承认公司按照自己的规则进行清算的任意清算。法定清算又包括普通清算和特别清算,特别清算是有行政机关或者法院介入进行的清算。

❖ 4.清算组和清算程序

关于清算组的含义,存在多种理解。《公司法》第232条第1款要求公司清算义务人应当在解散事由出现之日起15日内组成清算组进行清算。清算组在实践中又被称为"清算人"。有观点认为,清算人相当于清算组。有观点认为,清算人相当于清算组的成员。还有观点认为,清算人可能指清算组的成员,也有可能只指清算组。

清算人可以分为三类。第一类是自然清算人,又称法定清算人。根据《公司法》第232条第2款,清算组由董事组成。故董事是法定清算人。

第二类是章定清算人。《公司法》第232条第2款同时规定,公司章程另有规定或者股东会决议另选他人的除外。换言之,公司章程或者股东会决议可以选定清算人,这些人称为章定清算人。

第三类是指定清算人,是指由法院指定的清算人。根据《公司法》第233条,公司逾期不成立清算组进行清算或者成立清算组后不清算的,利害关系人可以申请人民法院指定有关人员组成清算组进行清算。人民法院应当受理该申请,并及时组织清算组进行清算。公司因依法被吊销营业执照、责令关闭或者被撤销而解散的,作出吊销营业执照、责令关闭或者撤销决定的部门或者公司登记机关,可以申请人民法院指定有关人员组成清算组进行清算。

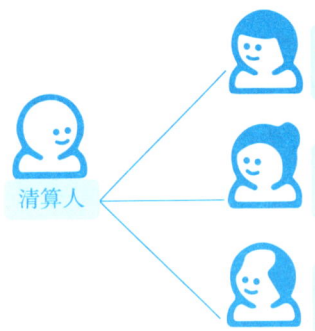

```
清算人 ──┬── 有限责任公司的股东、股份有限公司的董事
         │    （当然清算人）
         │
         ├── 章程预定或股东大会选定的清算人
         │    （章定清算人）
         │
         └── 人民法院根据债权人申请指定的清算人
              （指定清算人）
```

根据《公司法解释(二)》第8条第2款，清算组成员可以从下列人员或者机构中产生：(1)公司股东、董事、监事、高级管理人员；(2)依法设立的律师事务所、会计师事务所、破产清算事务所等社会中介机构；(3)依法设立的律师事务所、会计师事务所、破产清算事务所等社会中介机构中具备相关专业知识并取得执业资格的人员。

关于清算组的职权和责任，主要体现在以下条款。根据《公司法》第234条，清算组在清算期间行使下列职权：(1)清理公司财产，分别编制资产负债表和财产清单；(2)通知、公告债权人；(3)处理与清算有关的公司未了结的业务；(4)清缴所欠税款以及清算过程中产生的税款；(5)清理债权、债务；(6)分配公司清偿债务后的剩余财产；(7)代表公司参与民事诉讼活动。

根据《公司法》第237条，清算组在清理公司财产、编制资产负债表和财产清单后，发现公司财产不足以清偿债务的，应当依法向人民法院申请破产清算。人民法院受理破产申请后，清算组应当将清算事务移交给人民法院指定的破产管理人。

根据《公司法》第238条，清算组成员履行清算职责，负有忠实义务和勤勉义务。清算组成员怠于履行清算职责，给公司造成损失的，应当承担赔偿责任；因故意或者重大过失给债权人造成损失的,应当承担赔偿责任。

关于清算程序,主要包括通知公告程序、申报债权、制订清算方案、分配剩余财产、制作清算报告和申请注销登记手续。

第一,通知公告程序。清算组应当自成立之日起10日内通知债权人,并于60日内在报纸上或者国家企业信用信息公示系统公告。债权人应当自接到通知之日起30日内,未接到通知的自公告之日起45日内,向清算组申报其债权。(《公司法》第235条第1款)

第二,申报债权。债权人申报债权,应当说明债权的有关事项,并提供证明材料。清算组应当对债权进行登记。在申报债权期间,清算组不得对债权人进行清偿。(《公司法》第235条第2、3款)

第三,制订清算方案。清算组在清理公司财产、编制资产负债表和财产清单后,应当制订清算方案,并报股东会或者人民法院确认。(《公司法》第236条第1款)

第四,分配剩余财产。公司财产在分别支付清算费用、职工的工资、社会保险费用和法定补偿金,缴纳所欠税款,清偿公司债务后的剩余财产,有限责任公司按照股东的出资比例分配,股份有限公司按照股东持有的股份比例分配。清算期间,公司存续,但不得开展与清算无关的经营活动。公司财产在未依照前款规定清偿前,不得分配给股东。(《公司法》第236条第2、3款)

第五,制作清算报告,报请确认后申请注销登记。公司清算结束后,清算组应当制作清算报告,报股东会或者人民法院确认,并报送公司登记机关,申请注销公司登记。(《公司法》第239条)

❖ **5. 清算义务人的责任**

清算义务人与清算人是两个不同的概念。**清算义务人,是指**

负有义务组织成立清算组的人,如果不履行义务即不及时成立清算组、组织清算,损害到利益相关者的权益时,其将承担民事责任。而清算人是指具体承担清算职责的人。

《民法典》第 70 条中最早出现"清算义务人"的措辞。根据该条,"法人解散的,除合并或者分立的情形外,清算义务人应当及时组成清算组进行清算。法人的董事、理事等执行机构或者决策机构的成员为清算义务人。法律、行政法规另有规定的,依照其规定。清算义务人未及时履行清算义务,造成损害的,应当承担民事责任;主管机关或者利害关系人可以申请人民法院指定有关人员组成清算组进行清算"。从该条第 2 款来看,并非完全将清算义务人的范围限定在法人的董事、理事等执行机构或者决策机构的成员,因为根据该款第二句话,法律、行政法规另有规定的,依照其规定,因此就公司而言,清算义务人的范围要远远大于董事。

修订后的《公司法》第 232 条第 1 款则明确缩小了清算义务人的范围,将其限定在董事,从而将股东、实际控制人等排除在外。第 3 款规定,清算义务人未及时履行清算义务,给公司或者债权人造成损失的,应当承担赔偿责任。

更早公布的《公司法解释(二)》尽管没有直接出现"清算义务人"的措辞,但是对其范围及其责任作出了比较详细的规定。具体而言,有五种情况。

第一,清算义务人未及时成立清算组:在造成损失范围内对公司债务承担赔偿责任(补充赔偿责任、消极不作为)。依据《公司法解释(二)》第 18 条第 1 款,有限责任公司的股东、股份有限公司的董事和控股股东未在法定期限内成立清算组开始清算,导致公司财产贬值、流失、毁损或者灭失,债权人主张其在造成损失范围内对公司债务承担赔偿责任的,人民法院应依法予以支持。

第二,清算义务人怠于履行清算义务:对公司债务承担连带清偿责任(连带责任比较重、消极不作为)。依据《公司法解释(二)》第18条第2、3款的规定,有限责任公司的股东、股份有限公司的董事和控股股东因怠于履行义务,导致公司主要财产、账册、重要文件等灭失,无法进行清算,债权人主张其对公司债务承担连带清偿责任的,人民法院应依法予以支持。上述情形系实际控制人原因造成,债权人主张实际控制人对公司债务承担相应民事责任的,人民法院应依法予以支持。

第三,清算义务人恶意处置财产或者不当办理公司注销登记:对公司债务承担相应赔偿责任(恶意处置的侵权或者骗取注销、积极不作为)。《公司法解释(二)》第19条规定,有限责任公司的股东、股份有限公司的董事和控股股东,以及公司的实际控制人在公司解散后,恶意处置公司财产给债权人造成损失,或者未经依法清算,以虚假的清算报告骗取公司登记机关办理法人注销登记,债权人主张其对公司债务承担相应赔偿责任的,人民法院应依法予以支持。

第四,清算义务人在公司未经清算即注销登记时的民事责任:对公司债务承担清偿责任(未经清算即注销、积极不作为)。《公司法解释(二)》第20条第1款规定,公司解散应当在依法清算完毕后,申请办理注销登记。公司未经清算即办理注销登记,导致公司无法进行清算,债权人主张有限责任公司的股东、股份有限公司的董事和控股股东,以及公司的实际控制人对公司债务承担清偿责任的,人民法院应依法予以支持。

第五,股东或者第三人违背事先承诺,对公司债务承担相应民事责任。《公司法解释(二)》第20条第2款规定,公司未经依法清算即办理注销登记,股东或者第三人在公司登记机关办理注销登记时承诺对公司债务承担责任,债权人主张其对公司债务承担相应民事责任的,人民法院应依法予以支持。

清算义务人承担责任的情形

- 未及时成立清算组
  （在造成损失范围内承担赔偿责任）
- 怠于履行清算义务
  （承担连带清偿责任）
- 恶意处置财产或不当办理公司注销登记
  （承担相应赔偿责任）
- 公司未经清算即注销登记
  （承担清偿责任）

从上述条款可以看出，清算义务人在不同情况下，承担的责任范围是不同的：第一种和第二种情况，公司的资格还在，没有丧失独立人格；第三种情况，公司解散后但尚未注销，或者已骗取注销公司；第四种情况，公司已经注销，无法与公司承担连带责任；第五种情况，凭承诺而承担责任的，不应属于严格意义上的清算义务人。

❖ 6. 公司注销

公司注销，是指当公司因解散等法定事由需要终止的，依法向登记机关申请注销，终止公司法人资格的过程。注销公司，是公司彻底从市场上消亡的最后步骤。

《公司法》第 37 条规定，公司因解散、被宣告破产或者其他法定事由需要终止的，应当依法向公司登记机关申请注销登记，由公司登记机关公告公司终止。根据《实施细则》第 46 条第 1 款，申请办理注销登记，应当提交下列材料：(1) 申请书；(2) 依法作出解散、注销的决议或者决定，或者被行政机关吊销营业执照、责令关闭、撤销的文件；(3) 清算报告、负责清理债权债务的文件或者清理债务完结的证明；(4) 税务部门出具的清税证明。

修订后的《公司法》第 240 条增加了简易注销，是指符合条件的公司办理注销登记的简易程序。根据该条,公司在存续期间未产生债务,或者已清偿全部债务的,经全体股东承诺,可以按照规定通过简易程序注销公司登记。通过简易程序注销公司登记,应当通过国家企业信用信息公示系统予以公告,公告期限不少于20日。公告期限届满后,未有异议的,公司可以在20日内向公司登记机关申请注销公司登记。公司通过简易程序注销公司登记,股东对本条第1款规定的内容承诺不实的,应当对注销登记前的债务承担连带责任。

根据《实施细则》第48条,有下列情形之一的,市场主体不得申请办理简易注销登记:(1)在经营异常名录或者市场监督管理严重违法失信名单中的;(2)存在股权(财产份额)被冻结、出质或者动产抵押,或者对其他市场主体存在投资的;(3)正在被立案调查或者采取行政强制措施,正在诉讼或者仲裁程序中的;(4)被吊销营业执照、责令关闭、撤销的;(5)受到罚款等行政处罚尚未执行完毕的;(6)不符合《登记管理条例》第33条规定的其他情形。

简易注销具有自愿退出、诚信推定、事后追责等特征。首先,自愿退出。在充分发挥市场在资源配置中占决定作用的前提下,简易注销以市场主体自主申请为原则、以自愿承诺为基础,充分贯彻市场主体意思自治。其次,诚信推定。在简易注销程序中,全体股东的承诺取代了一系列证明公司清算活动已经完结的清算报告、清税证明等。主观上,登记机关对公司进行"诚信推定",而非"背信推定"。简易注销建立在充分尊重意思自治和股东诚实信用的基础上,强调市场主体自负责任。最后,清算仍然是注销登记的前提,清算后拥有剩余财产分配权的股东在分配剩余财产后也应当承担承诺清算的责任;如涉及未清算而注销,承诺人(股东)应当承担对债权人的责任,形成事后追责机制。

简易注销也产生一些问题。首先,注销无法保障债权人的权利。简易注销登记的公示是对潜在债权人知情权的保障,但是仅仅 20 天时间过短,不足以确保债权人获知信息;"诚信推定"亦不足以保障债权人的知情权。其次,事后的"清算责任"模糊了股东与公司之间的关系。公司人格独立的基本立场是公司具有独立性,股东不对公司债务直接承担清偿责任。"经全体股东承诺",将董事排除在责任主体之外,说明简易注销的事后责任并非清算责任,因此,不应当将股东的责任归于因作出承诺而承担债权的清算责任。

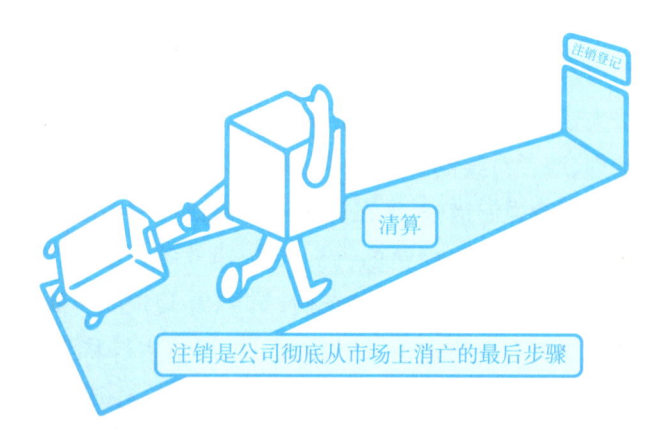

注销是公司彻底从市场上消亡的最后步骤

修订后的《公司法》第 241 条则引入强制注销,是指在特定情形下,无须利害关系人的申请,即可由公司登记机关依法进行注销。根据该条,公司被吊销营业执照、责令关闭或者被撤销,满 3 年未向公司登记机关申请注销公司登记的,公司登记机关可以通过国家企业信用信息公示系统予以公告,公告期限不少于 60 日。公告期限届满后,未有异议的,公司登记机关可以注销公司登记。依照前款规定注销公司登记的,原公司股东、清算义务人的责任不受影响。

❖ 7. 法律责任

法律责任,是指行为人对其违法行为所应承担的法律上的责任,具体包括刑事责任、民事责任和行政责任等。《公司法》第250条至第264条主要规定了行政责任,个别条款涉及民事责任和刑事责任。与旧公司法相比,新公司法呈现了强化直接责任人员的行政责任、加大对公司的处罚力度等特征。

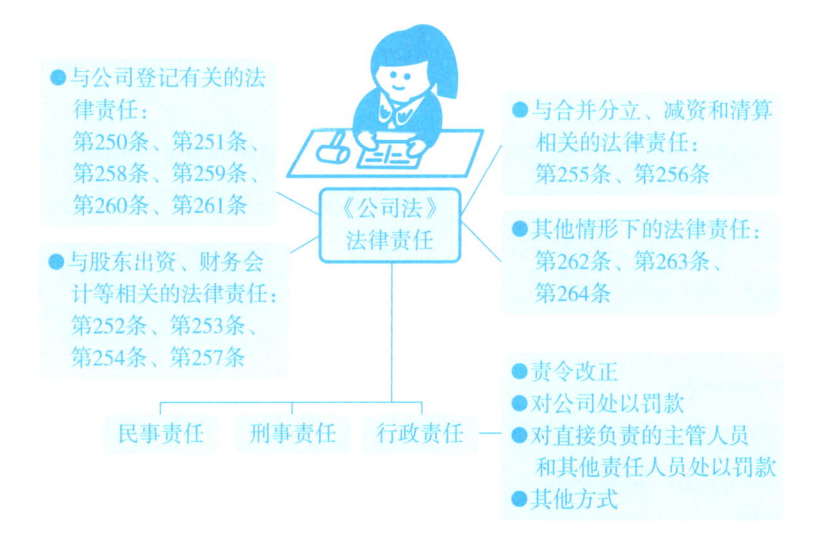

- 与公司登记有关的法律责任:
  第250条、第251条、第258条、第259条、第260条、第261条
- 与股东出资、财务会计等相关的法律责任:
  第252条、第253条、第254条、第257条

《公司法》法律责任

- 与合并分立、减资和清算相关的法律责任:
  第255条、第256条
- 其他情形下的法律责任:
  第262条、第263条、第264条

民事责任　刑事责任　行政责任 ——
- 责令改正
- 对公司处以罚款
- 对直接负责的主管人员和其他责任人员处以罚款
- 其他方式

第一类是与公司登记有关的法律责任。

第250条为虚假登记的行政责任,具体包括虚报注册资本、提交虚假材料或者采取其他欺诈手段隐瞒重要事实取得公司登记等情形,责任方式涉及责令改正、对公司处以罚款以及情节严重时吊销营业执照。本条新增对直接负责的主管人员和其他直接责任人员处以罚款的行政责任。

第251条为未公示或不如实公示相关企业信息的行政责任,属于此次修订的新增条款。具体适用于公司未依照《公司法》第

40条规定公示有关信息或者不如实公示有关信息的情形,责任方式涉及责令改正、对公司处以罚款、对直接负责的主管人员和其他直接责任人员处以罚款。

第258条为公司登记机关未履行职责或履行职责不当的法律责任,来源于原《公司法》第208条和第209条的合并和修改,公司登记机关违反法律、行政法规规定未履行职责或者履行职责不当的,对负有责任的领导人员和直接责任人员依法给予政务处分。原《公司法》规定的是"行政处分",新《公司法》改为"政务处分",二者在作出主体、处分对象等方面存在不同。政务处分的范围比行政处分有所扩大。

第259条为冒用公司名义的法律责任,来源于原《公司法》第210条,具体包括未依法登记为公司或分公司而冒用公司或分公司名义等情形,责任方式涉及责令改正或予以取缔、对公司处以罚款。

第260条为无正当理由未开业或停业、不依法办理变更登记的法律责任,来源于原《公司法》第211条,新增办理歇业作为逾期开业、停业行政责任的例外。

第261条为外国公司擅自设立分支机构的法律责任,来源于原《公司法》第212条。主要内容是,外国公司违反规定擅自在中国境内设立分支机构的,由公司登记机关责令改正或者关闭,可以并处罚款。

第二类是与股东出资、财务会计等相关的法律责任。

第252条为虚假出资的行政责任,具体包括发起人、股东虚假出资,未交付或者未按期交付作为出资的货币或者非货币财产等情形,责任方式涉及责令改正、对公司处以罚款。本条新增对直接负责的主管人员和其他直接责任人员处以罚款的行政责任。

第253条为抽逃出资的法律责任,是指发起人、股东在公司成立后,抽逃其出资的情形,责任方式涉及责令改正、对公司处以罚款。本条新增对直接负责的主管人员和其他直接责任人员处以罚款的行政责任。

第254条为另立会计账簿和提供存在虚假记载或隐瞒重要事实财务会计报告的法律责任,将原《公司法》第201条至第203条糅合在一起,删除未依法提取法定公积金的行政责任,保留了法定的会计账簿以外另立会计账簿、提供存在虚假记载或者隐瞒重要事实的财务会计报告这两种情况,由县级以上财政部门依照《会计法》等法律、行政法规的规定处罚。

第257条为承担资产评估、验资或者验证的机构提供重大遗漏报告的法律责任,第1款来源于原《公司法》第207条第1款和第2款的合并,承担资产评估、验资或者验证的机构提供虚假材料或者提供有重大遗漏的报告,由有关部门依照《资产评估法》《注册会计师法》等法律、行政法规的规定处罚。第2款来源于原《公司法》第207条第3款,没有变化,即这些机构因其出具的评估结果、验资或验证证明不实,给公司债权人造成损失的,除证明自己没有过错的外,在其评估或者证明不实的范围内承担赔偿责任。

第三类是与合并分立、减资和清算相关的法律责任。

第255条为合并、分立、减资和清算中违法行为的法律责任,来源于原《公司法》第204条第1款。主要内容是,在这些情况下如果不依法通知或者公告债权人,由公司登记机关责令改正,对公司处以罚款。

第256条为清算时虚假记载或未清偿债务前分配公司财产的法律责任,来源于原《公司法》第204条第2款,具体包括公司清算时隐匿财产,对资产负债表或财产清单作虚假记载,或者在未清偿债务前分配公司财产等情形,责任方式涉及责令改正、对公司处以罚款、对直接负责的主管人员和其他直接责任人员处以罚款。应注意的是,原《公司法》第205条和第206条(公司在清算期间开展与清算无关的经营活动、清算组违反报告义务以及清算组成员违反忠实义务等情形的行政责任)已被删除。

第四类是其他情形下的法律责任。

第262条为利用公司名义从事严重违法行为的法律责任,来源于原《公司法》第213条,其后果是吊销营业执照

第263条为民事赔偿优先,来源于原《公司法》第214条。主要内容是,公司违反《公司法》规定,应当承担民事赔偿责任和缴纳罚款、罚金的,其财产不足以支付时,先承担民事赔偿责任。

第264条为刑事责任,来源于原《公司法》第215条。主要内容是,违反《公司法》规定,构成犯罪的,依法追究刑事责任。